电子商务类专业
创新型人才培养系列教材

★
慕课版
★

网店运营

流量优化 内容营销 直播运营

严珩 张华 / 主编　　桂林 李晓娟 马培幸 / 副主编

人民邮电出版社
北　京

图书在版编目（CIP）数据

　　网店运营 ：流量优化 内容营销 直播运营 ：慕课版/
严珩，张华主编. -- 北京 ：人民邮电出版社，2022.8
　　电子商务类专业创新型人才培养系列教材
　　ISBN 978-7-115-59010-7

　　Ⅰ．①网… Ⅱ．①严… ②张… Ⅲ．①网店－运营管
理－高等学校－教材 Ⅳ．①F713.365.2

　　中国版本图书馆CIP数据核字(2022)第050366号

内 容 提 要

　　本书围绕网店运营的相关知识展开介绍：首先介绍了淘宝的变化，以及当前环境下网店运营的一些新机遇和痛点；其次介绍了网店运营的相关知识，包括网店开设、网店流量优化、网店营销活动与促销、网店内容营销、网店直播运营、网店站外引流、客户服务与物流管理等；最后介绍了使用生意参谋分析网店运营数据的具体方法。

　　本书不仅介绍了网店运营相关的理论知识，还结合网店运营的实际操作与案例进行分析，帮助读者理解和掌握网店运营的相关技能。同时，本书加入了"综合实训""思考与练习"模块，方便读者理解和巩固所学知识。通过对本书的学习，读者可以掌握网店运营所需的知识和技巧，并能够直接应用到实际的网店运营工作中。

　　本书可作为高等院校电子商务、经济管理等相关专业开设"网店运营"课程的教材，也可供网店运营相关人员和对网店运营有兴趣的读者学习和参考。

◆ 主　　编　严　珩　张　华
　　副主编　桂　林　李晓娟　马培幸
　　责任编辑　侯潇雨
　　责任印制　王　郁　彭志环

◆ 人民邮电出版社出版发行　　北京市丰台区成寿寺路 11 号
　　邮编　100164　电子邮件　315@ptpress.com.cn
　　网址　https://www.ptpress.com.cn
　　三河市祥达印刷包装有限公司印刷

◆ 开本：787×1092　1/16
　　印张：16.5　　　　　　　　　　2022 年 8 月第 1 版
　　字数：391 千字　　　　　　　　2022 年 8 月河北第 1 次印刷

定价：54.00 元

读者服务热线：(010)81055256　印装质量热线：(010)81055316
反盗版热线：(010)81055315
广告经营许可证：京东市监广登字 20170147 号

前言

近年来，观看短视频和直播成为人们生活中不可或缺的一部分，网购也逐渐成为人们主流的购物方式。庞大的网络用户群体推动着短视频、直播和网店运营行业不断向前发展。电子商务相关专业的教师和学生需要了解电子商务的发展情况，并结合短视频、直播等的发展趋势，学习网店运营的知识与技能，以适应时代的发展和需要。为此，我们组织了一批专业人士编写本书。

本书内容

本书共9章，包含以下3个部分的内容。

- 第1部分：第1章，主要讲解淘宝的变化、淘宝的未来发展趋势和淘宝网店的运营痛点。
- 第2部分：第2章～第8章，主要讲解网店开设、网店流量优化、网店营销活动与促销、网店内容营销、网店直播运营、网店站外引流、客户服务与物流管理等知识。
- 第3部分：第9章，主要讲解使用生意参谋分析网店运营数据的方法。

本书特色

本书具有以下特色。

（1）讲解深入浅出，实用性强

本书在注重系统性和科学性的基础上，突出了实用性及可操作性，对重点概念和操作技能进行了详细讲解，内容丰富，深入浅出，对网店运营涉及的操作工具都有详细的步骤解析。

此外，本书还通过"知识补充"等小栏目为读者拓展知识面，提供更多实用的技巧和解决问题的方法。

（2）采用"理论+实战"模式

为了方便读者掌握所学知识，本书不仅在正文讲解中穿插了"课堂案例"，还在每章单独设置了"综合案例"模块。读者可通过分析他人的网店运营方法，学习网店运营的经验。同时，本书每章章末还设置了"综合实训""思考与练习"模块，以便读者进行实战训练。

（3）配套资源丰富

本书不仅提供了微课视频，还配套精美的PPT、教案、题库、教学大纲等丰富的教学资源，用书教师可自行通过人邮教育社区（https://www.ryjiaoyu.com/）免费下载。

由于编者水平有限，书中难免存在疏漏与不足之处，恳请广大读者及专家不吝赐教。

编　者

2022年8月

目录
CONTENTS

第1章 了解淘宝

本章导读

时代在变化和发展，而发展是新事物取代旧事物的过程。淘宝要在发展中站稳脚跟，也需要与时俱进，用发展的眼光看问题。为此，淘宝进行了一系列的改革，淘宝商家、机构、主播及运营人员等也要紧跟淘宝的改革步伐，努力发现新机遇。

学习目标

知识目标	了解淘宝的变化 了解淘宝的未来发展趋势 了解淘宝网店的运营痛点
素养目标	学会运用辩证的思维看待事物的变化和发展 立足全局，用发展的眼光看待淘宝与电子商务之间的关系

本章要点

《中华人民共和国电子商务法》、淘宝App、有光计划、网店运营痛点

1.1 淘宝的变化

近年来，淘宝不断升级、更新，这也促使淘宝发生了相应变化。一方面，受国家相关法律法规的影响，淘宝的运营朝着规范化的方向前进；另一方面，为了顺应时代的发展，淘宝自身也在谋求新的发展和突破。

1.1.1 《中华人民共和国电子商务法》对淘宝的影响

2019年施行的《中华人民共和国电子商务法》（以下简称《电子商务法》）进一步整顿和规范了电子商务活动，对以淘宝为首的电子商务平台产生了重大的影响。

知识链接：

《中华人民共和国电子商务法》

1. 对平台的影响

《电子商务法》中对电子商务平台经营者的定义：电子商务中为交易双方或者多方提供网络经营场所、交易撮合、信息发布等服务，供交易双方或者多方独立开展交易活动的法人或者非法人组织。作为电子商务平台，淘宝需要履行《电子商务法》中明确规定的电子商务平台经营者的责任和义务。

（1）规范平台网络交易

对于平台自身而言，平台要依法提供商家信息，并保证网络交易的安全性。

《电子商务法》第三十二条规定，电子商务平台经营者应当遵循公开、公平、公正的原则，制定平台服务协议和交易规则，明确进入和退出平台、商品和服务质量保障、消费者权益保护、个人信息保护等方面的权利和义务。

一方面，电子商务平台经营者应当根据商品或者服务的价格、销量、信用等以多种方式向消费者显示商品或者服务的搜索结果；对于竞价排名的商品或者服务，应当显著标明"广告"；另一方面，平台不得删除消费者上传的评价，保障消费者自由发表评论的权利。

（2）改变平台交易规则

《电子商务法》的出台也促使淘宝规则产生一些变动。一方面，为了让商家清楚地了解《电子商务法》，平台准备了一些解说内容。例如，淘宝的"《电子商务法》卖家登记声明常见FAQ"就列举了与登记相关的问答内容，以解决商家在《电子商务法》实施情况下的登记困惑。另一方面，淘宝变更了部分规则，以更贴合《电子商务法》。例如，淘宝当前的《淘宝平台规则总则》便依据《电子商务法》中的相关法律法规进行了改进。

同时，《电子商务法》对违规行为进行了界定，并明确了奖惩力度，这也有利于促进平台的良性发展。例如，《电子商务法》第七十八条规定，商家未向消费者明示押金退还的方式、程序，对押金退还设置不合理条件，或者不及时退还押金的，由有关主管部门责令限期改正，可以处五万元以上二十万元以下的罚款；情节严重的，处二十万元以上五十万元以下的罚款。这在一定程度上有利于帮助淘宝界定商家的违规行为，把握惩罚力度。

2. 对商家的影响

《电子商务法》还明确了商家的责任和义务，促使商家的运营行为更加规范。《电子商务法》第二章第一节中规定，商家应办理市场主体登记，并公示营业执照信息；商家在向消费者发送广告信息时应当遵守《中华人民共和国广告法》（以下简称《广告法》）的相关规定，在向消费者搭售商品或服务、在向消费者收取押金或退还押金时应当予以明示，并保护消费者个人信息。

知识链接：

《中华人民共和国广告法》

同时，《电子商务法》还特别规定了从事跨境电子商务的商家应当遵守进出口监督管理的法律、行政法规和国家有关规定。《电子商务法》对商家责任和义务的明确，在一定程度上有利于促进商家提升服务水平，以及网店运营的专业化，也为淘宝健康交易提供了保障。

当然，商家在承担责任和义务的同时，也受到法律的保护。《电子商务法》第二章第一节中规定，有关主管部门应当采取必要措施保护商家的信息数据安全，并对其中的个人信息、隐私和商业秘密严格保密，不得泄露、出售或者非法向他人提供。

1.1.2 淘宝内容的变化

随着抖音、快手等短视频平台的内容电商化，淘宝想要凭借内容从其他平台引入流量越来越困难。与此同时，直播为淘宝注入了新的生机与活力，这进一步坚定了淘宝打造内容的决心。

1. 淘宝App的改版升级

淘宝App的改版升级实质是淘宝对内容运营的重大升级，体现了淘宝打造内容平台的迫切和渴望。近年来，淘宝App在以下几个方面做出重大改版升级。

（1）上调"猜你喜欢"

淘宝App首页"猜你喜欢"是商品的重要展示阵地，也是商家获取免费流量的重要来源。淘宝App调整了"猜你喜欢"的位置，并将"聚划算""有好货""淘宝直播"等一些频道也融入"猜你喜欢"中，进一步丰富了首页"猜你喜欢"的内容形式。同时，首页"猜你喜欢"新增了很多短视频内容，能够让消费者更直观地了解商品。

除此之外，改版升级后，"猜你喜欢"会以卡片的形式展示商品微详情，消费者点击卡片后将直接进入商品微详情页面，查看商品主图短视频所在区域内的展示内容。图1-1所示为首页"猜你喜欢"中的商品详情卡片和商品微详情页面。

📝 知识补充——商品微详情

商品微详情是由简易版的商品详情卡片组成的商品信息流广告，用于推广商品。其连接了淘宝App首页"猜你喜欢"和商品详情页，能为消费者提供沉浸式的商品浏览体验。

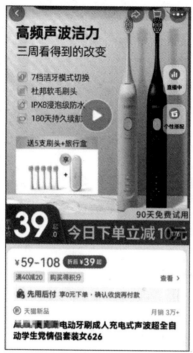

图1-1　商品详情卡片和商品微详情页面

（2）新增"订阅"入口

"订阅"由"微淘"改版升级而来，是商家重要的内容输出阵地，将"订阅"入口升级到首页顶部导航栏，体现了淘宝对内容运营的重视。商家可以在"订阅"中进行自运营，开展商品运营、内容运营、优惠运营、活动运营、会员运营等，实现新客户、潜在客户、首购客户的精准触达及老客户的促活。

（3）新增"逛逛"

淘宝App中新增了网店粉丝运营阵地——"逛逛"。"逛逛"起源于"买家秀"，消费者在分享购物感受和经验的同时，也能了解他人的消费方式和生活方式。消费者、品牌、商家、达人都可以在"逛逛"中分享内容，与他人建立内容连接。"逛逛"旨在提供差异化的服务，根据不同诉求，"逛逛"的版本也不同，目前"逛逛"有个人版、达人版、商家版和品牌版。

淘宝鼓励创作者在"逛逛"积极投递原创内容，希望投递更多有用的、时尚的、有趣的、新鲜的、独特的内容，同时，"逛逛"还推出了"有光计划"，为内容创作者提供10亿元内容创作基金、3亿元优质内容奖励基金、30亿元高价值流量等激励政策，鼓励内容创作者踊跃参与内容创作，进一步打造淘宝内容生态。

（4）升级"消息"中心

淘宝App首页底部导航栏中的"消息"作为新的消息收发中心，对沟通场景进行了全面的升级，致力于为商家和消费者提供"商家与消费者沟通/消费者与消费者沟通"的服务。对于商家而言，"消息"中心能够帮助商家进一步实现消费者触达，提升消息的转化能力；对于消费者而言，与商家沟通的渠道更为直接，对于消息的接收也有了更多的选择权，可以通过"消息"设置添加好友，选择接收消息的类别。

（5）重塑"我的淘宝"

"我的淘宝"是淘宝为每一个消费者单独打造的个人页面。在"我的淘宝"中，消费者可以直接进入平台当前正在开展活动的会场，同时还可以直接进入自己收藏的频道。如此一来，消费者可以自由选择喜欢的内容，也让淘宝真正成为消费者自由闲"逛"的场所。图1-2所示为改版升级后的"我的淘宝"页面。

图1-2　改版升级后"我的淘宝"页面

（6）升级网店布局

网店是商家自主运营的重要阵地，为了帮助商家更好地自运营，此次淘宝也对淘宝App上网店首页的框架、商品浏览框架做了升级。网店首页第一屏海报调整为直播播放界面，商品详情页面主图展示区域进一步放大，内容进一步丰富，除了主图视频、商品图片外，还可以展示搭配商品的效果。

2. 淘宝直播新机遇

除了淘宝App的改版升级，淘宝直播的改版升级也是内容运营的重要一环。为了进一步满足消费者日益增长的精神需求和构建更加健全的淘宝新生态，淘宝从人、货、场3方面对淘宝直播进行了升级，力在提升商家、机构、主播的直播运营能力，实现品销合一。图1-3所示为淘宝新生态中商家、机构等与淘宝直播的关系。

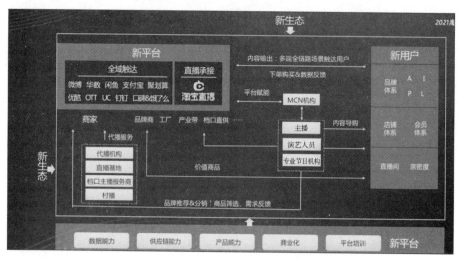

图1-3　淘宝新生态中商家、机构等与淘宝直播的关系

（1）点淘App

为了进行有针对性的内容输出，淘宝开发了新的直播客户端——点淘App。点淘App立足消费者"发现"思维，是消费者接收内容的重要阵地，有利于帮助商家进一步连接消费者。

点淘App采用的是"直播+短视频"的呈现方式，以内容为核心。在点淘App中，商家一方面可以用短视频吸引消费者、塑造形象；另一方面，用直播召回消费者、与消费者实时互动及刺激消费者下单。图1-4所示为点淘App中的直播信息展示页面和短视频页面。

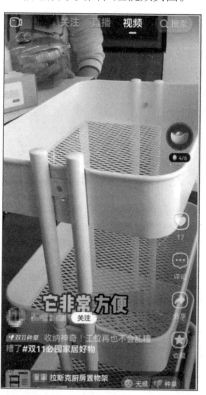

图1-4　点淘App中的直播信息展示页面和短视频页面

（2）直播营销节奏

淘宝针对一年中不同的季节和时间点，设计淘宝直播一年的直播营销节奏。除了大型促销活动，淘宝直播每个月还会围绕商品"造节"，每一个节日都有对应的主题。例如，6月的"6·18"、8月的"88会员节"和七夕节、9月的"99大促"等。此举措进一步丰富了直播营销的内容形式。图1-5所示为淘宝直播2021年春节活动节奏。

图1-5　淘宝直播2021年春节活动节奏

（3）机构和达人主播的新机遇

点淘App上线意味着增加了新的内容输出口，而在这一过程中，为商家提供服务的第三方机构和主播也迎来了新机遇。

机构要在新生态中站稳脚跟，就要在人、货、场上有所突破，如图1-6所示。人是指机构旗下的主播，机构要帮助主播发现新的领域，并把主播打造成选定领域内的专家，图1-7所示为淘宝直播具有发展潜力的领域。

图1-6　机构在人、货、场上的突破

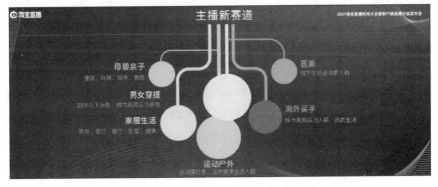

图1-7　淘宝直播具有发展潜力的领域

货是指商品供应链和品牌。为了解决直播间的选品问题，淘宝在积极发展线下生态基地，同时将更多的线上热门商品、线下优质商品、内容专供商品等提供给直播间。而机构就需要从提供的这些商品中筛选出合适的商品，以供主播销售。

场是指直播场景，机构要寻找更多的曝光场景。例如，可以在"逛逛"中发送直播片段，在直播专题页推送直播信息。

主播要适应淘宝的变化就需要对粉丝实行精细化的运营。一方面，可以在直播时对不同等级的粉丝给予不同的福利。例如，某玩具店的直播粉丝等级从低到高，依次为新粉、铁粉、钻粉、挚爱等，可对不同等级的粉丝给予不同额度的优惠券。另一方面，主播需要对粉丝进行内容输出，输出包括品牌理念、正确的价值观等一系列对粉丝有正面影响的内容，实现良性循环。除此之外，还可通过"逛逛""订阅"等多渠道触达粉丝。

1.2 淘宝的未来发展趋势

消费市场呈现出3个变化趋势：购物的本地化、消费的圈层化、服务的体验化。从这3个变化趋势可以看出消费市场与消费者的距离正在缩短，而处于整个大消费市场中的淘宝也不例外。

1.2.1 购物的本地化

线上购物满足了消费者选购新奇好物、多品类商品的需求，但随着经济的发展和人们对速度的追求，远距离的线上购物已经无法满足消费者的需要。同时，各大超市、商场等本地购物小程序的出现也反映出消费者越来越追求购物本地化带来的便捷。

因此，淘宝也要谋求变化，这一变化主要体现在淘宝App中的"天猫超市""淘菜菜""淘宝直播"等频道。

1. 天猫超市

天猫超市为消费者提供了"1小时达"服务，以便满足想要尽快收到商品的消费者的需求。从淘宝App首页进入天猫超市，淘宝会根据消费者默认的地址定位消费者，从而为消费者匹配距离默认地址较近的超市门店，如图1-8所示。

图1-8 天猫超市定位

2. 淘菜菜

淘菜菜属于线上社区团购，主要售卖新鲜蔬菜、时令水果、休闲零食、酒水饮料、粮油调味等五大类别的食材，以"食材新鲜、低价"的特色吸引消费者。消费者从淘宝App首页的"淘菜菜"入口进入淘菜菜页面后，淘宝会定位消费者当前所在位置，为消费者匹配距离较近的本地盒马集市。消费者下单后可以选择距离较近的自提点接收商品，次日便可自提。图1-9所示为淘菜菜在淘宝App首页的入口及主页面。

图1-9　淘菜菜入口及主页面

除此之外，消费者在商品详情页浏览商品时，还可以在"看过的邻居还买了"栏目下了解受其他消费者欢迎的商品（见图1-10）。同时，淘菜菜为了提升消费者的本地购物体验，还提供了"分享赚钱"互动活动，消费者可以通过"当面扫码"或微信分享的方式邀请朋友参与活动，如图1-11所示。

图1-10　"看过的邻居还买了"栏　　　　　图1-11　"分享赚钱"活动

3. 淘宝直播

从淘宝App首页进入"淘宝直播"频道后，"精选"选项卡的旁边为消费者当前所在城市，点击城市名称，淘宝将为消费者展示同城直播，如图1-12所示。消费者可以通过同城直播了解本地的商品情况等，同时，在同城直播间购买的商品也能够尽快被送到消费者处。

图1-12 展示同城直播

1.2.2 消费的圈层化

消费圈层是指有相似的经济条件、生活形态、艺术品位、消费观念的消费者，在特定的时间通过某些途径形成的小圈子。不同消费圈层，其消费观念、消费能力、消费需求不同，如有的消费圈层喜欢购买品质好物，有的消费圈层喜欢购买新品。淘宝发展至今，已经积累了大量的消费者，淘宝的新生态也在一定程度上表明针对所有消费者实施统一的运营策略已经不适应淘宝的发展，消费的圈层化要求精细化运营。

要适应这样的发展，商家就要对网店的人群实行分层，了解各个消费圈层的特点，并制定有针对性的、差异化的运营策略。例如，商家如果开通了直播，可以根据消费者在直播间的观看时长和消费情况，将其划分为新粉、铁粉、钻粉等级别，并给予不同的优惠。

1.2.3 服务的体验化

服务的体验化强调满足消费者的需求，关注消费者在消费过程中的心理体验。随着淘宝运营系统的日渐完善和规范化，提升消费者的服务体验也将成为不少商家开发和积累消费者的重要突破口。为了适应这一发展趋势，淘宝也在不断改进以提升消费者的服务体验。天猫推出"百分百计划"，为消费者提供"上门包邮退""晚发补偿""正品保障""发货从48小时缩短至24小时""买贵必赔"5项权益。目前，该计划只覆盖了"天天特卖"和"百亿补贴"，后续将扩大覆盖面。

为了提升消费者的服务体验，除了落实平台的规则外，商家自身也需要努力。商家应尽可能减少消费者在获取服务过程中的接触点，打通整个服务渠道，不至于让消费者需要与多人沟通才得以满足需求。

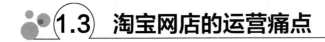

1.3　淘宝网店的运营痛点

淘宝的变化，除了基于消费市场的变化外，也与商家网店运营的痛点有关。作为淘宝商家，在淘宝生态下会遇到各种各样的问题，当问题成为普遍问题且得不到解决时，这些问题就成了商家网店运营的痛点。

1.3.1　流量获取痛点

流量获取痛点是商家普遍面临的问题，特别是对于很多小商家而言。一方面，免费流量越来越不容易获取，付费流量的竞争也越来越大；另一方面，流量的来源越来越分散，除了淘宝平台内的流量渠道在增多，衍生出短视频、直播等渠道，抖音、今日头条等平台也增添了电子商务功能，使得商家需要经营的流量渠道不断增多，需要投入的成本也在不断增加。

因此，商家要了解流量渠道，掌握不同推广工具的使用方法，并根据不同的流量渠道和推广工具的特点，选择适合的推广工具。

1.3.2　销售破零痛点

销售破零痛点是很多新手商家会遇到的问题。之所以出现这样的问题，主要是因为商家缺乏网店运营的相关知识，一方面商家可能把重心放在商品上架上，忽视了选品、编辑商品详情页信息等客观因素；另一方面，商家可能没有进一步推广商品，没有多渠道获取流量。

要解决销售破零痛点，商家需要了解网店运营的相关知识，掌握网店内容营销、推广的方法。

1.3.3　人群定位痛点

人群定位痛点在于一些中小商家没有准确定位商品的目标人群，以至于网店的销售存在一定问题。一方面可能在于网店的风格定位不够准确，以至于混淆了消费者和淘宝对网店的认知，无法实现目标人群的精准触达；另一方面在于商家对商品的目标人群的预判出现了偏差。例如，商家预判某款耳机的目标人群是18～24岁的年轻人，实际的主要购买人群却是20～30岁的年轻人。

要解决人群定位痛点，商家需要明确网店风格，如果对目标人群的预判出现偏差，可以在后续的运营过程中进行调整。

课堂案例

日本一款经典的咖啡在投放市场时，出现过目标人群预判出错的问题。该款咖啡原为年轻人群设计，但是在投放了一段时间之后，相关工作人员发现，实际的购买人群为奔波在外的中年人群，于是便重新设计了咖啡包装上的头像，并将代言人更换为有一定阅历的演艺人员，此举让销量大幅提高。这说明商家要根据实际情况适时调整策略，不能墨守成规。

1.3.4　客户维护痛点

客户维护不是一朝一夕的事。一方面，很多中小商家把握不了客户维护的尺度，缺乏客户维护的相关知识；另一方面，越来越多的商家意识到客户维护的重要性，努力开拓客户维护渠道，在提升整体的服务水平的同时也提高了客户维护的门槛。

要解决客户维护痛点，商家要掌握维护客户关系的相关方法，同时努力挖掘新的服务痛点，有针对性地解决。

1.4　综合案例——淘宝"6·18"的新变化

"6·18"是淘宝的重要促销活动，为了适应淘宝新生态，于是出现了一些新的变化。不仅活动时间提前了，而且整个营销节奏也发生了变化，包括整体的活动规则、活动方式等。

1.4.1　淘宝"6·18"的活动规则变化

淘宝"6·18"活动近年主要分两个时间段进行，这两个时间段互不冲突，商家可以在两个时间段为同一商品或者不同商品报名。同时，"6·18"活动新增了预售时间，为商家提供了更多的营销和引流时间。

除此之外，为了满足对价格敏感的消费者的需求，淘宝还推出了满20元减2元的小额优惠券，增设小额满减会场等。

1.4.2　淘宝"6·18"的活动形式变化

"6·18"活动期间，淘宝直播中加大了红包的投放力度，以下"红包雨"的形式让观看直播的消费者可以参与抢红包活动，增加与消费者的互动。同时，"红包雨"的发放较为频繁，消费者在短时间内可以领到多个红包，得到的红包可以在支付订单时抵扣现金。

除此之外，为了推广点淘App，一些直播间还单独设置了点淘"红包雨"，没有下载点淘App的消费者在观看直播时会看到去点淘App领取红包的提示。

1.5　综合实训

淘宝生态的变化引起了淘宝规则的变化，了解淘宝新规则，有利于商家更好地适应淘宝，更规范地运营网店，避免出现违规行为。因此，商家要掌握查看淘宝新规则的途径，了解淘宝新规则。

1.5.1　查看《淘宝平台规则总则》和开店规则

小陈想在淘宝上开一家食品店，专门售卖本地的特色小吃。但是，小陈不了解淘宝运营的相关规则，为了避免出现违规运营的情况，小陈准备先了解淘宝的总规则和开店的相关规则。下面根据小陈的情况查看相关规则。

1. 实训目的

① 了解淘宝的相关规则。

② 掌握查看淘宝规则的途径，并根据小陈的要求查看相应的规则。

2. 实训思路

① 登录淘宝网，在首页个人账户下通过单击"规则"超链接进入"淘宝网规则"页面。

② 单击"淘宝平台规则总则"超链接，如图1-13所示，打开"规则辞典"页面。单击"淘宝平台规则总则"超链接，打开"淘宝平台规则总则"页面，如图1-14所示。

图1-13 单击"淘宝平台规则总则"超链接

图1-14 淘宝平台规则总则

1.5.2 查看淘宝新规则并发表意见

小陈开店有一段时间了，对淘宝相关规则有了一定了解。由于淘宝规则经常发生细微的变化，小陈害怕会漏掉一些信息，因此希望能够实时了解淘宝新规则。同时，小陈听说规则在正式变更之前会进行公示，公开征求意见，小陈也希望帮助淘宝官方完善相关规则。下面根据小陈的情况查看淘宝新规则并发表相关意见。

1. 实训目的

① 掌握查看淘宝新规则的途径，了解淘宝新发布或变更的规则。

② 了解公开征求意见的过程，为正在公开征求意见的规则投票。

2. 实训思路

① 打开"淘宝网规则"页面，在"规则体系"栏中选择想要查看的新规则，或者单击"更多"超链接，打开"规则辞典"页面，选择想要查看的新规则。图1-15所示为新发布的《淘宝网超时说明》变更公示通知。

图1-15　新发布的《淘宝网超时说明》变更公示通知

② 单击"规则众议院"选项卡，打开"规则众议院"页面，如图1-16所示。单击"即将开始"选项卡可以查看即将进行公示的规则变更内容，单击"投票中"选项卡可以查看正在投票、征求意见的规则变更内容，单击"等待结果公示"选项卡可以查看待确定结果的规则变更内容，单击"已公示"选项卡可以看到已经确定结果的规则变更内容。

图1-16　"规则众议院"页面

思考与练习

1. 打开"淘宝网规则"页面，搜索淘宝官方发布的与《电子商务法》有关的内容，并谈谈这样做的理由。

2. 淘宝App的改版升级对你使用淘宝App产生了哪些影响？请谈谈你对淘宝App改版升级的看法。

3. 阅读材料，回答问题。

食居是一家淘宝零食店。在淘宝新生态中，食居一开始没有适应淘宝生态发生的变化，还是按原来的运营方式运营网店，结果进入网店的消费者逐渐减少，网店的销量也在下降。发现问题后，食居开始转换运营方式，积极研究淘宝新的内容渠道，抓紧内容运营。在一段时间的努力下，食居的运营情况越来越好。

问题：（1）分析淘宝新生态对商家的影响。

（2）分析案例中的商家要适应淘宝新生态还可采取哪些措施。

第2章 网店开设

本章导读

淘宝网店的数量在持续增长，与此同时，在大环境的影响下，不少线下实体店也在淘宝开设了网店。随着网店数量越来越多，淘宝对网店进行了整顿和规范，相继发布了一系列规则，对网店的开设、运营等要求也越来越高。这些规则虽然让淘宝朝着更好的方向前进，但是无形中提高了商家的准入门槛，加大了竞争力弱的商家的压力，特别是那些缺乏网店定位、选品、网店管理等相关知识的商家。

学习目标

知识目标	掌握网店定位与选品的方式 掌握商品发布和交易管理的操作方法 掌握网店账目管理的方式
素养目标	遵守行业道德规范，开展良性竞争，不打价格战 努力增强创新意识、竞争意识、协作意识和奉献意识

本章要点

网店定位、选品、批量填充、发布时机、支付客单价

2.1 网店定位与选品

网店定位与选品是网店运营的重点，直接影响网店未来的走向。合适的网店风格及与风格一致的商品有利于树立网店在消费者心中的形象，积累粉丝基础。

2.1.1 网店定位

随着越来越多商家加入淘宝，淘宝网店运营逐渐变得规模化、技巧化和系统化。商家运营网店应提前做好网店定位。网店定位主要包括风格定位和人群定位。商家应为网店树立良好的品牌形象，这样有助于从众多竞争者中脱颖而出。

1. 风格定位

网店的风格定位通常体现在网店的具体装修风格上，商家可以根据淘宝个性化推荐机制以及竞争对手的情况来确定网店风格。

（1）根据淘宝个性化推荐机制定位

近年来，为适应市场的发展，淘宝推出了个性化推荐机制，鼓励商家打造个性化网店，凸显网店的特色和风格。由此可见，淘宝乐于推荐风格定位清晰、个性新颖的网店。因此，如果一家网店在定位上更符合淘宝，就有机会获得更多的推荐流量。

淘宝提供了各式各样的网店模板，商家根据淘宝的指导开通了网店后，可在装修网店时，直接选择与自身网店风格定位相符的模板，具体操作如下。

步骤1：登录淘宝网，单击首页右上角的"千牛卖家中心"超链接，打开"千牛卖家工作台"页面。选择左侧导航栏中的"店铺服务"选项，在展开的面板中单击"设计外包"超链接，如图2-1所示。

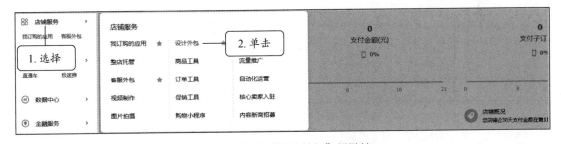

图2-1 单击"设计外包"超链接

步骤2：打开"设计服务市场首页"页面，在"电商一站式解决方案"栏下单击"鹿班设计"选项下的"更多"按钮，如图2-2所示。

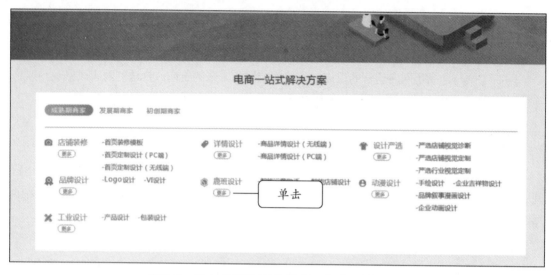

图2-2　单击"鹿班设计"选项下的"更多"按钮

步骤3：在打开的页面中单击"开通VIP"或者"去试用"选项，开通鹿班设计。这里单击"去试用"选项，在展开的智能模板提示面板中选择商品类目，这里选择"服饰"选项，然后单击"一键试用"按钮，如图2-3所示。

图2-3　单击"一键试用"按钮

步骤4：在淘宝提供的不同风格模板中为网店挑选合适的模板，单击"立即使用"按钮，如图2-4所示，为网店套用模板。商家也可以单击页面右上角的"装修模板市场"超链接，进入"装修市场"页面，订购合适的网店模板。

图2-4　单击"立即使用"按钮

为了让网店风格更具个性化，商家还可以在模板的基础上进行延伸。

① 小领域，精耕耘。

细化模板项目，精确到某一细分垂直领域，直接标明商品的单一属性。例如，女装网店风格可以直接定位为小个子女装（见图2-5）、文艺复古女装等。在一个小领域内精耕细作，只服务某一类细分人群，用心研究并全方位满足其个性化需求，可以使消费者产生归属感，增强黏性，提高回购率和满意度。

② 个性化，重原创。

精确到细分垂直领域后，商家可以在模板的基础上，根据自己的想法对网店进行个性化设计。例如，在模板上添加自己喜欢的元素，设计店内页面中的图片、文本、视频等，打造独有的网店风格。图2-6所示为定位为高端路线的饮品网店。

图2-5　小个子女装网店

图2-6　定位为高端路线的饮品网店

（2）根据竞争对手的情况进行定位

分析竞争对手的运营情况有助于商家快速了解市场需求、做好风格定位。商家可以在淘宝

中搜索同行业的、与拟定网店风格相似或一致的网店，观察这类网店的装修风格，包括网店的首页、详情页，以及商品主图等的风格。图2-7所示为两家有竞争关系的网店，两者的装修风格有明显的区别。

图2-7 两家有竞争关系的网店

2. 人群定位

目前，我国有网购习惯的群体数量巨大，商家应先对目标人群进行分析和定位，才能更好地实现网店定位，为后期运营推广奠定基础。通过分析目标人群的喜好、特征等定位网店风格，有利于网店的推广。商家可以根据网店的要求，拟定大致的目标人群，然后在知乎、微博等平台上通过发布问题、问卷调查等方式收集与目标人群相关的信息，确定网店风格。例如，某商家预计在淘宝上开设一家家居店铺，拟定目标人群为追求高品质家居的人群，经过市场调查发现，目标人群中偏好布艺风、质朴风的人占多数，因此，商家决定将网店的风格定位为自然质朴风。

2.1.2 选品

商品是网店的立足之本，因此，商家要懂得选择商品，即选品。一般来说，选品的基本思路是根据网店的风格和人群定位，选择合适的商品品类，再选出有优势、竞争力的商品。商家不仅可以以市场、"蓝海"等为导向选择商品，还可以以优质供应链为导向选择商品。

知识链接：

无货源网店选品

1. 以市场为导向

市场的选择代表消费者的选择，商家可以以市场为导向，选择市场需求量大的商品。就淘宝而言，家用电器、服装配饰、美妆个护、鞋靴箱包、手机通信、母婴玩具等品类商品的销量都不错，特别是服装配饰和美妆个护。图2-8所示为淘宝某年"6·18"热门销售品类的销售情况，商家可以选择这些热门的销售品类，然后利用生意参谋的市场分析功能分析具体商品品类的市场情况。例如，选择"女装/女士精品"品类，在生意参谋中可查看"女装/女士精品"的行业趋势、行业构成等。

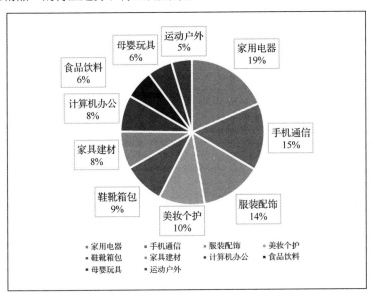

图2-8　淘宝某年"6·18"热门销售品类的销售情况

2. 以"蓝海"为导向

"蓝海"是指未知的、没有恶性竞争的新兴市场。"蓝海"市场潜在需求大，供不应求，意味着市场竞争较小。因此，商家在选择商品时可以选择"蓝海"商品，首先确保网店能够生存下来，在发展前期不会因为缺乏竞争力而被市场过早淘汰。

需要注意的是，"蓝海"商品并不是一成不变的。例如，在二十世纪八九十年代，汽车的普及率并不高，也很少有人买得起汽车，因此，进入该行业的商家较少，市场竞争也较小，汽车在当时便属于"蓝海"商品；现在汽车的普及率相当高，行业的竞争也十分激烈，汽车便不再属于"蓝海"商品。寻找"蓝海"商品并不容易，商家需要花费一定的精力和时间。

 知识补充——选品注意事项

> 商家选品时应尽量不选择价格低、毛利低、成本低等竞争力较弱的商品。另外，商家还要注意，不能出现品牌侵权、图片侵权、专利侵权等知识产权问题。

3. 以优质供应链为导向

优质的供应链把供应商、生产厂家、分销商、零售商等连接起来，形成一条完整、合理有序的生产供应流程，能够快速把生产资料通过生产、经销等形式变成可以增值的商品，然后送到消费者手中。商品具有优质的供应链说明该商品发展较成熟且具备较强的竞争力，因此，商家可以以优质的供应链为导向，选择拥有高质量供应链的商品，降低试错的成本。同时，优质的供应链也意味着优质且完善的货源，有利于网店的长期发展。

知识补充——货源

在淘宝上开店的商家不一定都有货源，没有货源的商家可以利用1688采购批发网、线下批发市场和工厂。例如，要在1688采购批发网上寻找优质的货源，商家可以先在淘宝上搜索、复制心仪的商品图片，然后到1688采购批发网中去找对应的商品，找到后询问其发货时间、退换货、售后等详细信息。为了验证商品质量，商家可以先将这家店的商品买回来试用，如果满意，便可选择与该店合作。

2.1.3 商品定价

对于商家而言，商品定价的难点在于高定价无法吸引流量，低定价无法实现盈利，中等价位定价范围又太广泛，无法找到真正合适的价位。因此，商家需要掌握商品定价的策略和技巧。

1. 商品定价的策略

商品定价是有策略可循的。以这些策略为出发点，商品定价就变得相对简单。

（1）基于成本定价

基于成本定价是比较简单的定价策略。商家在定价时基于商品的成本，在此基础上提高定价以创造利润，即商品价格=成本+期望的利润额。

基于成本定价可以让商家避免亏损，但有时会导致利润下降，如当消费者愿意为商品支付更多的费用时，这种定价方式会减少利润。另外，如果定价太高，也可能降低商品销量，从而降低利润。采用这种定价策略的重点是成本核算。有的商家在核算成本时仅计算了采购成本和运费，然后在此基础上进行定价，结果就是没有利润甚至亏损。实际上在核算成本时，除了计算采购成本外，还应计算人工成本、固定成本、营销成本等。

（2）基于竞争对手定价

商家可以根据竞争对手对商品的定价来适当调整商品定价，通过购买竞争对手售卖的商品，然后比较该商品与本店商品在材质、质量、包装、规格等方面的不同，如果本店商品在某一方面优于竞争对手，则可以适当提高价格，反之则降低价格。例如，2.5千克装的进口新鲜山竹，在其他网店的售价分别为59.8元、45.9元，在比较这两款山竹与本店山竹后发现，本店山竹的口感和新鲜度均优于这两款山竹，那么本店的山竹定价可以高于59.8元。图2-9所示为两家不同网店的同类型商品价格，尽管重量一样，但因为采用的技术和包装等不同，商品价格也不同。这种策略适用于与竞争对手销售相同或相似商品的情况。

图2-9 两家不同网店的同类型商品价格

但是，以竞争对手的商品价格为依据进行定价可能会导致恶性竞争。例如，A商家在淘宝上销售某件商品时，发现B商家对该商品的定价为199元，为了取得价格优势，A商家将商品价格调整为179元，B商家为了重新取得价格优势，进一步压低价格，重新定价为99元，而A商家也不得不将价格降低为89元。如此一来便形成恶性竞争，双方不断采取降价措施，最终由于无法实现盈利，商品质量把控、售后服务、物流管理等环节持续失控。恶性竞争行为是不可取的，不仅伤害了自己和他人，还扰乱了行业秩序。

在采用这种定价策略时，商家可以采集多家同种商品的价格，通过黄金价格点来为商品定价，即商品定价=区间最低价+（区间最高价-区间最低价）×0.618，具体可以根据淘宝筛选中划分的3个价格区间寻找在这个区间内商品的最低价和最高价。

（3）基于商品价值定价

对于消费者而言，商品所带来的使用价值、社会价值等才是切合实际需要的，因此，基于商品价值定价是可取的。基于商品价值定价是一种复杂的定价策略，它首先需要进行市场研究和消费者分析，了解受众群体的关键特征，考虑他们购买的原因，了解哪些商品功能对他们最为重要，掌握价格因素在购买过程中的影响程度等。

2. 商品定价的技巧

商品价格不仅决定了消费者的支付成本，还决定了商品所处的竞争领域，以及不同的商品资源配置，还意味着不同的收入和利润，因此为商品定价需要使用一定的技巧。

（1）利用锚定效应定价

锚定效应即通过营造不同的环境，通过数量暗示或价格对比等方式让消费者在潜意识里锚定某个价位，然后以此为锚点，做出判断。利用锚定效应定价的方式有以下3种。

● **环境影响价格**：商品标题、主图、模特、拍摄风格、页面设计、文案等因素，都能影响消费者对商品价格的判断。因此，商家可以聘请更加贴合商品形象的模特、设计更高端的海报，让商品看起来更昂贵，那么消费者便会将商品价格定位在更高的水平。

● **数量暗示**：商家可以通过数量暗示让消费者锚定购买数量的起始值，即引导消费者一次购买多件商品，如"买4件享8.8折""买3件以上，每件88元"；还可以从最大值的角度出发，通过设置购物数量上限来锚定消费者的限购数量，如"每人限购4件"等。

● **价格对比**：不管是商品的价签，还是商品详情页的划线价，对消费者来说都是价值参照"锚"。划线价可以为消费者营造一种"更便宜"的感觉，让消费者通过对比将划线价作为锚定基础，从而认为当前售价更便宜。

（2）利用损失厌恶心理定价

损失厌恶是指人们面对同样数量的收益和损失时，认为损失更加令他们难以忍受。同量的损失带来的负效用大致为同量收益正效用的2.5倍。将这一原理应用到商品定价中，商家可以采用非整数定价、尾数定价、价格分割等方法，放大消费者对收益的感知，缩小消费者对损失的感知。

● **非整数定价**：这种方法会使消费者感到商家定价认真、准确，从而相信这个价格的合理性。例如去菜市场买菜，如果商家说"总共10.5元，0.5元不要了，就给10元"，消费者会感到

高兴，认为这位商家买卖公道，自己还占了0.5元的便宜。因此给商品定价时，商家可以将价格定为非整数。

● **尾数定价**：对于不适合非整数定价的商品，商家可以采用"9""8"结尾的方法来定价。例如，199元和200元虽然只差1元，但是前者给消费者的感觉是不到200元，使消费者产生价格偏低、商品便宜的感觉。

● **价格分割**：对于体型较小、不宜单一销售的商品（如饼干、棒棒糖等），商家可以将商品价格分割成单独商品的价格，在售卖时批量销售。采用这种方法可以让消费者在购买商品时觉得只支付了一小部分钱，从而促进销量的增长。例如，曲奇饼干商家可以直接按"块"来定价，将曲奇饼干的单价定为2～5元，这样单块的曲奇饼干不贵，购买时消费者会批量购买。

2.2 商品发布

商品发布就是将商品信息上传至网店中。商家可以在淘宝PC端的千牛卖家工作台发布商品。为了方便商家发布商品，淘宝对一些操作进行了智能化的升级，能有效提高商家发布商品的正确率与效率。

2.2.1 选择商品类目

商品发布的第一步便是选择商品类目，只有选对了商品类目，才会让商品获得更多关注。为避免出现商品类目选择错误的情况，淘宝在商家上传商品图片后将自动为商家填写部分商品类目属性。选择商品类目的具体操作如下。

步骤1：登录淘宝网，单击首页右上角的"千牛卖家中心"超链接，进入"千牛卖家工作台"页面。在左侧导航栏中单击"宝贝管理"栏的 按钮，在展开的面板中单击"发布宝贝"超链接，如图2-10所示。

图2-10 单击"发布宝贝"超链接

步骤2：打开"商品发布"页面，单击"上传商品主图"栏下的"添加上传图片"超链接，在打开的面板中连续单击"上传图片"按钮、"上传"超链接，上传准备好的商品图片（配套资源：\素材\第2章\商品图片\1.png），上传成功后的图片将显示在"上传商品主图"栏下，如图2-11所示。

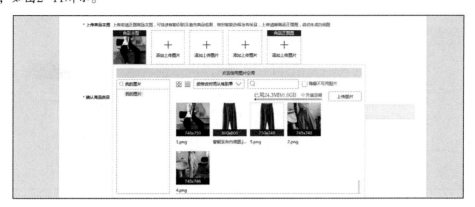

图2-11　上传商品图片

步骤3：在"确认商品类目"栏中，可以看到淘宝已自动为商品选择了类目，商家仔细查看并确认，若需要修改可重新选择类目。确认无误后，单击"下一步，完善商品信息"按钮，如图2-12所示，完成商品类目的选择操作。

图2-12　确认商品类目

2.2.2　编辑商品基础信息

选择商品类目后，商家可以进入下一阶段，对商品基础信息进行编辑。商家在编辑商品基本信息时，要特别注意商品属性的填写。由于不同的商品类目所要填写的属性不一样，商家需要注意查看商品的具体属性选项，否则可能会引发商品下架等问题。编辑商品基础信息的具体操作如下。

步骤1：在"商品发布"页面中单击"下一步，完善商品信息"按钮后，打开"完善商品信息"页面。

步骤2：在"基础信息"选项卡下的"宝贝标题"栏后的文本框中输入文本"直筒长裤阔腿裤高腰纯色"，如图2-13所示，或单击文本框下方提供的标题标签。

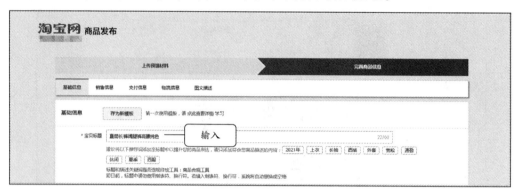

图2-13　输入宝贝标题

知识补充——存为新模板

在"基础信息"和"销售信息"选项卡中可以单击"存为新模板"按钮，将同类型的内容保存为模板，在发布近似商品的时候商家便可以套用模板。

步骤3：在"类目属性"栏下检查预填商品类目属性及商家必填类目属性，此处必填类目属性为"年份季节"，单击"年份季节"选项，在打开的列表中选择"2021年夏季"，如图2-14所示。需要注意的是，不同商品的必填类目属性是不同的。

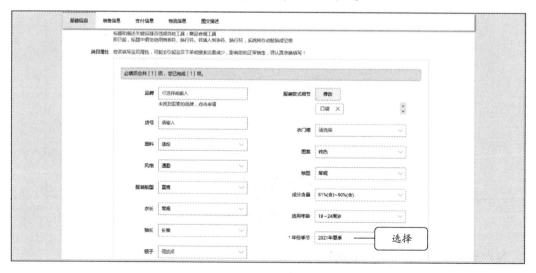

图2-14　填写类目属性

2.2.3　编辑商品详情页信息

编辑商品基础信息后，商家将进入商品发布中非常重要的阶段，即编辑商品详情页信息，这关乎到商品销售时展现在消费者面前的信息是否具有吸引力。编辑商品详情页信息的具体操作如下。

步骤1：来到"销售信息"面板，在"颜色分类"栏下选择商品的颜色，这里选择"粉红色""黑色""白色"，在"尺码"栏下设置商品尺码，这里设置为中国码的XS、S、M码，如图2-15所示。需注意，商品颜色和尺码都必须设置，不能只设置某一个属性。

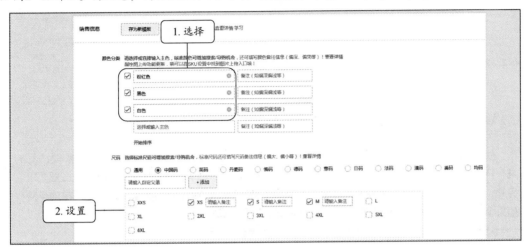

图2-15　设置颜色和尺码

步骤2：单击"宝贝销售规格"栏中"颜色分类图"列表下的"选择图片"选项，在展开的面板中选择相应颜色的商品图片（配套资源：\素材\第2章\商品图片\）。在"价格（元）"数值框中输入价格，这里输入"59.90"；在"数量（件）"数值框中输入商品数量，这里输入"100"，单击"批量填充"按钮，统一设置商品价格和数量，如图2-16所示。如果不同尺码或颜色商品的价格、数量不同，就需要为不同尺码或颜色的商品单独设置价格和数量。

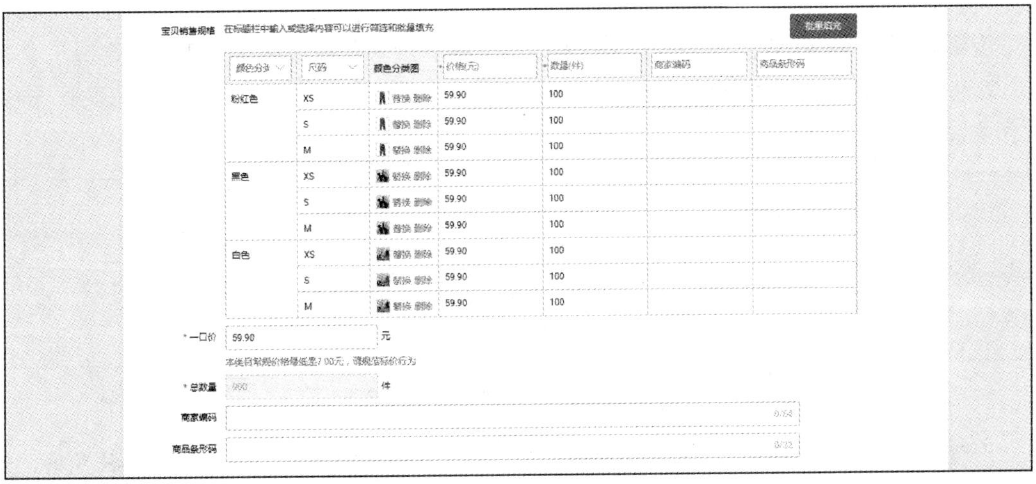

图2-16　设置商品价格和数量

步骤3：在"支付信息"面板中，单击选中"付款方式"栏后的"一口价（普通交易模式）"单选项、"库存计数"栏后的"买家付款减库存"单选项、"售后服务"栏后的"退换货承诺"复选框，如图2-17所示。

图2-17 设置支付信息

知识补充——商品预售模式和库存计数方式

如果选择付款方式为"预售模式"，建议选择"全款预售"，如图2-18所示。需要注意的是，目前不是所有商品类目都开放了预售模式功能，且商品预售总价不得低于所属类目最低要求。另外，库存计数方式中，如果单击选中"买家拍下减库存"，可能面临买家恶意拍下订单的风险；如果单击选中"买家付款减库存"，可能面临商品超卖的风险。

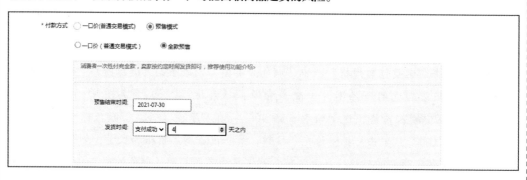

图2-18 设置预售模式

步骤4：在"物流信息"面板中，单击选中"提取方式"栏后的"使用物流配送"复选框，在展开的面板中选择合适的运费模板，这里选择"系统模板-商家默认模板"选项，如图2-19所示。

图2-19 选择物流方式

步骤5：在"图文描述"面板中，可以看到"计算机端宝贝图片"栏的内容已被预填，若商家想要更换图片可以单击图片进行更换。单击"宝贝长图"栏下的"添加上传图片"超链接，在展开的"图片空间"面板中陆续单击"上传图片"按钮和"上传"按钮，在"打开"对话框中选择商品长图（配套资源：\素材\第2章\商品图片\商品长图.jpg），上传图片后的效果如图2-20所示。

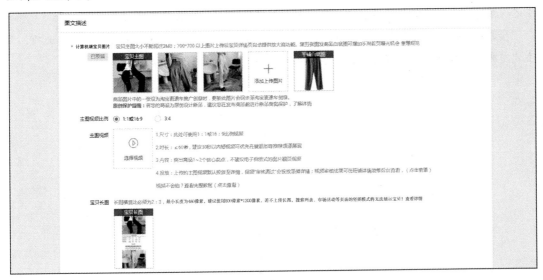

图2-20　上传图片后的效果

步骤6： 在"计算机端描述"栏中，单击选中"使用文本编辑"单选项；在下方的文本编辑器中输入商品详情，这里输入文本"冰凉垂坠西装阔腿裤　吸湿透气，不黏肌肤　不挑腿型，遮肉显瘦"；然后选中所有文本，单击 ≡ 按钮，让文本居中显示；然后单击 B 按钮，将文本加粗；单击 🖼 按钮，导入商品长图（配套资源：\素材\第2章\商品图片\商品长图.jpg），如图2-21所示。

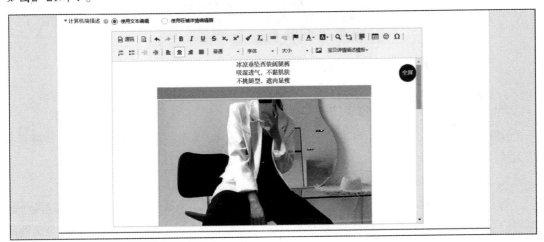

图2-21　编辑"计算机端描述"内容

📖 知识补充——宝贝详情描述模板

商家可以使用宝贝详情描述模板功能新建商品详情描述模板，在下一次发布同一类型的商品时可以直接导入模板。修改导入的模板中的信息不会影响已经使用该模板的商品，删除导入的模板也不会影响正在售卖的商品。

步骤7：在"手机端描述"栏后单击选中"使用文本编辑"单选项，单击"导入计算机端描述"按钮，在展开的提示面板中单击"确认生成"按钮，生成新的手机详情页。

步骤8：在"售后服务"面板中，单击选中"上架时间"栏下的"立刻上架"单选项，单击"发布"按钮完成商品发布。图2-22所示为淘宝移动端的商品详情页效果。

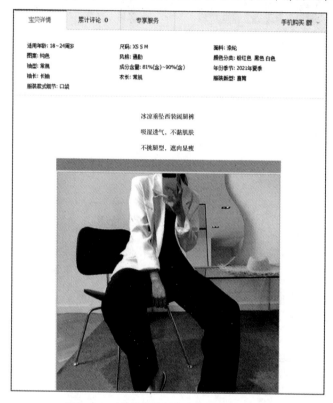

图2-22 淘宝移动端的商品详情页效果

2.2.4 选择商品发布时机

除了编辑商品信息外，选择商品的发布时机也很重要，特别是竞争力较弱的商家，更要抓准时机。

1. 商品发布的时间

11:00—16:00和19:00—23:00是商品发布的黄金时段，流量较多，商家可以在这两个时间段内发布商品。如果商品种类和数量较多，建议每隔半个小时发布一个商品，避免全部商品同时发布而被淹没在众多商品中。此外，在黄金时段中，商家也可以间隔性地下架商品，从而获得较高的搜索排名和较多的流量。

2. 商品发布的时间规律

不同竞争力的商品，其发布时机和下架的时间不同，商家应该根据商品的实际情况做出选择。一般情况下，竞争力较强的商品适合在其临近下架的时间内发布，因为越临近商品下架时间，商品的排名越靠前，流量越大；竞争力弱的商品建议避开流量竞争的高峰发布，否则容易被消费者忽视。

2.3 商品交易管理

商家发布商品后，还需要进行后续的商品交易管理。做好商品的上下架、商品信息的修改、订单的管理等工作有利于网店的顺利运转，也有利于与消费者保持稳定、和谐的交易关系。商家可以通过千牛卖家工作台进行商品交易管理。

2.3.1 上下架商品

上下架商品是网店运营中必不可少的操作。下面介绍在千牛卖家工作台中进行的商品上下架操作。

步骤1：进入"千牛卖家工作台"页面，在左侧导航栏中单击"宝贝管理"栏中的"出售中的宝贝"超链接。

步骤2：打开"出售中的宝贝"页面，单击需下架商品右侧的"立即下架"超链接，在打开的"立即下架"对话框中单击"确认"按钮，完成商品下架，如图2-23所示。

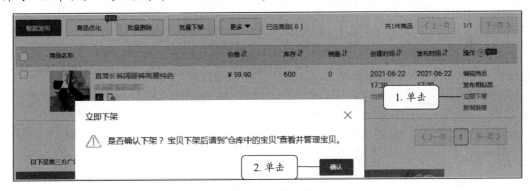

图2-23　下架商品

步骤3：在"宝贝管理"栏中单击"仓库中的宝贝"超链接，在打开的页面中查看下架后存放于仓库中的商品。单击商品右侧的"立即上架"超链接重新上架所选商品，如图2-24所示。

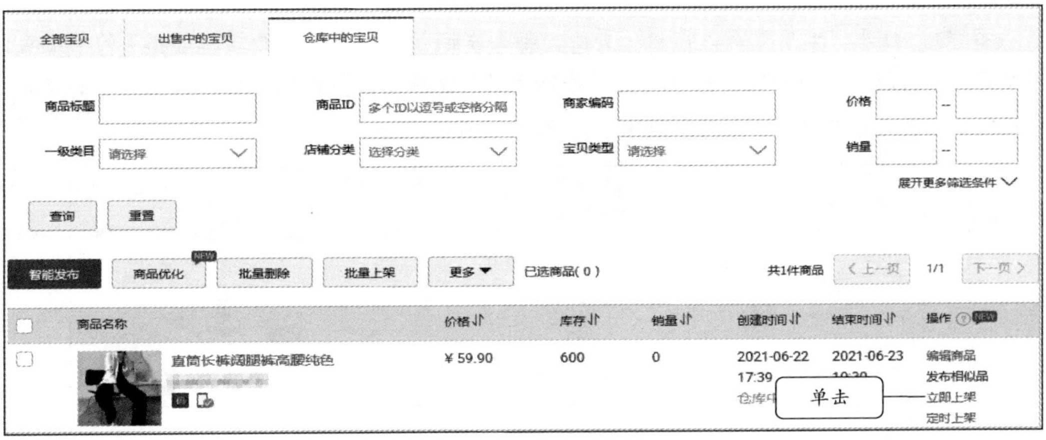

图2-24　重新上架商品

知识补充——定时上架

在设置上架时间时，如果规定了商品的具体上架时间，商家可以单击"定时上架"超链接，打开"设置定时上架"对话框，设置商品的具体上架时间，届时淘宝将按设置的时间定时发布商品，如图2-25所示。

图2-25　定时上架

2.3.2　修改商品信息

商家如果想要修改商品信息，可以通过"商品发布"页面进行编辑。其方法如下：在"千牛卖家工作台"页面的"宝贝管理"或"常用操作"栏中单击"出售中的宝贝"超链接，打开"出售中的宝贝"页面。单击需修改信息的商品右侧的"编辑商品"超链接，如图2-26所示。打开"商品发布"页面，即可在其中修改"基础信息""销售信息""图文描述"，并重新设置"支付信息""物流信息"。

图2-26　单击"编辑商品"超链接

2.3.3　商品订单发货

消费者完成付款后，如果商品需要邮寄，商家还需要联系快递公司，填写快递单号并发货。下面介绍商品订单发货的相关操作。

步骤1：打开"千牛卖家工作台"页面，单击左侧导航栏中"交易管理"栏下的"已卖出的宝贝"超链接。在打开的页面中单击"等待发货"选项卡，查看已卖出但尚未发货的商品，确认交易信息无误后单击"发货"按钮，如图2-27所示。

图2-27　发货

步骤2：打开发货的页面，确认收货信息及交易详情，如图2-28所示。若消费者表示需要修改收货信息，则单击"修改收货信息"超链接，重新设置消费者收货信息。确认无误后，选择发货方式，这里单击"在线下单"选项卡，在选择的快递公司后单击"选择"按钮，如图2-29所示，输入运单号码，单击"确认"按钮，继续根据提示完成发货操作。

图2-28　确认收货信息及交易详情

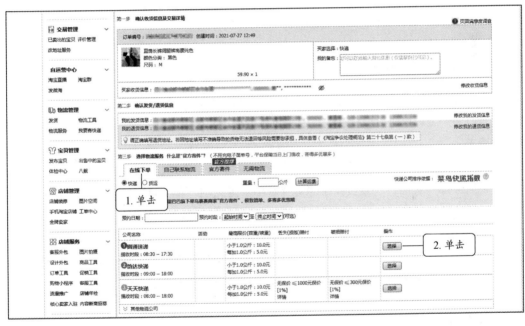

图2-29　选择物流服务

步骤3：发货后可在"已卖出的宝贝"页面查看，如图2-30所示。如果没有提前设置发货或退货地址，则单击"我的发货信息"后的"请设置了再发货"超链接，进入物流工具设置页面进行设置。

知识补充——二维码防伪防窜货管理系统

一旦商品销量可观，便有可能出现山寨、假冒等情况。为了防止这种情况，商家可以使用二维码防伪防窜货管理系统，在生产时为每一件商品提供身份编码，并在商品出货销售的过程中，将编码与经销区域、出库日期等关联起来。

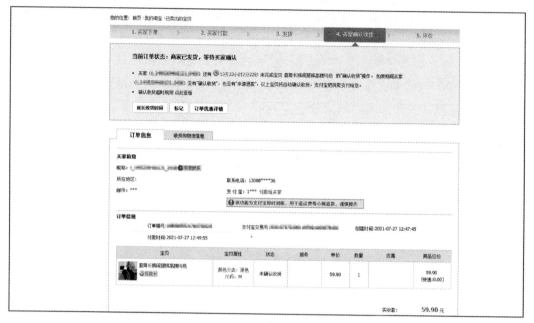

图2-30　查看订单信息

2.3.4　处理商品退款

在商品交易的过程中，消费者由于某种情况需要退货或退款时，一般会向商家提出退款申请，双方协商一致即可进行退款操作。商家可以通过千牛卖家工作台进入"退款管理"页面处理退款请求。

在"千牛卖家工作台"页面左侧导航栏的"客户服务"中单击"退款管理"超链接，进入"退款售后管理"页面，在该页面中即可查看申请退款的订单信息，如图2-31所示。商家与消费者协商一致并同意退款后，单击"同意退款"按钮，在打开的页面中输入支付宝支付密码即可完成退款。若拒绝退款申请，需要填写拒绝退款申请的理由，如图2-32所示。

图2-31　处理退款申请

图2-32　填写拒绝理由

💻 **知识补充——纠纷在线协商工具**

目前，为了减少消费者不知道商家为何拒绝退款等因素引起的不必要纠纷，也为了防止消费者恶意申请退款，淘宝上线了纠纷在线协商工具。商家若拒绝退款，会提供退款建议并发起退款协议，如果消费者同意，淘宝会自动根据商家发起的协议方案执行。当前该产品功能已全面覆盖了天猫，淘宝正在开放中。

2.3.5　关闭商品交易

商品交易也会出现交易失败的情况，此时，商家就可以关闭交易。

1. 关闭交易的情况

如果发生以下情形，交易可能会关闭。

● 消费者拍下但未付款或未在订单生成的规定时间内付款，造成消费者自动终止交易或商家关闭交易。

● 商家未发货但消费者申请了退款，商家同意退款却未在申请退款的7天内处理退款申请，待退款返还给消费者后，交易终止。

● 消费者退款退货成功后，交易终止。

2. 关闭交易的方法

商家可以在"已卖出的宝贝"页面中关闭交易，具体操作如下。

步骤1：在"千牛卖家工作台"页面左侧的"交易管理"栏中单击"已卖出的宝贝"超链接，打开"已卖出的宝贝"页面。单击"等待买家付款"选项卡，查看处于待付款状态的订单，如图2-33所示。

图2-33　查看处于待付款状态的订单

步骤2：单击需要关闭交易的订单"交易状态"栏下的"关闭交易"超链接，在打开的提示框中设置交易关闭的原因，然后单击"确定"按钮。完成后单击"关闭的订单"选项卡可查看关闭的交易订单。

一般情况下，本着诚实守信的原则，商家最好不要主动关闭交易，以免引起不必要的纠纷。

🎓 课堂案例

某生鲜店硬性规定消费者购买后不得退款、退货，在处理商品腐烂导致消费者申请退款的情况时也不以腐烂程度为衡量标准，统一采用赔偿两元的方式作为对消费者的补偿。此行为不仅违反了《淘宝平台特殊商品/交易争议处理规则》，还违反了《网络商品交易及有关服务行为管理暂行办法》。在消费者申请淘宝介入后，该生鲜店受到了相应的处罚。因此，商家在与消费者进行商品交易的过程中，应该本着公平公正的原则，不得硬性要求消费者购买后不能退款、退货。

2.4　网店账目管理

当网店中的商品交易逐渐增多时，商家需要对网店账目进行管理，其中，基于支付宝而进行的账目管理对于商家而言是有必要的。商家可以在支付宝中查询账户余额，查看账单的交易明细和经营概况等。

2.4.1　查询账户余额

网店商品交易成功后，销售金额将直接转至商家绑定的支付宝账户中，并显示账目的具体明细。在支付宝中查询账户余额的方法如下：登录支付宝，进入支付宝商家中心，在左上方可以查看昨日交易详情，同时还可以查看具体的成交笔数、退款金额和退款笔数，以及成交金额、成交笔数、退款金额3项数据在近30天的趋势，如图2-34所示；在"我的余额"板块中可以查看账户余额，如图2-35所示。

单击"我的余额"中的"资金管理"超链接，打开"资金总览"页面，可以进行转账、充值、提现等操作。

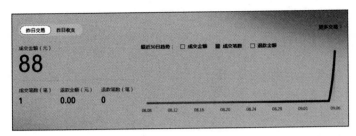

图2-34　昨日交易详情　　　　　　　图2-35　查看账户余额

2.4.2　查看账单的交易明细

商家在支付宝商家中心中单击"成交金额"中的"更多交易"超链接，或直接单击"对账中心"选项卡，在打开页面的左侧单击"账户资金"栏中的"账务明细"选项卡，可以查看账单的交易明细，如图2-36所示。

图2-36　查看账单的交易明细

2.4.3　查看经营概况

商家可以在"数据中心"选项卡下方查看网店的经营概况，并根据具体经营数据调整相应的经营方式。在"实时概况"面板中，商家可以查看支付金额的变化趋势，如图2-37所示。

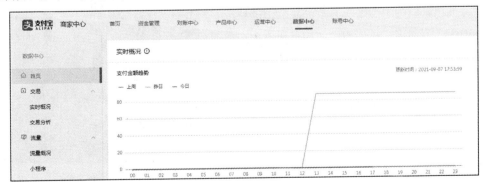

图2-37　实时概况

在"经营分析"面板中，淘宝将自动根据"支付金额=支付顾客数×支付客单价"公式进行计算，商家可以查看每一项的变化情况，如图2-38所示。商家可以根据支付数据的变化情况采取相应的措施。

图2-38 经营分析

2.5 综合案例——花西子的网店运营

作为具有我国特色的新锐品牌，花西子在短短的几年时间里迅速崛起，成为备受年轻人喜爱的、具有代表性的国货美妆品牌，这离不开花西子对网店的精心运营。

2.5.1 花西子的品牌定位

花西子于2017年成立于杭州。从创立初期开始，花西子就确立了自己的品牌基调：以传统文化为依托，以"东方彩妆，以花养妆"为理念，以"扬东方之美，铸百年国妆"为愿景，从而走向彩妆养肤之道。

1. 花西子的网店风格

实际上，在刚开始开展网店运营时，花西子的网店风格并不够独特，未能很好地将国风元素与彩妆联系起来，直到2019年融入传统的国风元素，将黛青色、孔雀图腾作为品牌形象代表后，才为人所知晓。

依据品牌定位而定制的网店风格视觉体系，让花西子脱颖而出，成为不少国货彩妆品牌模仿的典范。图2-39所示为花西子的网店首页。由此可看出，花西子的网店首页装饰很精致，很好地体现了"以花养妆"的理念。

另外，花西子邀请了符合品牌定位且受年轻人喜爱的艺人作为代言人，从而吸引了一大批热爱国风的年轻人。

2. 花西子的人群定位

花西子能够受到年轻人的喜爱，除了国风元素，

图2-39 花西子的网店首页

还得益于其精准的人群定位。"东方彩妆,以花养妆"不仅是花西子的品牌理念,也是其品牌定位。"东方彩妆"暗示花西子的彩妆是为东方国家的人群量身定做的,精准地实现人群定位。同时,花西子为了更好地体现"东方彩妆"的定位,展现商品的普适性,设置了"体验官"模式,邀请消费者试用商品,并根据反馈结果不断调整商品,让商品更贴合东方女性的皮肤和妆容特点。

"以花养妆"不仅暗示着使用花西子商品可以让妆容如花般美丽,也体现了商品成分的安全、天然、健康等特点。另外,"养妆"二字还顺应了当下年轻人追求彩妆护肤的潮流,使得大量年轻人关注花西子,购买花西子的商品。

花西子依据国家地区、消费者审美和习惯细分人群,让品牌独树一帜,其他品牌也难以复制花西子的品牌定位,从而让花西子在国货美妆品牌中崭露头角。

3.花西子的商品定价

花西子的商品主要分为3档不同的价位:50~100元、100~200元,以及200元及以上。其中,50~100元档的商品的定价主要为69元(如首乌眉粉笔)、79元(如松烟纤长睫毛膏)以及89元(如极细砍刀眉粉笔);100~200元档的商品的定价主要为129元(如雕花口红)、199元(如翡翠气垫);200元及以上的商品的定价主要为219元(如同心锁口红)、229元(如持妆粉底液),礼盒以及彩妆套装会高于300元。图2-40所示为这3档价位中销量较好的商品。

但是,随着品牌的升级,花西子的商品价格也在上升。为了让消费者接受价格的上升,花西子采用了两种方式:一种方式是出新品,把新品的价格设定得高于之前推出的商品,如2020年上新的百年朝凤浮雕彩妆盘和蚕丝蜜粉饼的价格高于之前商品的价格,从而拉高了客单价,逐步提高新推出商品的定价;另一种方式是商品升级,通过改良商品外观或调整商品的成分,从而合理地提高商品价格,如2021年花西子对空气蜜粉的外观进行了升级,不仅更改了蜜粉盒的颜色和材质,还添加了镜子,升级后,商品价格也从原本的149元提高到169元。

图2-40 3档价位中销量较好的商品

2.5.2 花西子的商品管理

独特的品牌定位让花西子在众多国货美妆品牌中脱颖而出，但是，想要将这份优势维持下去并不容易。为了维持好的口碑，花西子在商品管理方面也毫不懈怠。

1. 商品包装

消费者收到商品后首先见到的是商品包装而不是商品本身，好的商品包装能够给消费者留下好的印象，提高消费者对品牌的好感度。为了让消费者在收到商品时感受到花西子的魅力，花西子将我国传统文化与美学纹样相结合，设计出了精美、别致的商品包装。图2-41所示为某消费者对商品包装的评价。

图2-41 某消费者对商品包装的评价

2. 防伪标志

随着花西子商品的热销，各种山寨的花西子商品层出不穷。为了解决这一问题，花西子与有关公司合作，为每个单品都提供了一个数字身份码，以防伪防窜货。消费者只要揭开表层的防伪标，用微信"扫一扫"扫描防伪码即可查询商品的真假。同时，花西子还搭建了假货举报平台，消费者扫码后如果没有查询到数字身份码，可以在该平台举报。

3. 物流

除此之外，花西子还非常看重消费者的购物体验和感受。花西子的发货速度非常快。例如，2020年"11·11"活动期间，消费者付完尾款后花西子便立即发货，高效的物流也给花西子带来积极、正面的反馈，"11·11"当天，花西子旗舰店的物流服务评分有所上升。图2-42所示为花西子旗舰店的物流服务评分和消费者的物流评价。

图2-42 花西子旗舰店的物流服务评分和消费者的物流评价

2.6 综合实训

开设淘宝网店很简单，但运营并不容易。有些淘宝商家在开设网店后由于缺乏经验，对于商品怎么选、怎么定价、怎么管理等问题一头雾水，但是这些问题贯穿整个网店的运营过程。因此，淘宝商家应该掌握选品、商品定价和管理等知识。下面将通过实训对这些知识进行巩固。

2.6.1　为美妆网店找准定位

小张是一个国风爱好者，很喜欢收集腮红，也十分关注美妆行业的发展情况。据她了解，近年来各电商平台美妆品牌的销售数据都非常可观。在2021年淘宝"6·18"活动中，销售数据排名前10的品牌中，美妆品牌占了7个，这意味着美妆行业具有很大的发展前景。为此，小张想要在淘宝上开一家美妆店，销售平价、好用的美妆商品，并希望能够在2021年8月15日正式开业。小张已经想好了网店的名称"慕色"，但是她还不知道怎么为网店找准定位，也不知道怎么定价。

1. 实训要求

① 掌握网店定位的方法，并根据商家要求设计合适的网店风格。

② 掌握商品品类选择和定价的方法，并根据商家要求选择合适的商品，制定合理的价格。

2. 实训思路

① 小张是国风爱好者，对国风比较熟悉，因此，美妆网店风格可以定位为国风。而国风美妆网店的定位清晰且有个性，从淘宝的个性化推荐机制来看是可行的。

② 小张想销售平价、好用的美妆商品，这意味着小张的目标消费者主要是大学生及初入职场的群体。

③ 小张喜欢收集腮红，那么可将售卖的商品定为腮红。同时，小张希望商品平价且好用，则商品定价和成本不能太高。在淘宝上搜索"平价腮红"，对比3款不同品牌、销量较高的腮红，结果如表2-1所示。

④ 根据小张的需求，她可以将腮红的价格定为29.8元。如果小张对商品进行了适当包装，如为商品包装添加了国风元素，可适当提高价格。

表2-1　不同品牌腮红的价格

品牌名称	商品名称	月销/件	价格/元	商品价值
橘×	单色腮红	超8万	29.8	平价；颜色多样；既可用作腮红，也可用作眼影
稚×泉	萌爪甜心腮红	超1万	34.9	平价；包装可爱，为猫爪形；颜色多样
花×晓	花神浮雕腮红	超6千	89	颜色名称带有国风气息，如"清平乐"；内有浮雕；古典胭脂盒设计、印刷工艺

2.6.2　为美妆网店发布新品

近日，"慕色"准备推出一个新系列腮红，名称为"浮光掠影"。该系列腮红共10个不同颜色，每件腮红定价为49.9元，上新时间为8月15日20:00:00，以"既可用作腮红，也可用作眼影，精致小巧，粉质细腻，玩转夏日缤纷色彩，尽显青春本色"为卖点。此次上新也是为了测试市场反响，因此，"慕色"只准备了1000件的库存量。如果市场反响较好，则将该系列腮红作为新一季的主打商品。

1. 实训要求

① 掌握商品发布的方法，了解商品发布的操作步骤。

② 根据商品的实际情况和网店要求，编辑商品基础信息、详情页信息等，并选择合适的发布时机发布商品。

2. 实训思路

① 进入淘宝"千牛卖家工作台"页面，单击左侧导航栏中"宝贝管理"栏下的"发布宝贝"超链接，打开"商品发布"页面，依次上传商品（配套资源：\素材\第2章\商品主图\），淘宝自动识别商品类目为"美妆/香水/美妆工具>面部彩妆>腮红/胭脂"。

② 确认无误后，单击"下一步，完善商品信息"按钮，打开"完善商品信息"页面。在"基础信息"选项卡下的"宝贝标题"栏后的文本框中输入文本 "便携式腮红眼影一体盘浮光掠影盘自然裸妆提亮"。

③ 在"类目属性"栏下的"品牌"下拉列表中选择 "OTHER"选项，在"规格类型"下拉列表中选择"正常规格"选项，设置"功效"为"提升气色""不易脱色""易上色"，在"腮红／胭脂单品"下拉列表中选择单品代码，在"产地"下拉列表中选择"其他／other"选项，在"是否为特殊用途化妆品"下拉列表中选择"否"选项，如图2-43所示。

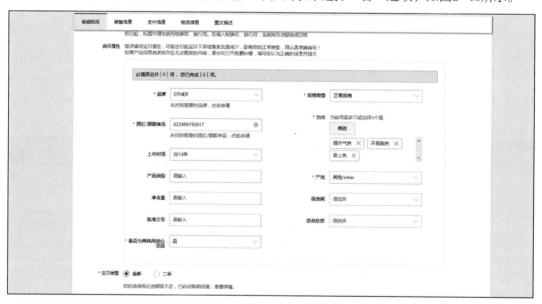

图2-43　完善类目属性

④ 单击"销售信息"选项卡，在"颜色分类"栏下依次选择商品颜色为"金粉色、山楂红、红咖色、浅橘红、红褐色、西瓜红、玫瑰红、梅子红、金铜色、杏仁红"，在"宝贝销售规格"栏中依次上传"06#~56#"色号的颜色分类图（配套资源：\素材\第2章\颜色分类图\）、输入价格为49.9元，输入单一色号的数量为100件，单击"批量填充"按钮。

⑤ 单击"支付信息"选项卡，在其中设置付款方式和库存计数方式。单击"物流信息"

选项卡，在其中设置商品提取方式并选择合适的运费模板。

⑥ 单击"图文描述"选项卡，在 "电脑端描述"栏后单击选中"使用文本编辑"单选项，在文本编辑器中输入商品详情文本"慕色浮光掠影腮红眼影盘 精致小巧，粉质细腻 玩转夏日缤纷色彩 尽显青春本色"，并导入一张商品主图，如图2-44所示。

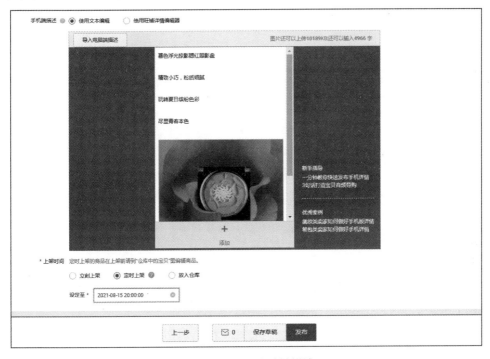

图2-44 导入电脑端描述

⑦ 在"上架时间"栏中，设置"定时上架"，设定时间为2021年8月15日20：00：00，单击"发布"按钮完成商品发布，发布后的效果如图2-45所示。

图2-45 新品发布效果

思考与练习

1. 登录淘宝网，进入百草味官方旗舰店，分析其风格定位，并思考网店风格对网店运营的影响。

2. "藕色"是一家专做藕制食品的淘宝网店，其主打商品是藕粉。由于市场对藕粉的需求出现了变化，很多人希望藕粉的口感更丰富、营养更全面，于是，"藕色"想对藕粉进行升级。观察到市场上很多食品都与坚果结合，"藕色"也决定在藕粉中加入坚果，加入坚果后的藕粉口感更加有层次且更加营养。已知藕粉的销售规格为400克/份，纯藕粉的价格为37.9元/份，成本为18.8元，加入坚果后，藕粉成本上升了6元，竞争对手同样规格的坚果藕粉售价为49.9元，若"藕色"期望每份藕粉能获利20元，那么升级后的藕粉的定价是多少？

3. 以预售的方式发布一款冰丝防晒衣，试着分析一口价和预售两种不同付款方式的适用对象和使用情景，并填写表2-2。

表2-2 冰丝防晒衣的两种不同付款方式比较

付款方式	适用商品类目	适用商家	使用场景
一口价			
预售			

4. 阅读材料，回答问题。

"尚右"是一家主打休闲风的淘宝男装店，主要售卖男裤，销量一直很好。2020年，"尚右"开始谋求转型升级，将新品的价格从原来的100多元提高到了200多元，风格也从休闲风转为商务休闲风，并增添了女装类目。但是，转换风格后，网店商品的销量开始下滑，特别是主打商品从原来的月销10万多件下降到了1万多件。为解决问题，"尚右"的店主请教了专业人士，随后，"尚右"回到了原来的休闲风，但是保留了商务休闲风，同时增添了中性休闲服装类目。另外，"尚右"还将价格划分为100多元和200多元两个档次，对200多元档次商品的材质、样式等进行了升级。此后，"尚右"的销量逐渐回升，甚至隐隐有超越之前销量的趋势。

问题：（1）分析"尚右"转型升级失败的原因；

（2）分析"尚右"未来应确立什么发展目标以及怎么去实现。

第3章 网店流量优化

本章导读

随着淘宝入驻商家数量的增多、竞争激烈程度的增加，商家流量的获取越来越艰难。淘宝搜索可以最大限度地帮助商家获取淘宝站内的免费流量，直通车、超级钻展、超级推荐等可以帮助商家获得更好的资源展位。如何应用这些工具获取流量，是广大商家运营时面临的难题。

学习目标

知识目标	掌握搜索流量优化的方法 掌握直通车、超级钻展的推广方法 了解超级推荐的展位，掌握制订商品和短视频推广计划的方法 掌握淘宝客的推广方法
素养目标	合理运用各种推广工具，坚持理论和实践相结合 积极进取，时刻反思和总结推广过程中出现的问题 始终保持谦虚、谨慎的态度

本章要点

搜索流量、直通车、超级钻展、超级推荐、淘宝客、CPC、CPM、溢价、预算、出价、点击率、定向人群

3.1 网店流量来源

通过了解网店的流量来源，可以判断网店流量是否正常。网店流量的来源渠道包括淘内和淘外两种。

1. 淘内流量

淘内流量是网店在淘宝平台内可以获得的流量，通常有两种划分方式。

（1）付费和免费流量

根据是否付费，网店流量可以分为付费流量和免费流量。其中，付费流量是指商家通过付费活动、营销工具等方式获得的流量。例如，通过直通车、超级钻展等付费工具获得的流量。免费流量则根据消费者访问目的的不同划分为以下两种。

● **自主访问流量**：自主访问流量是指消费者有目的地、主动地访问相关页面所产生的流量，主要从商品收藏、"我的淘宝"页面、"我的订单"页面、直接访问、购物车等入口产生。自主访问流量一般是由对网店有一定了解的消费者或有明确购买意向的消费者通过访问网店产生的，因此流量比较稳定，有利于促成交易。

● **无目的浏览流量**：无目的浏览流量是指消费者无目的地在淘宝中通过搜索、消息、订阅等途径为商家创造的免费流量，其中搜索形成的流量在免费流量中占主要地位。消息和订阅一般需要商家维护，通过内容营销吸引消费者才能产生流量。

淘内免费流量具有成本低、精准度相对较低的特点，淘宝商家可以通过优化商品关键词、商品主图、提升网店权重等方式吸引更多的淘内免费流量。

（2）公域和私域流量

就淘宝而言，公域流量可看作平台流量，不属于单个个体或网店，是集体可以分享的流量。例如，通过搜索、付费推广和各种频道获得的流量就是公域流量。私域流量是属于单个个体或网店的流量。例如，通过订阅等途径获得的流量就是私域流量。

2. 淘外流量

淘外流量是商家通过在淘宝以外的平台推广获得的所有流量。淘宝站外推广的渠道有很多，包括美丽说、一折网等购物优惠网站，百度、搜狗等搜索引擎，微信、微博、知乎等社交媒体平台，抖音、快手等短视频平台。

3.2 搜索流量优化

淘宝搜索流量在淘宝流量来源中占据着相当大的份额，是一种免费的流量，能够给网店带来较高的转化率和成交率，因此很受商家喜欢。优化淘宝搜索流量有助于提升商品在站内搜索结果中的排名，从而提高商品的点击率。

3.2.1 影响搜索流量的因素

淘宝搜索能通过对消费者的搜索行为进行分析，推断出消费者真正的需求。大部分消费者在淘宝搜索商品时，会输入关键词搜索感兴趣的商品，淘宝则会根据消费者输入的关键词为消费者打上需求标签，并将与关键词相关的商品推送给消费者，甚至会在消费者下一次搜索时优先推送与关键词有关的商品。网店或商品的大部分自然流量就产生于这个过程。商品搜索排名关系到网店搜索流量的获取：在淘宝中，搜索排名越靠前的商品，获得的展示机会越多，得到的流量也就越多。然而，商品的搜索排名受到各种因素的影响，分析影响搜索流量的因素能够帮助商家找准搜索流量优化的方向。

1. 商品标题

商品标题是影响商品搜索排名的因素之一。一般来说，商品标题的关键词越精确，商品越容易被搜索到。商品标题中有3类词非常重要，即核心关键词、属性关键词和热搜词。

● **核心关键词**：核心关键词即商品名称，其作用是让消费者能够通过标题快速了解商品并判断是否符合需求。商品标题中必须有核心关键词，且核心关键词一定要符合商品品类。例如，商品标题为"自热火锅"，那么"火锅"就是标题中的核心关键词。

● **属性关键词**：属性关键词即对商品属性的介绍词，为核心关键词服务，包括商品材质、颜色、风格等。例如，商品标题为"深蓝水晶真皮条纹女包"，"女包"是核心关键词，"深蓝水晶真皮条纹"是用于形容核心关键词的属性关键词。

● **热搜词**：热搜词是指与商品相关的、消费者搜索量高的词，主要用来优化商品标题，提高被消费者搜索到的概率。例如，商品标题为"新款特价夏日清新优质女包"，"新款特价"便属于优化商品标题的热搜词。热搜词和属性关键词都是用来扩展商品标题的，有利于增加搜索量和点击量。

商家应尽量选择消费者常用且适合商品的词语。商品标题优化的基本前提是符合消费者的搜索习惯，为了提高商品被搜索到的概率，商家可以尽可能地将各种与商品相符的热搜词组合使用。

2. 其他因素

除了商品标题外，影响商品搜索排名的因素还有很多，不同因素对搜索结果的影响程度不同。

● **点击率**：新品上架后的随机展示概率是相似的，在固有的展示次数里，如果点击率高，便意味着该商品的标题和图片搭配比较合理，淘宝也会继续增加该商品的展示机会。反之，点击率过低，淘宝则会减少展示机会，可能会降低商品搜索排名。例如，某商品在100次展示机会中获得20次点击量，意味着该商品可能会获得较高的搜索排名。

● **跳出率**：跳出率即消费者只访问了入口页面就离开的访问量占总访问量的百分比。跳出率能体现商品描述质量。淘宝会根据消费者在网店的停留时间和跳出率来判断商品描述页是否吸引消费者，消费者停留时间越长、在网店中浏览的页面越多、跳出率越低，越有利于提升商品的搜索排名。

● **转化率**：转化率是商品是否得到消费者认同的体现，转化率=商品购买数÷商品访客数。一般来说，转化率越高的商品页面，商品描述越真实，消费者信任度越高，淘宝会提升这类商品的搜索排名。为防止商家出现刷单、刷信誉等不良竞争行为，淘宝会对转化率过高的商品进行人工审核，一旦查出作弊行为，会做降权处理。

● **商品相关性**：发布商品时，商品相关的类目、属性、标题等信息必须与描述相符。《淘宝网商品发布规范》第二章第四条规定，商家应当对商品作出完整、一致、真实的描述，不得夸大、过度、虚假承诺商品效果及程度等。如果商家违反了相关规定，将会受到严重处罚。

● **综合评分**：综合评分是网店动态评分，即DSR评分，是消费者评分的体现，也是衡量商品价值和质量的重要因素，综合评分能够反映商品与描述是否相符、商家服务态度及商家发货速度等方面，涉及人气、销量、信誉、价格等范畴。商家可以根据综合评分了解网店在消费者心中的整体印象，并根据评分调整商品质量、服务质量等，为赢得更多消费者的好评而努力。综合评分高的网店，淘宝会提升其搜索排名；综合评分低的网店，淘宝会做出降低搜索排名和权重的处理。

● **商品下架时间**：商品下架时间是商品上架到商品下架这个过程的最后一段时间。淘宝中，商品上下架一般以一周为周期，越临近下架时间，商品所获得的搜索排名将越靠前。合理设置上下架时间，可以让商品获得更多自然流量。

● **橱窗推荐**：橱窗推荐的商品搜索排名一般更靠前，金牌商家还可以获得精品橱窗。精品橱窗有利于提升商品权重，从而提升搜索排名。

● **消费者保障**：参加消费者保障的商品，搜索排名将更靠前，将获得更多的搜索流量。

● **退款率和纠纷率**：退款率和纠纷率是判断商品质量和服务质量的重要指标。退款率比同行高的网店，淘宝会降低其搜索排名，纠纷率高的网店会被淘宝做降权处理。

● **实时权重**：淘宝会根据商品的实时权重调整商品的搜索排名，实时权重降低会影响商品流量，特别是点击率、收藏加购率。因此，商家要熟知淘宝规则，避免出现违规行为导致实时权重下降。

● **动销率**：动销率也是影响搜索排名的因素，建议商家将长时间未出售的商品进行重新编辑或下架，以提升网店权重。

● **回头客与复购率**：回头客是判断网店品质的重要依据，也是淘宝判断网店质量的因素之一，回头客越多的网店，搜索排名会更靠前。同理，商品的复购率高，搜索排名也会更靠前。

● **商品图片质量**：商品主图及详情页的图片影响着消费者对商品的印象，不符合消费者喜好的图片会影响淘宝对商品的推荐，导致商品的点击率不高，影响商品的搜索排名。商家可以根据消费者偏好制作符合网店风格的图片，这样既能避免同质化，又能增加获得消费者青睐的机会。

3.2.2　获取搜索流量

搜索流量主要来源于商品标题，而商品标题由多个关键词构成，因此，有些商家便把关键词当作获取搜索流量的唯一途径。但其实并非如此简单，搜索流量的获取除了与关键词有关外，还与商家发布商品时所填写的类目和属性等因素有关。

1. 通过关键词搜索获取搜索流量

关键词搜索是淘宝的默认搜索方式，消费者搜索关键词不仅可以搜索到淘宝上发布的所有有关商品，还可以搜索到相应的网店。设置与商品相符的关键词有利于提高商品被搜索到的概率。

（1）商品关键词搜索

大部分消费者会通过在搜索文本框中输入关键词搜索商品，搜索结果页面中会显示与关键词有关的商品。例如，输入"塔式电风扇"，搜索结果中，所有商品的标题均包含"塔式""电风扇"，如图3-1所示。并且消费者搜索的关键词也将成为消费者的需求标签之一，还会成为下一次淘宝推荐的对象之一。

因此，商家可以研究商品标题中关键词的组成，提高商品被更多消费者搜索到的概率。商家在发布商品时可根据淘宝提供的关键词组成商品标题，以增加关键词的准确性。此外，通过计算搜索结果页面的数量与每页商品的数量，可得出搜索的商品总数。商品总数决定了商品的竞争程度，商家可以通过研究竞争对手的商品标题来做好自身的关键词优化。

图3-1　输入"塔式电风扇"的搜索结果

（2）网店关键词搜索

网店关键词即网店名称。网店的忠实消费者或者被他人推荐而寻来的消费者很多时候会直接搜索网店。通过搜索网店而来的消费者通常具有强烈的购买欲望，也更容易成为回头客。因此，商家要选取合适的网店名称，尽量选取好听、好记、与网店商品相关的网店名称，从而方便消费者记忆，方便消费者搜索网店关键词，从而保证网店的流量。例如，商家在确定童装网店名称时，可以选择"果果童装"等与童装相关的名称，点明网店售卖的商品。

2. 通过淘宝全网热榜、类目搜索获取搜索流量

搜索流量除了来自关键词搜索，还来自淘宝全网热榜、类目搜索等。做好类目搜索能够让商家更容易被通过类目搜索商品的消费者看到，增加商品曝光的机会，获得更多搜索流量。

（1）淘宝全网热榜

淘宝全网热榜只在淘宝移动端的搜索页面中显示，位于"搜索发现"栏的下方，有"淘宝热搜""时髦穿搭"等6个榜单，部分榜单如图3-2所示。部分榜单的名称在不同时期会发生变化。淘宝全网热榜中的内容多来源于网络上较热门的话题，其中，淘宝热搜榜与微博热搜榜相似，汇聚了淘宝中关注度较高的内容，具有较强的趣味性。

如果商家获得在淘宝全网热榜中的展示机会，那么可以拓宽商品的覆盖面，从而提高点击率。淘宝全网热榜根据个性化推荐机制，按消费者的浏览习惯推荐不同的商品，商家在发布商品时选择搜索频率较高的关键词容易获得在淘宝全网热榜展现的机会。为了使商品在榜单中的排名更靠前，商家可以付费推广商品。同时，商家可以关注榜上的商品类目，并以此为参照选择商品，提高商品被搜索到的概率。

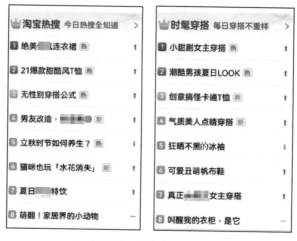

图3-2 淘宝全网热榜

（2）类目搜索

类目搜索主要分为两种：一种是在淘宝首页根据商品类目进行全网搜索，图3-3所示为淘宝PC端首页的类目搜索；另一种是进入网店后根据网店商品分类进行搜索。类目搜索通常出现在消费者购买目标不明确的情况下。例如，消费者在逛淘宝时想要购买夏天用的商品，但未明确商品的类型，对款式、材质等属性没有具体的要求，此时可能会通过类目搜索寻找商品。为了让商品在类目搜索中更容易被搜索到，商家可以在商品标题中加入类目列表中的相关关键词。

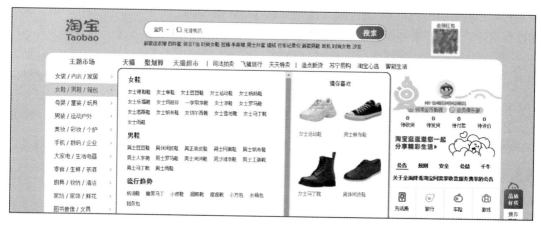

图3-3 淘宝PC端首页的类目搜索

3. 通过个性化搜索获取搜索流量

为节省消费者的时间，淘宝为消费者提供了个性化搜索功能，消费者可以根据个人需求筛选商品的品牌、款式、面料、风格等。例如，消费者在淘宝移动端搜索"腮红"后，想要更加精确，可以点击商品搜索结果页面中的"筛选"按钮，对商品的折扣与服务、价格区间、品牌、规格类型等进行设置，设置完成后淘宝会根据要求进行筛选，如图3-4所示。

由个性化搜索带来的消费者定位更加精确，对于提高网店流量的转化率有着重要意义。商家可以分析这些个性化属性，为商品挖掘并应用热门属性，使商品在个性化搜索中出现。

图3-4   个性化搜索

4. 搜索流量数据维护

一般来说，消费者在点击商品后，会根据商品的月销售量、评价数量、类目排名情况等挑选商品。另外，商家的发货速度、服务态度、旺旺响应时间等数据也会影响消费者选购商品，如果这些数据低于行业平均值，就会影响搜索流量的获取。因此，做好搜索流量数据维护尤为重要。针对单个商品，商家可以做数据监控表，记录商品各项数据指标变动的情况，在发现情况有变时及时采取相应的改进措施；针对整体服务，商家则可以利用生意参谋提高整体服务质量。

3.2.3　优化商品标题

优化商品标题是为了提升商品排名，让商品获得更多的展示机会和流量。为了提高商品被搜索到的概率，淘宝商家一般都会在商品标题中添加多个关键词。

1. 查找和挖掘关键词

行业搜索率高的关键词能够让商品更容易被搜索到，商家可以通过各种途径来查找和挖掘关键词。

（1）使用"选词助手"查找行业热搜词

构成商品标题的关键词很多，为了方便商家搜索行业热搜词，进而优化商品标题，生意参谋提供了"选词助手"来帮助商家挖掘行业热搜词。使用"选词助手"查找行业热搜词的具体操作如下。

步骤1：进入"千牛卖家工作台"页面，单击左侧导航栏"数据中心"栏下的"生意参谋"超链接。打开"生意参谋"主页面，在顶部导航栏中单击"流量"选项卡，单击页面左侧导航栏中"来源分析"栏下的"选词助手"超链接，如图3-5所示。

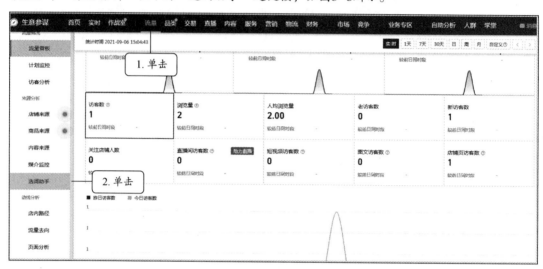

图3-5 单击"选词助手"超链接

步骤2：在打开的页面中单击"行业相关搜索词"选项卡，打开"流量纵横"订购页面，单击"立即订购"按钮。打开购买页面，单击"服务版本"后的"标准版"按钮，单击"周期"后的"一年"按钮，单击"立即购买"按钮，如图3-6所示。

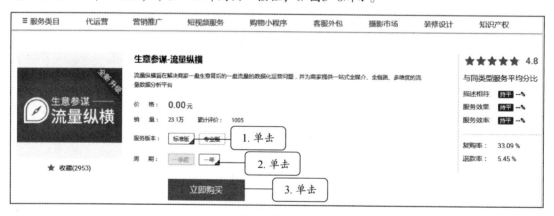

图3-6 单击"立即购买"按钮

步骤3：打开付款页面，单击选中"已阅读并同意签署：生意参谋—流量纵横订购协议及服务市场交易协议"复选框，单击"同意并付款"按钮，如图3-7所示。

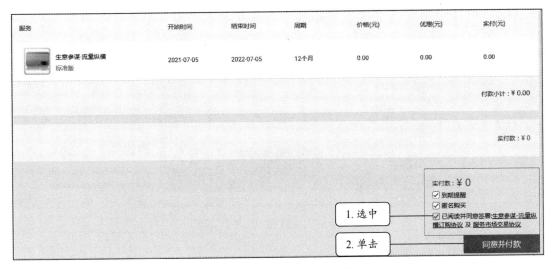

图3-7 单击"同意并付款"按钮

步骤4：完成订购，返回"选词助手"所在页面，单击"行业相关搜索词"选项卡，淘宝会自动根据商品类目呈现相关的行业搜索词，并提供相应的热搜排名、搜索人气、点击人气、点击率、支付转化率等信息，如图3-8所示。

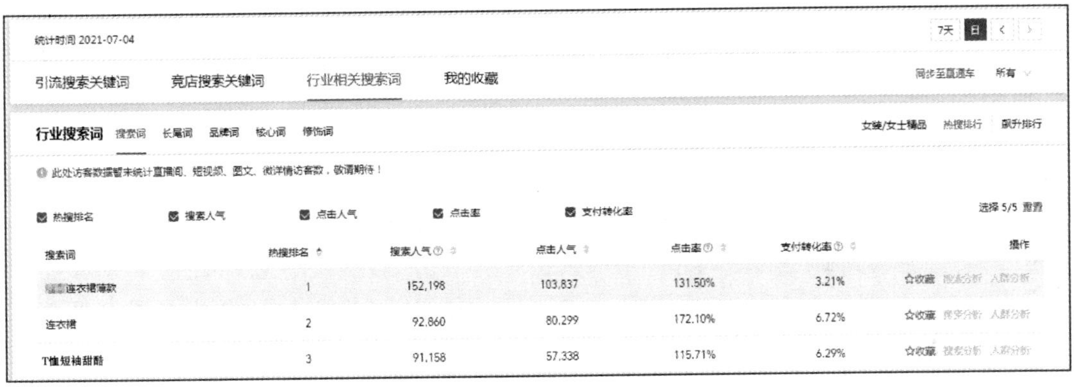

图3-8 查看行业相关搜索词

步骤5：分别单击"长尾词""核心词""修饰词"等选项卡查看搜索词，根据榜单中的关键词挖掘出当前行业中与网店出售商品相关的热搜词。

商家可以将这些关键词复制下来，用来当作优化商品标题的关键词。一般来说，在"搜索词"和"核心词"榜单中可以挖掘出90%以上的关键词用作商品标题。

（2）利用淘宝搜索查找关键词

在淘宝搜索中输入关键词时，淘宝会在下拉列表中提供一些与输入的关键词有关的其他关键词。例如，在搜索框中输入关键词"儿童小白鞋"，搜索框下方会出现与儿童小白鞋相关的其他关键词，如图3-9所示。这些关键词是淘宝根据消费者搜索内容和习惯总结出来的，代表了大部分消费者的搜索方向，因此具有较强的参考价值，商家可以根据商品品类把搜索出来的关键词用到商品标题中以优化商品标题。

图3-9　输入关键词"儿童小白鞋"

（3）利用类目列表查找关键词

为了方便消费者查找所需商品，淘宝提供了非常详细的类目列表。在类目列表中，"流行趋势"板块非常值得重视，该板块反映了具体的商品类目在市场上的流行趋势。类目列表为消费者提供了方向，实际上也为商家提供了方向，商家可以根据类目列表"流行趋势"板块下的类目关键词挖掘出符合网店商品的关键词，将其用于商品标题。例如，选择"女鞋/男鞋/箱包"类目，在"流行趋势"板块中出现了"奶油鞋""暗黑马丁"等当前搜索率较高的关键词，如图3-10所示。如果原商品标题为"马丁靴2021冬季新款加绒"，便可以将其优化为"暗黑马丁靴2021冬季新款加绒显瘦"。

需要注意的是，不是所有类目列表中都有"流行趋势"板块，如果商家搜索的类目中没有"流行趋势"板块，那么商家可以单击对应类目中的关键词打开搜索详情页，提炼出排名靠前的商品标题中的关键词，用以优化本店的商品标题。例如，商品为连衣裙，可搜索"连衣裙"，打开搜索详情页，从中挖掘相应的关键词。

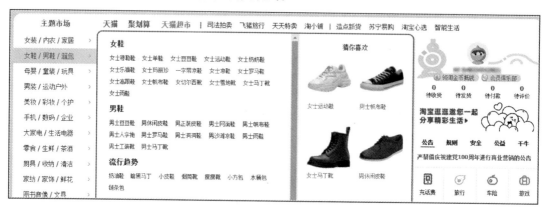

图3-10　挖掘"流行趋势"中的关键词

（4）利用淘宝全网热榜查找关键词

淘宝全网热榜中汇聚了淘宝中搜索热度很高、搜索量上升快的关键词，反映了消费者搜索习惯的变化趋势，特别是淘宝热搜榜，反映了淘宝消费者的购买取向。商家可以研究排名前3的内容，并据以挖掘商品关键词。例如，售卖的商品为连衣裙，商家可以选择时髦穿搭榜中排名前3的内容，可挖掘出"气质""雪纺""夏日"等关键词，如图3-11所示。

2．排除无效关键词

商品标题要避免与其他网店商品标题重复。商家在查找到需要的关键词后，还需要删除重复、与目标人群不符、违规的无效关键词，以保证关键词的有效性。

（1）删除重复的关键词

商家提取出关键词并建立词库之后，第一步便是删除重复的关键词。重复的关键词会影响商品标题的质量。如果商家是在Word中建立关键词词库，可以利用"查找"功能将重复的关键词查找出来，然后删除。

图3-11　利用榜单查找关键词

如果商家是在Excel中建立关键词词库，可使用"删除重复项"功能删除重复的数据。在顶部导航栏中选择"数据"选项卡，选中表格中需要删除重复项的列表，单击"数据工具"栏中的"删除重复项"按钮，在打开的对话框中单击"删除重复项"按钮，如图3-12所示，就可以删除重复项。

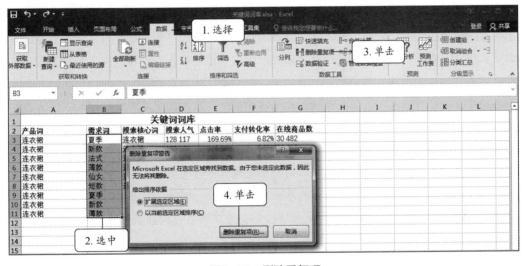

图3-12　删除重复项

（2）筛选与目标人群不符的关键词

删除重复的关键词后，商家还要考虑剩下的关键词是否与商品的目标人群相符。商家可以借助生意参谋，选取商品对应的修饰词后，利用"市场洞察"功能中的"搜索人群"功能分析人群，筛选出与目标人群相符的关键词，然后在词库中删除不相符的关键词。但是，"市场洞察"功能需要订购，商家订购后才能使用"搜索人群"功能。图3-13所示为"市场洞察"功能的订购页面。

（3）删除违规的关键词

根据《广告法》有关规定，极限用语不得出现在商品列表页、商品标题、副标题、主图、详情页、商品包装等位置。此外，淘宝也对与商品无关的热搜词、不良渠道词、营销词等进行了限制。商家应当了解违规的关键词，并在整理关键词时删除违规的关键词。

图3-13 "市场洞察"功能订购页面

● **极限用语**：与"最、一、级/极、首/家/国"等有关的词语，与品牌、虚假、欺诈、时间等有关的词语，例如国家级、世界级、最高级、最佳、最低价、第一、首个、顶级、最新、第一品牌、全网销量第一、全球首发、全网首发、世界领先、销量冠军、领袖品牌、独一无二、史无前例、万能等。

● **功能性用语**：根据《广告法》的规定，广告中如存在"商品的性能、功能、产地、用途、质量、规格、成分、价格、生产者、有效期限、销售状况、曾获荣誉等信息，或者服务的内容、提供者、形式、质量、价格、销售状况、曾获荣誉等信息，以及与商品或服务有关的允诺等信息与实际情况不符，对购买行为有实质性影响的"为虚假广告。例如，商品批准文号为国妆备进字且并非特妆准字，不属于特殊化妆品，但是在商品描述页面将该商品描述为具有特殊化妆品功效的化妆品，这样做属于虚假宣传，会受到严厉处罚，商家切忌抱着侥幸心理。

● **与商品无关的热搜词**：无关热搜词是指搜索量很大但与商家售卖的商品没有直接关系的词语。如果在商品标题中加入无关热搜词则会出现商品标题与商品不匹配的情况，这属于违规行为，不仅无法为商品带来流量，还可能导致商品被下架、降权。例如，商家售卖的商品为雪纺连衣裙，但由于"牛仔连衣裙"的搜索量很高，于是商家在商品标题中加入了"牛仔连衣裙"热搜词，导致商品被扣分、下架处理。

● **品牌比较词**：商品标题中不能出现与其他品牌相比较的词语。例如，某商家在汽水饮料的标题中加入了"堪比××的汽水"，这属于违规行为。

● **违禁词**：涉及不良渠道的关键词，以及未参加相关活动但标题中出现相关营销内容的词语，都属于违禁词。例如，未经许可、未参与奥林匹克运动会，商家不得在商品标题中提及"奥林匹克运动会特许商品"等字样。

📖 知识补充——描述特殊用途的词语

> 描述特殊用途的词语多出现在化妆品和医疗、保健用品中，商家在使用这些词语时要慎重，若商品与这些词语无关，就不能使用。就在化妆品中，育发、染发、烫发、脱毛、健美、除臭、祛斑、防晒、美白等属于描述特殊用途的词语；在医疗用品中，治疗、治愈、医治、防癌抗癌、处方药、医疗、止咳、活血化瘀等属于描述特殊用途的词语；在保健用品中，养肝护胃、提升免疫力、化痰止咳、促进消化、改善睡眠质量等属于描述特殊用途的词语。

3．组合商品标题

商家在删除无效关键词后，便可以将留下的有效关键词组合成商品标题，按照如下的公式进行组合：商品标题=营销关键词+修饰关键词+热门核心关键词+修饰关键词+冷门核心关键词+修饰关键词。需要注意的是，有效的关键词组合起来的商品标题不一定有效，商家在组合商品标题的时候还需要遵循一定的规则。

（1）不随意拆分

淘宝会根据标题中关键词的含义将关键词拆分为单个独立、具有一定意义的字或词语，建议拆分关键词时不要使用空格。一般来说，如果拆分后的词语无法表达意思，那么词语不可拆分。例如，"地道烤肠"可以拆分为"地道 烤肠"，"地道烤 肠"就破坏了商品的属性。

（2）图文要匹配

商品标题中的关键词要与商品主图、详情页、属性相匹配。例如，商品标题中的关键词为"火山石烤肠"，但商品主图是普通的烤肠，二者便不相匹配。如果图文不匹配，就会影响搜索流量的获取。

4．调整商品标题

商品标题组合好之后，如果出现访客量大但转化率低的情况，意味着商家需要优化和调整商品标题，更换掉不够精确的关键词。在调整商品标题时，商家需要注意以下几点。

① 不在商品流量的上升期做标题优化，否则可能会导致流量短暂下滑。

② 不对商品标题做频繁修改，否则可能会影响商品权重，进而导致商品流量下滑。

③ 不对商品标题做大面积修改，否则可能会导致商品的权重趋近于0。

④ 要适时优化和调整商品标题，根据市场趋势适时更换掉效果不佳的关键词，否则可能会跟不上发展趋势，导致搜索流量下滑。

3.2.4　优化页面布局

除了商品标题会影响搜索流量的获取外，网店首页及商品详情页的布局也会影响搜索流量的获取。如果网店首页或商品详情页的布局不够吸引人，消费者的跳失率就会很高，从而降低搜索流量，因此，商家有必要对页面的布局进行优化。

1．优化网店首页布局

网店首页要能够快速、准确地传达重要信息，包括商品类型、价格、优惠活动等信息，不同版面之间的布局要恰到好处。常见的网店首页布局方式有以下3种。

（1）单向型版面布局

单向型版面布局中的商品呈直线排列，有水平排列和竖直排列两种：前者会使画面看起来稳定，条理更加清晰；后者更符合大众阅读习惯。二者可以结合使用。图3-14所示为水平排列单向型版面，图3-15所示为竖直排列单向型版面。

（2）S曲线型版面布局

S曲线型版面布局中的商品呈S形排列，能够让画面看起来具有动感，也方便消费者查找商品。图3-16所示为淘宝某拖鞋店的首页，该页面就采用了S曲线型版面布局，使得画面更加活泼。

图3-14　水平排列单向型版面

图3-15　竖直排列单向型版面

图3-16　S曲线型版面布局的网店首页

（3）T形版面布局

T形版面布局的典型特征是页面顶部为网店横条店招和首页海报，下方为商品信息，形如"T"，也是网店中运用非常广泛的首页布局方式。图3-17所示为淘宝某零食店的首页，该页面就采用了T形版面布局，很好地突出了网店的活动主题。

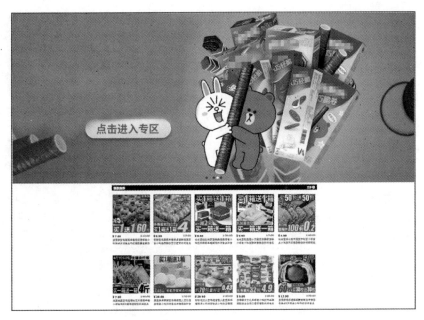

图3-17　T形版面布局的网店首页

版面布局皆以保持页面美观、整洁为主，因此，商家在优化网店页面时可删除不重要的信息，按照信息的重要程度排列。

2. 优化商品详情页布局

商品详情页是展示商品信息的重点位置，主要目的是介绍商品的特征并将商品推荐给消费者，尽可能地促成成交。商品详情页可能会出现页面结构混乱、商品图片美化过度、文案角度不对、品牌意识淡薄、服务信息缺失等问题，从而导致搜索流量的流失。如果消费者在商品详情页停留的时间较短，商家就要考虑优化和调整商品详情页。

商家在优化商品详情页布局的时候，可以将商品详情页划分为3个部分：第1部分为优惠渠道，商家可将第一张图片更换为包含优惠信息和领取超链接的图片，点击其中的领取超链接即可进入优惠券领取页面；第2部分为商品信息展示，首先展示商品图片，然后介绍商品具体信息，如商品款式，可以在总的介绍后依次介绍，同时穿插品牌理念或网店宗旨，在商品介绍图片后可增添商品使用方法图；第3部分为其他信息展示，包括价格说明、物流等信息。

3.3　直通车推广

直通车是淘宝为商家量身定制的付费推广方式，按点击数收费，不仅可以精准推广单个商品，打造网店热销商品，而且可以获取免费流量，是淘宝商家宣传与推广的主要手段，对提高商品曝光率和转化率有着重要意义。

3.3.1　直通车的原理

直通车可以多维度、全方位地提供各类报表及信息咨询，从而快速、便捷地进行批量操作。商家可根据实际需要，按时间和地域来控制推广费用，精准定位目标消费群体，降低推广

成本，提高网店的整体曝光度和流量，最终达成提高销售额的目的。

1. 直通车推广原理

直通车的推广形式是商家通过设置关键词推广商品，淘宝根据消费者的搜索关键词在直通车展位展示相关商品，消费者点击商品产生流量，淘宝通过直通车流量的点击数收费。图3-18所示为淘宝直通车推广原理示意图。

2. 直通车展现原理

直通车展现原理遵循高价优先的原则，出价高的商品获得优先展现权，在出价相同的情况下，淘宝优先展现设置较早的标签。这也就意味着，在质量得分相等的前提下，出价越高的商品展现在定向人群面前的机会越大。同时，在所有标签的出价都一样的情况下，商品会被优先展现给最先设置的标签所对应的人群。因此，在设置标签的时候，建议商家按照标签所对应人群的重要性从高到低排列。

图3-18　淘宝直通车推广原理示意图

3. 直通车排名规则

直通车的实用性较强，很多商家会使用直通车，但是，不了解直通车的排名规则可能会无法达到理想的推广效果。直通车的排名规则由质量得分决定，质量得分越高，商品就越容易获得在前面展位中展示的机会。质量得分主要用于衡量网店设置的关键词、商品推广信息、消费者搜索意向之间的相关性，与关键词的出价共同决定着商品的综合排名。因此，商家若想提升直通车推广商品的排名，提高质量得分是关键。

直通车质量得分独立计算，但又共同受相关性、创意质量、消费者体验等的影响。

● **相关性**：相关性是指商品关键词与商品属性、标题、推广创意标题等商品本身信息的相符程度。关键词与商品本身信息的相符程度主要体现在商品标题和直通车推广内容上。如果一个关键词在商品标题中使用过，甚至在直通车推广标题中使用过，那么该关键词与商品有着较高的相关性。商家可以选择能够体现商品属性、类目等的关键词，以提高相关性质量得分。

● **创意质量**：创意质量是指能够体现商家推广创意的关键词对商品的推广效果，包括推广创意的关键词点击率、图片质量等。商家可以借助直通车的"工具-流量解析"功能，了解关键词的行业平均点击率，然后通过反复测试、优化关键词的方式，来提高点击率，进而提高创意质量得分。同时，商家还要注重商品图片的拍摄效果和创意。

● **消费者体验**：淘宝会根据消费者点击关键词进入网店后的购买体验及账户近期的关键词推广效果评分，以此来评判网店的服务质量。评判标准有直通车转化率、收藏加购率、关联营销、好评和差评率、旺旺反应速度等。商家若想提高消费者体验质量得分，便要努高提高服务质量。

4. 直通车扣费原理

直通车按点击数扣费，当消费者点击参与直通车推广的商品时，淘宝会对商家进行扣费。

直通车的质量得分不仅影响着直通车的排名，还影响着直通车的出价，商家的质量得分越高，所需扣除的费用就会越少。直通车的扣费公式如下。

$$扣费=下一名的出价×下一名的质量得分÷商家的质量得分+0.01$$

当计算得出的金额高于出价时，以商家的实际出价为准。

3.3.2　直通车的展位

直通车还给参与的商家提供了淘宝网首页热卖单品活动、各个频道热卖单品活动及不定期的各类资源整合的直通车用户专享活动。

商家为商品报名直通车之后，参与直通车推广的商品展示区域会有"广告"这一标志，能够获得在淘宝多个页面推广、展示的机会。

（1）PC端"掌柜热卖"

在淘宝PC端搜索框中输入搜索关键词后，显示的搜索结果页中带有"掌柜热卖"标志的位置便是直通车的主要展示位置，主要包括搜索结果页顶部、底部、右侧的"掌柜热卖"区域，以及购物车页面底部的"掌柜热卖"。图3-19所示为直通车在搜索结果页顶部和右侧的展位，图3-20所示为直通车在搜索结果页底部的展位。

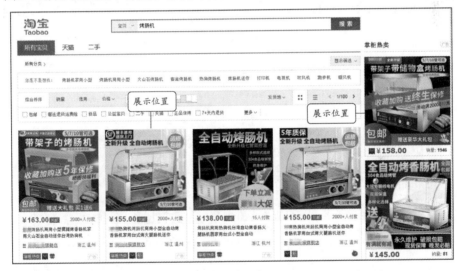

图3-19　直通车在淘宝PC端搜索结果页顶部、右侧的展位

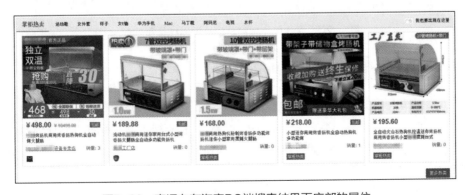

图3-20　直通车在淘宝PC端搜索结果页底部的展位

（2）PC端"淘宝网热卖"

单击搜索结果页右侧的"掌柜热卖"，打开淘宝PC端"淘宝网热卖"页面，此页面也是直通车的展示页面，如图3-21所示。由于直通车的标志已经在搜索结果页中进行展现，且该页面为"掌柜热卖"的详情页面，所以该页面中的商品不会打上"广告"的标志。

（3）移动端展位

直通车在淘宝移动端的展位与PC端略有不同，移动端自然搜索结果页中的第一个商品便是直通车的展位，一般来说，每间隔5个或10个商品为一个直通车的展位，如图3-22所示。

图3-21 直通车在"淘宝网热卖"页面的展位

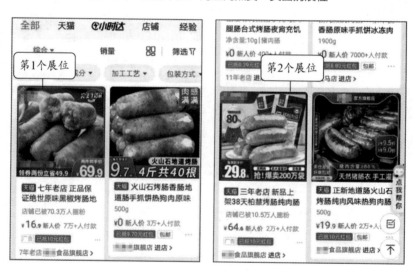

图3-22 直通车在淘宝移动端搜索结果页的展位

3.3.3 新建直通车标准推广计划

为帮助商家获得有效且有针对性的建议和提醒，淘宝升级了直通车，优化了直通车的采纳效果透出、实时诊断等功能，提高了该工具的实用性。在新建直通车标准推广计划时，商家先要开通直通车，然后选择推广方式，再设置投放的日限额、平台、地域、时间、推荐关键词、推荐人群等。

1. 开通直通车

商家在新建直通车标准推广计划之前，先要开通直通车，具体操作如下。

步骤1：进入"千牛卖家工作台"页面，在展开的"营销中心"面板中单击"直通车"超链接，如图3-23所示。

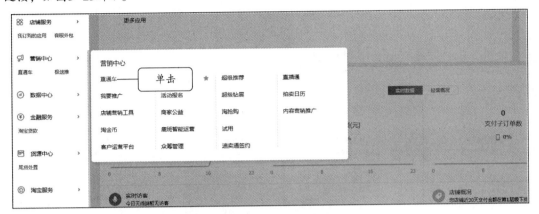

图3-23　单击"直通车"超链接

步骤2：单击打开页面右方的"进入直通车"按钮，如图3-24所示，打开直通车设置首页。

图3-24　单击"进入直通车"按钮

步骤3：在展开的面板中查看直通车推广位置和推广原理，单击"淘宝直通车软件服务协议&广告服务协议"下的"我已阅读并同意以上协议"按钮，如图3-25所示，开通直通车。

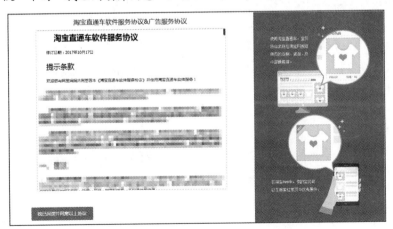

图3-25　单击"我已阅读并同意以上协议"按钮

2. 选择推广方式

直通车的推广引流是通过投放直通车计划实现的，为此，淘宝为商家提供了不同类型的直通车推广方式，商家可以根据不同的营销诉求选择合适的推广方式。图3-26所示为直通车的不同推广类型。

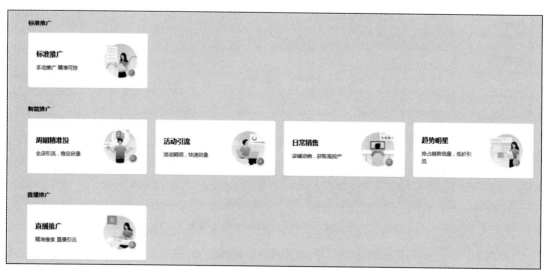

图3-26　直通车的不同推广类型

● **标准推广计划**：标准推广计划是商家手动设置推广方案的推广计划。在新建标准推广计划时，商家需要自主选择关键词、精选人群、创意等进行投放。淘宝会为商家提供推荐方案，帮助商家提高投放效率。

● **智能推广计划**：智能推广计划是淘宝为方便商家运用直通车推广而推出的推广计划，具有智能托管功能，其运作原理是淘宝在综合评估访客、购物倾向等历史数据后挖掘出适合推广商品的目标人群。在新建智能推广计划时，商家只需要简单设置，淘宝会自动根据商家选择的商品或趋势词包，智能匹配高品质流量。智能推广计划为商家提供了4种营销目标，商家可以根据需求选择。

● **直播推广计划**：直播推广计划是针对直播间的商品建立的推广计划。建立直播推广计划后，淘宝会在搜索渠道内吸引消费者进入直播间，为直播间引流。同时，淘宝会将直播推送给有直播偏好的人群，并结合商品动态化展示，实现网店的快速增粉。此外，搜索渠道内的消费者购物意向较为精准，淘宝通过推荐视频讲解片段吸引消费者进入直播间，结合主播对商品卖点的展示，进一步引导消费者购买。

在打开的直通车设置首页中，淘宝为首次使用直通车的商家提供了系统引导提示，帮助商家熟悉直通车的使用流程，商家可以根据页面提示熟悉直通车的推广流程，如不需要可以单击"关闭引导"按钮。商家可以在"推广产品"面板提供的入口或者首页底部的入口进入标准计划设置页面，图3-27所示为"推广产品"面板提供的入口。单击"标准推广"选项中的"新建计划"按钮，可打开标准推广计划设置页面。

图3-27　"推广产品"面板提供的入口

 知识补充——智能推广适用情况

商家在推广前期并没有积累商品相关数据，如果使用智能推广则可能会导致获得的流量不精准，因此，不建议商家在商品推广前期使用智能推广。

3. 投放设置

进入标准推广设置页面后，商家首先要进行投放设置，包括设置日限额、投放平台、投放地域、投放时间等。

（1）设置日限额

为了帮助商家更合理地控制成本，管理推广计划，淘宝为推广计划设置了日限额功能。日限额是当前推广计划每天的推广费用限额，商家可以为推广计划单独设置每日扣费的最高限额，所有推广计划的日限额加起来就是账户的总日限额。当推广计划当日消耗达到日限额时，该计划下的所有推广商品将全部下线，第二天自动上线。

打开淘宝直通车推广设置页面，在"投放设置"面板的"计划名称"文本框中输入直通车推广计划名称，这里输入"新品"；然后单击选中"日限额"栏后的"有日限额"单选项，在文本框中输入日限额数值，这里输入"2000"；再在"投放方式"栏后选择投放方式，这里单击选中"智能化均匀投放"单选项，如图3-28所示。

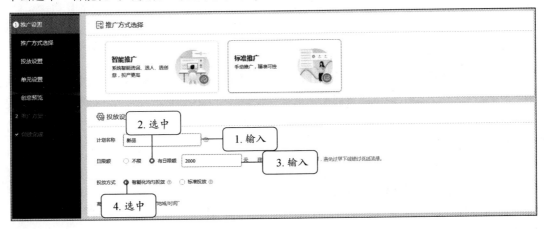

图3-28　直通车推广投放设置

商家在设置投放方式时，如果设置为智能化均匀投放，淘宝会根据花费情况自动调整，在每个时段均能优选高质量的流量，提升商品的转化效果；如果设置为标准投放，淘宝会根据商家的投放设置正常展现所推广的商品，但商品可能因过早到达日限额而提前下线。

（2）设置投放平台、地域、时间

设置合适的投放平台、地域、时间，能够帮助商家更精准地推广。

① 设置投放平台。

直通车将投放平台分为计算机设备的站内平台和站外平台、移动设备的站内平台和站外平台。一般来说，站内投放比站外获得的流量更精准、转化效果更好，但费用较高。同时，随着人们使用移动设备的时间不断增加，商家在投放直通车时也要重点投放移动设备。

设置投放平台的方法：在淘宝直通车推广设置页面的"投放设置"面板中，单击"高级设置"栏后的"设置投放平台/地域/时间"超链接。打开"高级设置"面板，单击"投放平台"选项卡，在"计算机设备"栏下，淘宝默认投放"淘宝站内"，且预选"淘宝站外"平台。在"移动设备"栏下，淘宝预选投放"淘宝站内"和"淘宝站外"平台，如图3-29所示。商家也可以选择设置不投放平台。

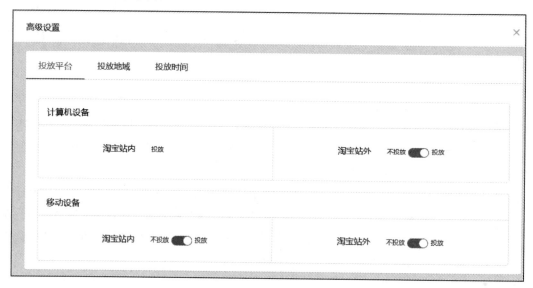

图3-29　设置投放平台

② 设置投放地域。

不同商品所面对的目标人群不同，投放地域也存在区别。在设置投放地域之前，商家可以使用"流量解析"工具，通过"直通车－工具－流量解析－关键词分析－竞争流量透视－地域分布"路径，查看计划推广的商品品类在不同地域的流量分布情况。然后，商家可以结合商品的特性，选择排名靠前的地域投放。

设置投放地域的方式：在"高级设置"面板中，单击"投放地域"选项卡，然后根据"流量解析"工具给出的各地域的流量分布情况，设置投放地域，如图3-30所示。商家可以把当前设置的投放地域保存为模板，下一次为相同品类的商品设置投放地域时可以直接使用模板。

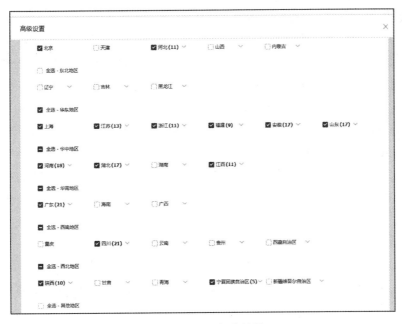

图3-30　设置投放地域

③ 设置投放时间。

网店虽然每天都在运营，但并不是每个时刻的流量都是均等的。一般来说，10:00左右、15:00—16:00、20:00—22:00这几个时段是流量的高峰期。商家可以通过直通车设置投放时间，并在流量低谷与流量高峰时段设置不同的折扣出价，如在流量低谷时段设置低折扣出价，在流量高峰时段设置高折扣出价，这样可以控制成本，最大限度地利用资源。

在设置投放各时段的折扣出价时，商家可以使用行业模板，并参考淘宝提供的行业在不同时段的折扣出价情况。设置投放时间的方法如下：在"高级设置"面板中单击"投放时间"选项卡，单击选中"当前设置"单选项，针对各时段设置不同的折扣出价，如图3-31所示，完成后单击"确定"按钮。

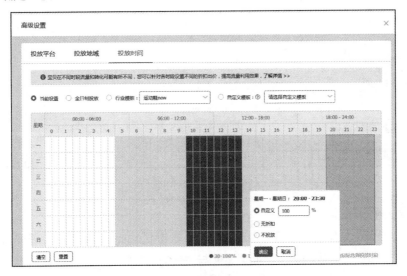

图3-31　设置投放时间

4. 单元设置

接下来，商家需要在"单元设置"面板中添加直通车推广商品。直通车中，一个标准推广计划下最多可以添加5个推广商品。商家在初期投放时可以添加多个商品，然后在其中选择具有推广潜力的商品。如果商家想要推广热销商品，建议单独为热销商品建立推广计划。

通过"单元设置"面板添加推广商品的方法如下：在"单元设置"面板中单击"添加宝贝"按钮，打开"添加宝贝"面板，选择计划用于推广的商品，如图3-32所示，选择完毕后单击"确定"按钮完成商品的添加。

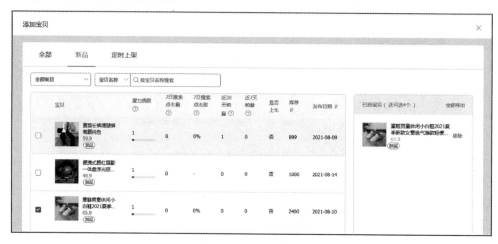

图3-32　添加商品

5. 创意预览

创意是能够吸引消费者，为商品带来流量的吸引点，直通车创意通常由商品标题和商品图片组成。添加商品后，在"创意预览"面板中，淘宝将自动使用商品主图，如图3-33所示。商家可以在新建计划后，在创意板块进行更换。同时，开启智能创意功能有助于提高商品的点击率。

图3-33　创意预览

6. 设置推荐关键词

查看"创意预览"面板中的相关信息后，商家需要设置推广商品的推荐关键词。由于搜索流量是直通车流量的主要来源之一，而搜索又与关键词紧密相连，所以，在新建直通车推广计划时，商家需要注意对关键词的选择，选择相关性高、搜索流量大、竞争指数高的关键词更有利于提高商品的点击率。设置推荐关键词主要包括添加关键词和设置关键词出价两步。

（1）添加关键词

添加关键词，首先需要选择合适的关键词，然后进行优化。

① 选择合适的关键词。

直通车的人群由商品关键词决定，商家选择的相关商品关键词决定了会搜索这些关键词的人群，选择关键词的多少代表着推广商品的人群多少，因此，商家要选择合适的关键词。

添加关键词的具体方法如下：单击"进一步添加关键词和人群"按钮，打开推广方案创建页面；在"推荐关键词"面板中，查看列表中关键词的相关性、计算机出价、移动出价和匹配方案等信息，如图3-34所示；单击"+更多关键词"按钮，在展开的"添加关键词"面板中，单击"词推荐"选项卡，单击"行业机会词"按钮，在推荐关键词列表中选择关键词，单击"精准匹配"按钮，如图3-35所示。商家也可在"已添加关键词"列表中手动添加关键词，然后单击"确定"按钮完成关键词的添加。

图3-34　查看推荐关键词

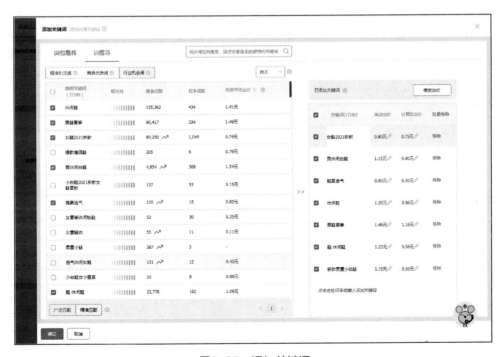

图3-35　添加关键词

知识补充——添加关键词

在添加关键词时，商家可以在"添加关键词"面板的搜索框中输入商品品类关键词，可同步淘宝网搜索，如输入"小白鞋"，可得到淘宝中目前与小白鞋相关的、较受欢迎的关键词。

② 优化关键词。

添加相应的关键词后可以提高商品被消费者点击的概率，但是，这并不意味着添加后一定会获得很好的推广效果，商家还需要对选取的关键词进行优化。

优化关键词是一个渐进的过程，不能一蹴而就。首先，商家需要利用关键词提高质量得分，在这期间，需要重点关注商品点击率、收藏加购率，其中，商品点击率应尽量达到行业均值的1.5～2倍，当数据达到目标后，质量得分便会跟着提高。然后，商家便可以围绕推广目标对关键词进行优化和维护，在积累了一定的关键词数据后，根据关键词的效果，删除或更改效果较差的关键词，并根据关键词所对应的人群特征，寻找并添加更适合的关键词，特别是一些流量快速上升的关键词，其带来的效果非常显著。

（2）设置关键词出价

完成关键词的添加后，商家还需要设置关键词出价。出价是指关键词的推广价格，直接关系到直通车推广的成本与展现效果，商家一定要慎重设置出价。商家在设置出价时要结合关键词的展现量、点击量、点击率等数据，再根据淘宝给出的默认出价，即该类目的行业平均出价进行设置。

① 设置出价。

添加关键词后，商家需要为关键词设置出价，具体方法如下：在"推荐关键词"中打开"批量修改出价"面板，单击"移动"按钮，在"自定义出价"数值框中输入出价；单击选中"提高/降低出价幅度"单选项，在下拉列表中选择提高幅度或降低幅度，并在文本框中输入具体数值；单击选中"提高/降低出价百分比"单选项，在下拉列表中选择提高或降低出价百分比，并在数值框中输入具体数值，如图3-36所示；单击"计算机"按钮，设置计算机设备上的关键词出价，完成后单击"确定"按钮。

设置完成后，淘宝将尝试以设置的基础出价为最高限定额，为词包内的词出价，受分时、人群溢价设置的影响，实际扣费可能会高于基础出价。

图3-36 设置出价

② 低价引流。

出价越高，并不意味着推广引流的效果就越好，很多时候，低出价也可以获得很好的引流效果。想要低价引流，首要任务便是降低点击付费广告（Pay Per Click，PPC）的费用。PPC计算公式如下。

$$PPC=转化率×客单价÷投资回报率$$

由计算公式可知，商家要降低PPC就要提高投资回报率，投资回报率依商家的盈利目标而定，一般情况下，商家要获得流量且实现盈利，出价就得在PPC的1.5倍左右。为帮助商家更有效地提高转化效率，优化流量结构，淘宝推出了"智能出价"功能，会在商家设置的最高出价范围内，自动对出价方式进行优化，实现高转化率的流量高出价、低转化率的流量低出价或不出价。

商家计算出来的价格实际上是出价和溢价的总和，因此，商家在"智能出价"的位置上出价时，可以按照计算价格的20%～50%出价，在人群和位置方面则要溢价付费。溢价公式如下。

$$实际出价=出价×（1+人群溢价）×（1+位置溢价）$$

7. 设置推荐人群

完成推荐关键词的设置后，商家需要设置推荐人群。商家在做直通车推广时，面对的人群很多，且不同层次的人群有不同的作用，在这些人群中找到适合商品推广的人群，并添加商品目标人群，对于商家而言非常关键。推荐人群的设置主要包括添加精选人群、设置溢价比例等。

（1）添加精选人群

添加精选人群，即添加商品推广的目标人群。为更精准地推广商品，商家需要先了解直通车推广中的人群类型，然后再进行添加精选人群的操作。

① 人群类型。

在设置直通车推广人群时，商家要了解以下几类人群的特性，根据推广需要选择适合商品推广的人群。

● **宝贝定向人群**：宝贝定向人群是淘宝根据商品的相关特性和属性，智能化地挖掘出的对商品感兴趣的一类人群，主要包括喜欢相似宝贝的访客和喜欢网店新品的访客，前者不适合新品投放，后者容易产生收藏、加购行为，适合新品投放。

● **店铺定向人群**：店铺定向人群是指淘宝结合网店的特征而智能挖掘出的一类人群，以及在该网店或同类网店有过浏览/收藏/加购/购买行为的一类人群。店铺定向人群较为精准，具有一定基础的网店可以直接开启"智能拉新人群"；新手商家在前期可以先用基础属性人群给网店和商品打上人群标签，再开通"智能拉新人群"。智能拉新人群是指淘宝根据网店的目标人群标签和直通车的投放数据，通过算法自动挖掘出的对网店感兴趣的潜在目标人群。

● **行业定向人群**：行业定向人群是指平台基于淘宝的丰富标签而配置推荐的个性化人群，包括行业偏好人群、行业优质人群、跨类目拉新人群和淘宝首页种草人群。其中，行业偏好人群是指基于商品的不同属性挖掘的行业中具有购物意图的人群；行业优质人群是基于用户的历史行为，淘宝挖掘的近期在行业中可能会有较强烈购买意图的人群；跨类目拉新人群是指与商品的目标类目相关性较高的其他类目关联购买的人群；淘宝首页种草人群是淘宝根据消费者大数据，从风格、人生阶段、购买力、兴趣偏好等多角度抽象出不同特征，同时与商家所在行业相匹配的人群，设置后商品可在生活研究所、有好货等场景展示。行业定向人群虽然流量较

大，但是人群精准度不高，仅适用于拉新。

● **基础属性人群**：基础属性人群是指淘宝基于消费者的年龄、性别、月消费额等基础属性推荐的一类人群。其中，天气属性人群和节日属性人群的推广效果一般，可以不投放，其他属性的人群可选择性投放。

● **达摩盘人群**：达摩盘人群是淘宝基于达摩盘自定义组合精选的人群，人群丰富且流量大，商家可以根据需求对人群进行组合。但是正因为达摩盘人群的丰富性，新手商家要快速选择出真正适合的人群有一定的困难。因此，在网店运营前期可以不投放达摩盘人群。

② 精选人群的添加。

为帮助商家更精准地获得流量，淘宝推出了"精选人群"功能。在精选人群的过程中，商家可以针对这些人群设置不同的溢价比例，以获得这些人群的青睐。商家使用直通车添加精选人群的具体操作如下。

步骤1：在"推荐人群"面板中，淘宝已根据推广商品的特点为商家精选了3类人群，包括智能拉新人群、店铺长期价值人群和优质人群扩展，如图3-37所示。

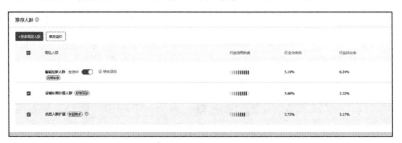

图3-37　查看精选人群

步骤2：单击"+更多精选人群"按钮，打开"添加精选人群"面板，单击"行业人群榜单"选项卡，再分别单击"效果榜单""热度榜单""场景榜单"选项卡，可以查看各榜单中不同人群的行业平均点击率、转化率等数据，如图3-38所示。

图3-38　查看各榜单中的人群数据

步骤3：单击"自定义添加"选项卡，再单击"宝贝定向人群"选项卡，单击选中"喜欢相似宝贝的访客"和"喜欢店铺新品的访客"复选框，如图3-39所示。单击"确认添加"按钮，完成此类人群的添加。

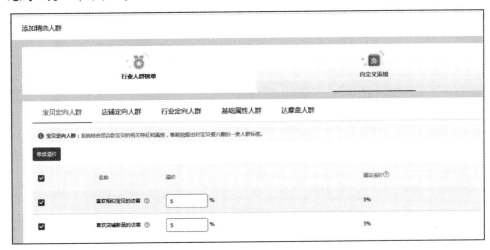

图3-39 设置宝贝定向人群

步骤4：单击"店铺定向人群"选项卡，单击选中人群名称前的复选框。选择全部人群，可以单击选中表头的复选框，如图3-40所示。单击"确认添加"按钮，完成此类人群的添加。

图3-40 设置店铺定向人群

步骤5：单击"行业定向人群"选项卡，在下方的列表中可以对"行业偏好人群""行业优质人群""跨类目拉新人群""淘宝首页种草人群"等进行设置，如图3-41所示。单击"确认添加"按钮，完成此类人群的添加。

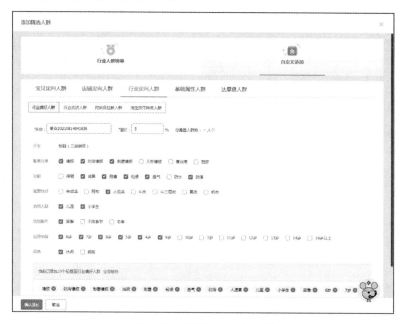

图3-41 设置行业定向人群

步骤6：单击"基础属性人群"选项卡，在下方的列表中可以对"人口属性人群""身份属性人群""天气属性人群""淘宝属性人群""节日属性人群"等进行设置，如图3-42所示。其中，"人口属性人群"和"身份属性人群"可以批量添加。单击"确认添加"按钮，完成此类人群的添加。

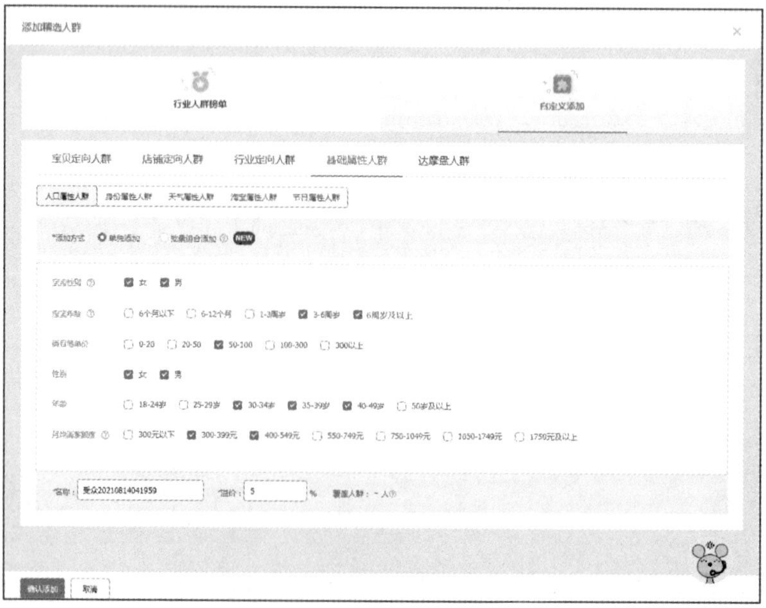

图3-42 设置基础属性人群

步骤7：单击"达摩盘人群"选项卡，在下方的列表中可以分别为"大促专享""拉新破圈""行业特色""直播短视频""热门场景"设置相应的人群，如图3-43所示。单击"确认添加"按钮，完成此类人群的添加。

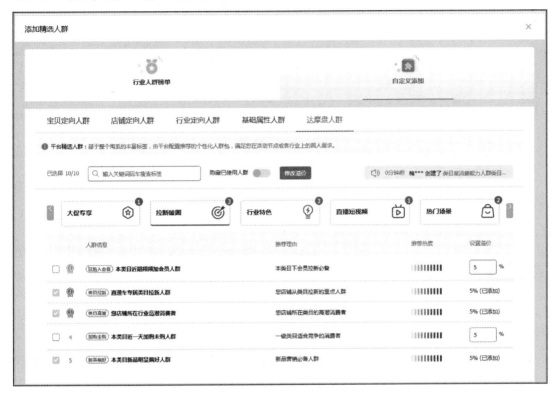

图3-43　设置达摩盘人群

（2）设置溢价比例

完成人群的添加后，商家可以根据溢价公式设置溢价比例。溢价也称人群搜索溢价，是商家愿意为指定的流量进行的加价，包括访客定向、兴趣点定向、全体定向等，不同的人群适合的溢价比例不同。为让人群定向推广更加精准，商家需要了解直通车溢价比例的设置方法，溢价公式如下。

$$出价=关键词出价+关键词出价×溢价比例$$

由该公式可知，直通车精选人群溢价与关键词的原出价有关，这里的"出价"是商家针对选定的目标人群特意给出的价格，是最终溢价的结果。"关键词出价"是商家面对所有人群给出的统一的价格。商家应当在所有人群面前尽可能地出低价，在目标人群面前尽可能地出高价，但是，价格不能太低，以至于完全放弃与商品相关性不大的人群。

设置溢价比例的具体方法如下：在"推荐人群"面板中，单击"修改溢价"按钮，打开"批量修改溢价"面板；淘宝已根据大数据对人群溢价进行了计算，单击选中"使用系统默认建议溢价"单选项，可以使用淘宝设置的溢价比例，如图3-44所示；单击选中"自定义溢价"单选项，商家可自行设置溢价比例；单击选中"提高/降低现有溢价幅度"单选项，商家可自行设置"提高/降低现有溢价幅度"。最后，单击"确定"按钮完成溢价比例的设置。

图3-44　批量修改溢价

8. 设置智能出价

为了帮助商家更好地平衡直通车付费推广的投入和产出，商家可以使用智能出价。智能出价是淘宝提供的一款根据出价目标，针对不同质量的流量动态溢价的工具。

完成溢价比例的设置后，商家可以在"智能出价"面板中设置智能出价，具体方法如下：单击"出价目标设置"右侧的 ∨ 按钮，在下拉列表中选择出价目标，在"最高溢价设置"右侧的文本框中输入最高溢价比例，如图3-45所示，完成后单击"完成推广"按钮，完成直通车标准计划的创建。

图3-45　设置智能出价

3.3.4　直通车数据优化

对商家来说，新建直通车推广计划之后不进行数据优化，很难达到预期效果。下面介绍直通车3个重要数据的优化。

1. 展现量优化

展现量指商品被展示的次数。大部分商家在加入直通车推广计划的前期，都是为获得流量，也就是点击量。展现量是点击量的前提，没有展现量的商品，没办法获得点击量。商品获得的展现量与关键词的选择和优化关系密切，如关键词的排名、关键词的搜索量等都是影响商品展现量的重要因素。因此，对关键词进行优化后展现量会上升。

知识补充——展现指数

展现指数是一定时间内所选关键词或类目的总展现量，经过数据处理后得到的相对值。在直通车推广的过程中，可能会出现展现指数大但流量少的问题，出现这个问题的原因主要有两个：其一，错估了关键词的实际搜索人群，关键词的实际搜索人数=展现指数÷所翻页的直通车商品数量（一般在50～100，与商品的翻页率有关）；其二，关键词的实际搜索人群与溢价的人群差异大。

2. 点击率优化

提高点击率是很多商家使用直通车的主要目的，点击就等于流量，有流量才有后续的转化成交。由直通车的展现原理可知，影响点击率的关键因素是排名。排名越高，点击率越高。直通车商品排名主要受出价和质量分两个方面的综合影响，出价越高，可能排名会越靠前，但相应的推广费用也越高。中小商家更适合设置一些展现指数合理、精准度高的关键词，这种关键词带来的转化率更高，并且价格更低。

同时，提高关键词质量分也是优化点击率的重要手段。质量分是根据推广创意的效果、关键词与商品的相关性、消费者体验等因素综合评定得出的分数。

3. 转化率优化

从本质上说，直通车是一款精准的引流工具，主要作用是为商品或网店带来流量。而商家运用直通车推广，除获取流量外，最终目的是获得转化。没有转化或转化率比较低的因素很多，可能是流量少、关键词不精准，或是受商品详情页、商品质量、商品评价、商品销量等因素的影响。因此，要想获得高转化率，首先必须做好网店优化。

此外，直通车数据显示转化率低也可从多方面进行分析。例如，商品虽然转化率低，但收藏量高，这说明商品优化没有问题，此时可根据实际情况适当降价，测试是不是商品价格影响转化率，如果商品价格有优势，没有超出消费者心理价位，可有效提高转化率。

商品详情页的质量也与转化率息息相关，推广图片要有吸引力，商品详情页的图片也需要有吸引力，只有吸引消费者，才能带来转化。

🎓 **课堂案例**

> 　　商陆看见别的商家都投放了直通车，于是也跟着投放了直通车，但是，在投放一段时间之后，商陆发现，不仅亏了钱还没有效果。一开始，商陆猜测是由于出价低，于是提高了出价和溢价比例，结果还是没有效果。商陆百思不得其解，难道不是只需要投钱就可以了吗？商陆在问答平台上提出了自己的疑问，在看到大家的回帖时，才恍然大悟，原来并不是投钱就会有流量的，自己根本就不了解直通车。
>
> 　　找到根源后，商陆仔细查看了直通车首页提供的与直通车相关的信息，也查阅了相关资料，掌握了直通车的使用方法和操作技巧，为推广商品制订了合适的推广计划，最后取得了不错的效果。经过这件事，商陆吸取了教训，明白了凡事都要先了解清楚再实践，并将这一经验运用到实际生活当中。

⚬⚬ (3.4) 超级钻展推广

超级钻展是淘宝为商家提供的以实时竞价的方式获取精准流量的推广工具，主要依靠图片创意吸引消费者点击，以短视频和人群精准定向为核心，具有非常强的实用性。为满足商家日益增长的对差异化投放的需求，淘宝对超级钻展进行了升级。全新升级后的超级钻展将帮助商家发掘潜在消费者，通过对全网行为数据进行挖掘，根据消费者与网店的远近关系，将是否与主营类目、是否与网店本身发生过互动行为作为判断标准，以此来区分人群圈层，提高营销成交率。

3.4.1 超级钻展的资源位及规则

在触达场景上，超级钻展支持包括社交、消费、资讯、支付、出行等覆盖消费者生活全场景的淘内外媒体矩阵，为商家提供了数量众多的站内优质广告资源位，以及搜索引擎、视频网站和门户网等多个站外媒体资源位，有利于更广泛地拉新。同时，为了规范超级钻展的使用，让超级钻展能够更好地发挥作用，淘宝也对商家和商品提出了一些要求。

1. 超级钻展的资源位

超级钻展的资源位由站内资源位和站外资源位构成。站内资源位遍布在淘宝、天猫等重要电子商务平台，有利于商家打下坚实的基础、提高知名度；站外资源位是站内资源位的延伸。二者共同构建了多样的营销环境，有效助力商家以低成本扩大引流规模。超级钻展的资源位如下。

● **PC焦点图资源位**：PC焦点图资源位位于淘宝PC端首页，是吸引消费者的重要展位，与竖版钻石展位起着同样的作用，如图3-46所示。

图3-46 PC焦点图资源位

● **竖版钻石展位**：竖版钻石展位位于淘宝移动端首页，也被称作首页焦点展示位或动态信息流位，由原来的淘宝移动端横版首页焦点图改版而来。图3-47所示为竖版钻石展位。改版为竖版之后，广告的展示面积扩大了10%，且广告形式也更加丰富，不仅支持静态图片、动态创意，未来可能还将支持短视频态原生创意，有利于提升广告效能。

● **今日头条等新闻类**：今日头条等新闻首页广告相关展示位为超级钻展的资源位。

● **高德地图**：打开高德地图，有3秒的满屏广告，该广告展示位为超级钻展的展示位，如图3-48所示。

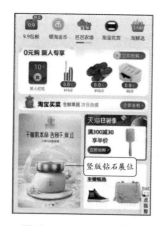

图3-47 竖版钻石展位

图3-48 高德地图满屏广告

● **优酷**：优酷中电视剧、综艺等视频开头的广告视频展示位，以及暂停时的展现广告展位即为超级钻展在优酷上的资源位，这类资源位通常为品牌网店所竞得。图3-49所示为优酷电视剧开头的第3个广告。

● **手机浏览器类**：超级钻展在手机浏览器中的资源位在浏览器推荐首页的社会新闻中，在广告中会有较为明显的与淘宝相关的标志，如广告中有"天猫"等标志。

● **支付宝蚂蚁庄园**：进入支付宝蚂蚁庄园，通过"饲料任务"栏进入庄园橱窗，该页面的左上角第一个广告位为超级钻展的资源位。

图3-49　优酷电视剧开头第3个广告

2. 超级钻展的计费方式

预算和出价由商家自由掌控，但是很多时候，商家的预算和出价并不合理，以致超出预期且未达到既定目的。此时，便需要应用一些技巧来实现低价引流，在此之前，商家需要了解超级钻展的两种计价方式。

● **按点击计费（Cost Per Click，CPC）**：点击收费，展现不收费。商家因其指定信息被消费者点击而需要支付相应的推广费用，消费者点击一次即视为有效点击。商家选定CPC为超级钻展计价方式后，淘宝会将点击的出价折算为展现的出价，商家以折算后的出价与其他商家竞争，价高者优先展现。其计费公式为CPM=CPC×预估点击通过率×1000。

● **按展现计费（Cost Per Mille，CPM）**：展现收费，点击不收费。商家需要为其指定信息的每1000次展现支付相应的推广费用，消费者每打开指定信息所在页面一次即视为一次展示，不以同一消费者为限制。商家以CPM为超级钻展的计价方式后，淘宝会按竞价的高低排序，价高者优先展现。其计费公式为实际扣费=按照下一名CPM结算价格+0.1。

两种计价方式各有优势，但是，商家在选择付费方式时，选择按点击计费更有利于控制引流成本。同时，在设置每日预算金额时，可以将预算金额设置为最低值。此外，如果要低价引流，那么资源位的出价就要低，资源位的出价可以为淘宝建议价的10%左右，如果投放后流量获取效果不理想，可以从低到高依次提高出价。

3. 超级钻展广告类型

超级钻展分为展示广告、移动广告、视频广告、明星店铺4种类型，下面分别对这4种类型进行介绍。

（1）展示广告

超级钻展展示广告平台以图片展示广告为基础，以精准定向为核心，面向全网精准流量实时竞价。超级钻展展示广告平台支持CPC和CPM两种计价方式，为客户提供精准定向、创意策略、效果监测、数据分析、诊断优化等一站式全网推广、投放解决方案，帮助商家实现高效、精准的全网营销。

●**展示位置：**包含淘宝网、天猫商城、新浪微博、网易等几十家淘内、淘外优质媒体的上百个大流量优质展位。

●**投放方式：**选择资源位，设置定向人群，竞价投放，价高者得。

（2）移动广告

移动广告是通过移动设备（手机、平板电脑等）访问App或网页时显示的广告，其主要形式包括图片、文本、音频等。随着移动设备的发展，移动广告在受众人数上有非常大的提升，商家可根据消费者的属性和访问环境，将广告直接推送至消费者使用的移动设备上，使广告传播更加精准。

●**展示位置：**网络视频节目（电视剧、综艺等）播放前/后插播视频贴片。

●**展示形式：**以视频形式展示，时长在15秒以内。

（3）视频广告

视频广告是超级钻展为获取高端流量打造的品牌宣传类商业产品。商家可在视频播放开始或结束时展现品牌宣传类视频，具有曝光环境好，以及广告展现力强等优势，其配合超级钻展提供的视频主题定向，能够获取更精准的视频流量。

●**展示位置：**展示位置主要在国内主流视频网站，如爱奇艺、优酷、腾讯等大型视频媒体，广告主要展示在视频开始前和视频播放暂停时。

●**展示形式：**以视频形式展示广告内容，展示形式更新颖。

（4）明星店铺

明星店铺是超级钻展的增值营销服务，仅对部分超级钻展商家开放。开通明星店铺服务后，商家可对推广信息设置关键词和出价，当有消费者在淘宝网商品搜索框中输入特定关键词时，商家的推广信息将有机会在搜索结果页最上方的位置展示，获得品牌曝光的同时提高转化率。

●**展示位置：**在淘宝PC端、淘宝移动端以及UC浏览器搜索结果页面顶部。

●**展示形式：**当搜索关键词与投放广告词相关时，投放的广告词可在搜索结果页顶部得到展示，确保获得流量的精确性。

3.4.2 超级钻展的低价引流

超级钻展采用流量竞价的方式售卖广告位，同时采用CPC和CPM两种计价方式，这便涉及预算和资源位的出价。因此，商家如果想要低价引流，就要做好这两方面的规划，在创建超级钻展计划时，注意预算和资源位的出价。

1. 低价引流流程

要做到低价引流，便要有足够多的展现量和较低的出价，同时，点击率要位于中等偏上的水平。超级钻展中的多项功能为商家提供了多样的低价引流路径，但是大体思路流程差别不大，商家可以在此基础上延伸。

① 确定推广目的。商家的推广目的一般有3种，包括店铺定向推广、人群定向推广和两者同时进行，此处以店铺定向推广为目的展开低价引流。为满足商家的不同推广需求，超级钻展为商家提供了多样的推广方式，包括全店推广、单品推广、内容推广等。

② 提前在生意参谋中了解行业和竞争网店的相关情况，导出重要的数据，并以此为参照拟定推广目标、搭建超级钻展推广计划。

③ 进入千牛卖家工作台，在展开的"营销中心"面板中单击"超级钻展"超链接，打开超级钻展首页，如图3-50所示。如果商家对超级钻展不了解，可以单击"立即查看"按钮，查看超级钻展的相关信息。

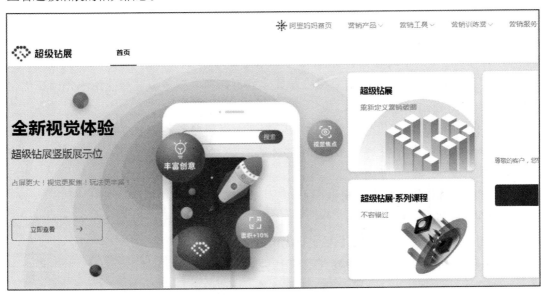

图3-50 超级钻展首页

④ 设置消费圈层和资源位。每个资源位的创意类型、尺寸、日均可竞流量等都不相同，商家要根据网店的需求选择合适的资源位。选择媒体类型时，建议商家在同一计划中同时选择竖版钻石展位和无线焦点图，以获得更好的广告投放效果，如图3-51所示。

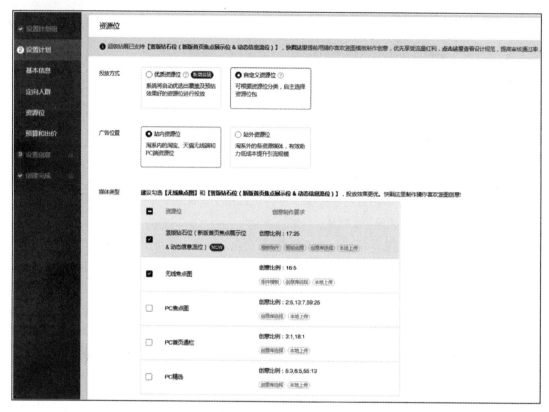

图3-51　设置资源位

⑤ 选择竞价方式、出价和预算。淘宝提供了"成本控制""预算控制""出价控制"3种竞价方式。通常情况下，期望控制金额越低，获取的营销目标数量越少；预算余额越充足，获取的营销目标数量越多。商家如果担心预算分配不合理，就可以选择使用单元预算优化功能。

⑥ 优化出价方式。在后期推广的过程中，商家可以制定优化报表，将商品消耗量、展现量、点击量、收藏加购量、PPC、收藏加购成本等的变化情况记录下来，然后通过降低PPC或收藏加购成本等方式实现低价引流。

2. 调整和优化超级钻展数据

商家在投放超级钻展的过程中，往往会遇到各种问题，如流量少、成本高、投入产出比大等，达不到低价引流效果，此时便需要进行优化。

① 流量少。如果超级钻展的推广计划不能为网店或商品带来足够多的流量，除账户余额不足、推广计划没有覆盖高流量时段等客观因素外，主要因素在于出价排名过低或创意点击率过低。对于出价问题，商家应该考虑提高出价；对于创意问题，商家应该对创意进行进一步优化。

② 成本高。成本高的原因有素材单一、定向不精准、出价过高等。此外，开启超级钻展新计划时要尽量避免在每个小时快结束时开启，因为淘宝按小时平均分配预算，如该计划设定投放10个小时，预算600元，每小时大概消耗60元，如果在某时55分开启，则淘宝会在接下来5分钟内消耗掉这60元。

③ 投入产出比大。投入产出比指超级钻展投入成本与带来收益之间的比率，其数值越大说明推广效果越差。投入产出比大一般有商品竞争力不足、网店装修和服务质量不好、定向不精准3个方面的原因。如商品竞争力不足，则商家应挑选有竞争力的商品进行推广；如网店装修和服务质量不好，则商家应美化网店，提高客服服务质量；如定向不精准，则商家可多维度测试定向，对转化率较高的定向方案进行重点投放。

3.4.3 超级钻展定向人群推广

知识链接：

与网店相关的推荐人群

与直通车不同，超级钻展更侧重于对人群的筛选，整个营销场景也是围绕人群圈层打造的，所以超级钻展更适用于人群拉新。超级钻展面对众多人群，要想取得很好的推广效果便需要划分人群圈层，针对不同圈层的人群进行定向推广和维护。

1. 人群圈层

超级钻展全新推出了3种人群圈层，包括未知人群圈层、泛兴趣人群圈层和兴趣人群圈层，这3种人群圈层是淘宝根据商家诉求所划分的人群圈层，如图3-52所示。商家可以针对不同圈层的人群制定不同的投放策略和创意，实现差异化营销。

● **未知人群**：未知人群指的是尚未和相关商品类目发生过互动的人群，是网店的潜在消费者，对于这类人群可以跨类目拉新。

● **泛兴趣人群**：泛兴趣人群指的是与相关商品类目有过互动但和本店尚未互动的人群，虽然是网店的潜在消费者但转化成功概率较高，对于这类人群可以进行网店商品类目拉新。

● **兴趣人群**：兴趣人群指的是已和本店有过互动的人群，这类人群通常对本店感兴趣，可以进行维护，争取将其转化为忠实消费者。

图3-52 人群圈层

商家可以在"计划组类型"面板中，在"消费者圈层营销"栏下选择相应的人群圈层计划组类型，创建定向人群推广计划。例如，商家想要吸引新的消费者，可以选择"未知人群探索"计划组，为该类人群创建定向推广计划。

2. 定向人群推广流程

很多商家在用超级钻展做定向人群推广时，某些情况导致用于人群拉新的预算最终流向了忠实消费者或与网店有关的消费者，以至于有效拉新的目标未能实现。这是因为商家在做定向人群推广的过程中出了差错。定向人群推广的具体流程如下。

① 将消费者群体分层。在做定向推广之前，优先设立不同的人群圈层计划，将消费者群体划分为层次分明、特征明显的不同人群。按照人群与店铺、商品类目、商品所在行业等的亲疏远近，消费者群体可以划分为未知人群、泛兴趣人群和兴趣人群。

② 为不同人群圈层制订推广计划。在梳理好网店的人群圈层之后，商家便可以针对各圈层人群的特征采取相应的推广策略，最终实现以拉新为目的的有力破圈。

③ 细分定向人群圈层的属性。在"定向人群"面板中，选择定向方式，如图3-53所示，要注意"AI优选"和"自定义人群"为互斥选项。

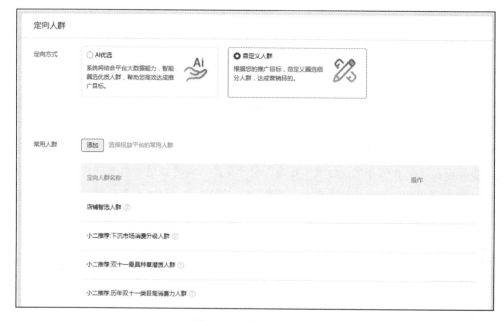

图3-53　选择定向方式

④ 细分人群属性，添加投放人群，以确保营销定向的区别化和精准化，图3-54所示为添加与商品相关的人群。在添加人群时，商家可以参考右侧"预估人群规模"提供的信息。

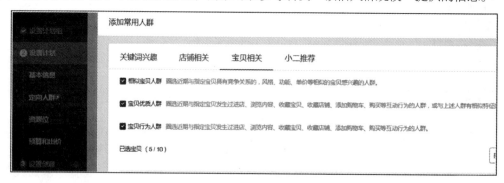

图3-54　添加与商品相关的人群

3. 定向人群推广优化

为了让每一个超级钻展计划都能够触达选定的人群圈层，商家可以优化推广计划。

● **出价**：对不同圈层的人群做差异化的出价，根据流量价值的高低调节出价，提高整体投放效率。

● **创意**：充分运用淘宝所提供的丰富的组件创意，如优惠券、聚划算等，分圈层进行创意的差异化投放。

● **数据报表**：在报表中查看不同圈层人群被广告触达后发生的行为流转数据，对营销效果进行评估，重点关注未知人群和泛兴趣人群的点击进店行为、广告触达后主动与网店发生的交互行为等，以及兴趣人群的成交数据。

● **洞察营销**：利用洞察营销工具对优质人群进行挖掘和再营销，形成营销闭环。

3.5 超级推荐

超级推荐是一种付费营销工具，通过人群定向和算法匹配的方式在"猜你喜欢"、直播广场、有好货等多个推荐场景中给消费者推荐其可能感兴趣的商品，从而实现消费者的精准获取。超级推荐支持商品、图文、短视频等多种推广形式，让商家可以在多种营销场景中，以多样的内容与消费者互动，从而实现网店的精准拉新，促进新品销售，提升网店的推荐流量，达到精准营销的目的。

3.5.1 超级推荐的展位

超级推荐覆盖了淘宝移动端首页、收藏夹、购物车、支付成功、待评价、确认收货等多个页面的"猜你喜欢"，实现了消费者购物前、购物中、购物后的全方位覆盖。商家可以针对不同页面的展位实施不同的溢价策略，达到不同的营销目的。图3-55所示为超级推荐在相关页面的展示位置。

> 知识链接：
>
>
>
> "猜你喜欢"

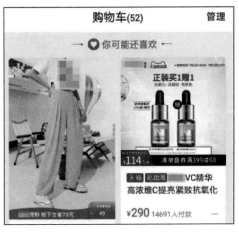

图3-55 超级推荐在相关页面的展示位置

其中，位于首页的展位可以为商家带来较高的点击率和较多的流量，但是，加购率不高且转化率低；位于购物车、收藏夹等属于消费者购物中场景页面中的展位，可以为商家带来较高的加购率，但是这些展位的转化率波动较大；支付成功、待评价等属于消费者购物后场景页面中的展位，虽然点击率和加购率不高，但是转化率较高且流量大。

超级推荐是一种主动推荐，也是一种被动展现，通过投放定向人群完成商品的主动推荐，以竞价排名的方式让商品被动地展现在消费者面前。同其他付费营销工具相比，超级推荐具有用户体验更简单、信息分发更高效、分发渠道更多样、分发内容更多样的核心优势。超级推荐的扣费公式如下。

$$推广费用=下一名的出价+0.1$$

3.5.2 超级推荐商品推广

超级推荐商品推广以商品为推广主体，主要包含新品推广、爆款拉新等智能营销场景，以满足商家在测款选款、低价引流、做首页爆款等不同商品推广阶段的需求。其中，新品推广和爆款拉新都可以用于商品测款，长期投放更容易帮商家获得低价流量。

1. 新品推广

当网店上新频繁、在线商品种类多时，可以用新品推广来为高客单价的商品测款，获取低价流量。商家使用新品推广场景推广商品的具体操作如下。

步骤1：单击"营销中心"面板中的"超级推荐"超链接，打开"超级推荐"首页。单击"进入后台"按钮，如图3-56所示，在展开的"阿里妈妈超级推荐服务协议"面板中，单击选中"我已经阅读并同意以上协议"复选框，然后单击"确定"按钮。

图3-56 单击"进入后台"按钮

步骤2：进入超级推荐后台，选择页面上方导航栏中的"计划"选项，单击"商品推广"超链接，打开商品推广计划新建页面，在页面底部的面板中单击"自定义计划"选项卡，然后单击"新建推广计划"按钮，如图3-57所示。

 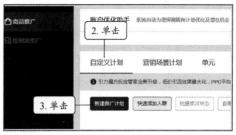

图3-57　单击"新建推广计划"按钮

步骤3：打开推广主体页面，选择"商品推广"选项，在展开的"营销场景"面板中选择推广目标，这里选择"新品推广"选项，然后单击"新建计划"按钮，如图3-58所示。

图3-58　单击"新建计划"按钮

步骤4：在"营销目标"面板中选择优化目标，单击"选择宝贝"栏中的"添加推广宝贝"按钮，在展开的"添加推广宝贝"面板中选择推广新品，如图3-59所示。商家如果想要提高整个网店的点击率或收藏加购率，可以选择推广全部新品。如果希望借助部分新品来提升整个网店流量，可以选择"推荐新品"选项，选择认为有潜力的新品进行推广，以获得推广机会，同时也可以为商品创建非新品计划。

图3-59　添加推广宝贝

步骤5：在"侧重人群"栏下选择符合新品推广的人群，在淘宝配备的智能投放基础人群的基础上，进一步选择合适的人群，以便精准触达，如图3-60所示。在选择侧重人群时，淘宝投放的人群是超级推荐的主流人群，而基于达摩盘添加的人群更加精确。

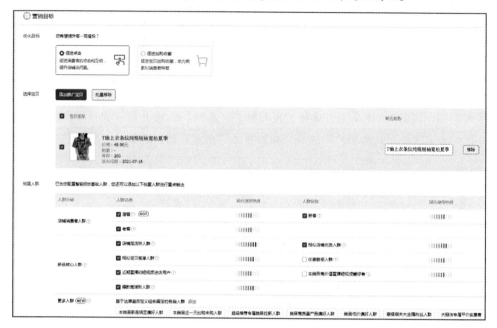

图3-60 选择侧重人群

步骤6：单击"下一步，设置出价和预算"按钮，设置投放方式、预算、投放日期和基础出价，如图3-61所示。新手商家可以选择"系统出价"投放方式，利用"查看预算模拟器"，了解预算大概使用的情况，然后再在此基础上进行调整。

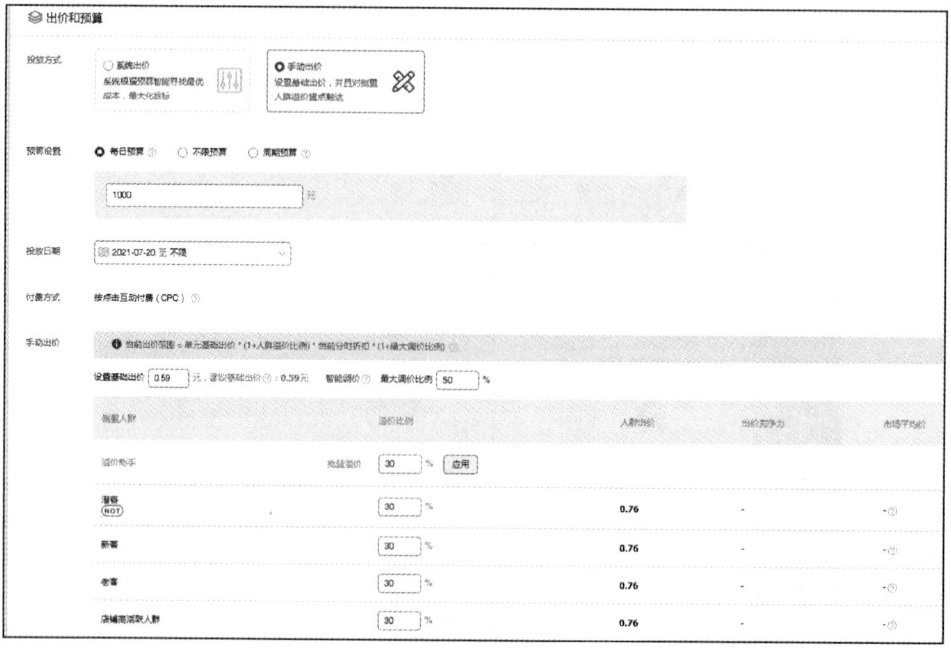

图3-61 设置出价和预算

步骤7：单击"下一步，上传创意"按钮，打开"添加创意"面板。单击"添加长图创意"按钮，打开"宝贝模板创意"面板，单击"添加图片"按钮，上传长图创意，如图3-62所示。在上传长图创意时，可以不用太纠结商品标题和文案，图片美观即可，但是图片需符合尺寸要求。最后单击"确定"按钮，即可完成新品推广的投放。

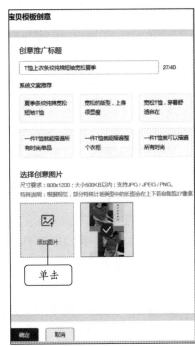

图3-62　上传长图创意

2. 爆款拉新

爆款拉新与新品推广的流程相似，需要经过设置营销目标、设置出价和预算、添加创意、完成创建4个流程。与新品推广不同的是，爆款拉新的优化目标中增添了"促进成交"目标。爆款拉新可以作为一个普通的测款场景，商家可以把网店内的商品在这一场景中进行爆款测试，如果测试数据好，可以将商品转移到自定义场景中积累更多流量，尝试变为热销品。

3.5.3　超级推荐短视频推广

超级推荐短视频推广也被称作超级短视频推广，是阿里妈妈推出的以短视频为推广主体的推广工具，可以将短视频推广到淘宝移动端首页"猜你喜欢"、全屏播放等页面，同时也可以投放到站外，按展现收费。使用超级推荐短视频推广，有利于帮助商家引导消费者进店，推广优秀内容，实现"种草"破圈。

想要设置短视频推广，商家首先需要制作短视频，然后在超级推荐中新建"短视频推广计划"，完成选择推广目标、添加推广视频、选择投放人群、设置出价和溢价比例等操作。完成后可在报表中查看推广情况，也可下载报表，然后根据实际投放情况对推广计划进行优化。商家可以在阿里妈妈创意中心的创意灵感页面查看超级短视频的视频制作规范指导。

短视频推广的形式更为活泼生动且富有趣味，投放成本也较低，与当前市场的流行趋势相吻合，因此，商家可以多加投放。

3.6 淘宝客

淘宝客是专为淘宝商家服务的营销推广工具，以实际的交易完成额为计费依据，帮助商家推广商品。淘宝客支持按单个商品和网店的形式进行推广，商家可针对某个商品或网店设定推广佣金，佣金越高越容易得到淘客（通过淘宝客接单，为商家推广商品，吸引消费者购买商品，促成商品成交的一类人）的关注。当交易完成后，淘宝会根据佣金设置情况从交易额中扣除佣金。为满足不同类型网店的需求，淘宝客提供了多种推广方式，如营销计划、定向计划、淘宝客活动和如意投等，商家可根据实际需求设置推广计划。

3.6.1 淘宝客的佣金设置

淘宝客的推广主要由淘客完成，推广过程中带来的展示、流量等全部免费，商家只需按照交易支付推广费用。所以对于商家而言，佣金是吸引淘客推广的关键。商家在开通淘宝客推广后，如果佣金设置不合理，就很容易出现没有淘客推广、没流量、没成交等情况，达不到预期的推广效果。因此，合理设置淘客佣金尤为重要。

1. 根据网店的不同阶段设置佣金

为适应网店不同发展阶段的发展要求，实现网店现阶段的发展目标，商家可设置不同的佣金方案。

（1）新网店发展阶段设置佣金

刚开张或开张不久的新网店，在销量基础、消费者评价、商家信誉等各个方面都比较薄弱，这个阶段的网店最需要人气，而为积累人气，商家要考虑最大限度地让利淘客。对淘客而言，新网店人气差，没有销量和评价，推广这样的网店或商品需要花费更多的时间和精力，相比之下，他们更愿意选择一些有销量、口碑的品牌网店进行推广。因此，如果新网店设置的佣金比例不高，很难吸引淘客进行推广。

此外，仅依靠高佣金比例吸引淘客也是不够的，商家应精准传达商品或网店的优势，展现商品或网店的潜力，同时支持淘客推广，积极准备淘客所需的推广素材，表现与其共同推广、共同努力的决心。

（2）网店稳定发展阶段设置佣金

网店的发展进入稳定阶段时，网店流量、网店转化率、成交额都比较稳定，甚至网店也有一定的口碑和信誉，拥有不错的消费者评价，此时很多淘客会主动选择网店。该阶段的佣金比例不需要做太大调整，商家一般可综合网店利润、行业及竞争对手的情况等因素，保持佣金比例在行业排名中等以上，并在自己的利润基础上调整佣金比例。

2. 根据实际推广情况设置佣金比例

使用淘宝客进行推广时，商家还需根据实际推广情况设置不同的佣金比例，例如热销品、活动款、常推款和主推款的佣金比例设置都不一样。

（1）热销品佣金比例设置

热销品一般是网店的主要引流商品，口碑、转化率、消费者评价等数据都表现较好，此时佣金设置一般在利润承受范围内，保持中等偏上的比例。一般来说，热销品的佣金比例不建议大幅度变动，如果佣金比例降低，很容易影响商家与淘客的关系，以及淘客的忠诚度。

（2）活动款佣金比例设置

如果商品参加淘宝网活动，如聚划算、天天特价等，由于活动期间的商品利润比较低，此时淘客的佣金比例建议设置在利润承受范围内，待活动结束后再做调整。

（3）常推款和主推款佣金比例设置

一般来说，主推款的佣金比例需高于常推款，且主推款佣金比例应尽量高于该类目一般商品的佣金。常推款的佣金比例需根据实际情况设置，在保证利润的基础上最好保持有稳定的成交量。

3.6.2　淘宝客营销计划

淘宝客营销计划支持单个商品的推广，商家可以自定义设置推广单品、阿里妈妈推广券、推广佣金、推广时间等，同时，还可以查看单品推广实时数据和多维度推广效果。营销计划的优势在于可以让淘客便捷地提取商品链进行推广，获得更多流量，了解商品实时推广效果，并优先推广加入淘宝客营销计划的商品库。图3-63所示为"我要推广"页面的淘宝客入口。

图3-63　"我要推广"页面的淘宝客入口

如果要设置淘宝客营销计划，商家可以从"我要推广"页面的淘宝客入口登录阿里妈妈，然后再从该入口进入淘宝联盟商家中心开启淘宝客，然后添加主推商品，并设置商品佣金。设置完成后，商家可以在网店的营销计划报表中查看相关数据的变动情况，了解淘客推广网店及单个商品的效果。在设置佣金时要注意，营销计划的最低佣金比例应高于通用计划的佣金比例，同时，所有淘客都可以共享营销计划的佣金比例，商家自定义修改的佣金比例在第二天才会生效。

3.6.3　淘宝客定向计划

淘宝客定向计划是商家针对某一部分淘客群体单独设置的推广计划，可让商家自动或手动筛选通过申请的淘客，是一种商家主动选择的合作形式。淘宝客定向计划的流量相对较低，但精准度和转化率相对较高，可让商家获取较多的有效流量，因此，该计划常用于主播"带货"和短视频推广佣金比例的设置，以吸引"带货"能力和短视频推广能力强的淘客。

淘宝客定向计划最多可添加10个，设置流程包括设置计划名称、计划类型、审核方式、计划时间、类目佣金、计划描述。在设置计划名称时，商家可直接将佣金加入其中，吸引更多优质淘客关注。商家在设置审核方式时，如果佣金较低，可设置为自动审核方式；如果佣金较高，可设置为手动审核方式。商家可在淘客管理页面查看和审核手动审核方式的定向计划，同时还可查看淘客近期推广情况。

3.6.4 淘宝客自选计划

淘宝客自选计划也是一种自选淘客的计划，是为了方便商家选择和管理淘客而推出的计划，是一种公开自动审核计划，其推广方式为全店推广，也可以用于单品推广。与淘宝客定向计划不同的是，淘宝客自选计划以网店推广为核心，不单独指定某一类淘客群体，只要参与过自选计划的淘客皆可参与。

商家如果要设置淘宝客自选计划，首先需要在淘宝客设置页面开启自选计划，然后设置商品类目，添加主推商品，设置佣金比例，完成计划的创建。要注意，添加的主推商品不得超过30款，佣金比例的设置范围为5%~90%。在推广的过程中，商家可以在推广效果报表中查看参与淘宝客自选计划的淘客的信息，包括推广能力、流量能力、推广单价等，然后对淘客进行管理。

 知识补充——淘客的维护

> 淘客的维护是淘宝客推广中非常重要的一项内容，商家应当积极维护与淘客之间的关系。例如，与淘客积极沟通、交流；主动给淘客提供推广网店所需的素材，简化并配合淘客的推广工作；不定期举办淘客大赛或设置淘客奖励计划，让淘客与网店产生更多互动。

相比其他计划，淘宝客自选计划为商家提供了充分的自由，具有无可替代的优势。

● **了解推广者**：商家不仅可以知晓负责推广的淘客、网店推广效果，还可以了解参与过淘宝客自选计划的淘客的推广能力，为选择淘客提供依据。

● **自主管理合作**：在淘宝客自选计划中，商家可以自主选择是否与淘客合作，对于推广效果好的淘客，商家可以提供专属佣金，甚至建立单独的人工审核计划；对于推广效果未达标的淘客，商家可以直接在淘宝客自选计划中暂停该淘客的推广活动。

3.6.5 淘宝客如意投计划

淘宝客如意投计划是淘宝根据商家的如意投设置将商品展现给站外消费者的一种推广方式，按成交计费，佣金比例是所有行业类目中的最低值，因此商家的推广风险较低。参与如意投计划的商品，淘宝会根据综合评分进行排名，由阿里妈妈平台为商家寻找淘客进行推广，无须商家寻找淘客。如意投计划具有智能化、精准投放、流量可控、渠道精准等优点，主要展示位包括中小网站的橱窗推广位和爱淘宝搜索结果页面，具体参与流程如图3-64所示。

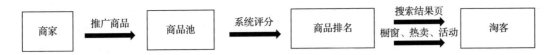

图3-64　如意投计划参与流程

1. 如意投计划的设置方法

如意投计划的展现排名主要依据综合得分进行，而又与商品综合质量分有关。商品综合质量分主要受商品标题属性的相关性、如意投内点击率和转化率、店铺质量等因素的影响。如意投计划排名的综合得分计算公式如下。

$$综合得分=商品综合质量分×佣金比例$$

如意投计划的设置方法与其他计划类似。商家通过"我要推广"页面进入淘宝客设置页面，选择"如意投计划"选项进行设置商品、商品佣金比例等操作，完成后可在商品推广报表中查看如意投计划的效果。如意投计划中，不同商品类目的佣金比例设置范围有所不同，但不管何种类目，佣金的设置比例不得低于1.5%。推广佣金的计算公式如下。

$$推广佣金=佣金比例×实际结算金额$$

2. 优化如意投计划

如意投计划虽然可以让商家不再为寻找淘客而烦恼，但是为了取得更好的推广效果，商家需要对其进行一定程度的优化。

在设置商品时，商家可以根据网店中商品的销量排名情况，选择销量较高的商品，以提高如意投计划排名的综合得分。在设置佣金后，商家可以根据行业的佣金设置情况，以及商品推广报表反馈的网店商品在如意投计划中的推广效果，调整佣金设置比例。

> **知识补充——淘宝客效果报表**
>
> 为方便分析推广效果，淘宝联盟为商家提供了各项数据报表，包括推广位效果报表、商品效果报表和网店效果报表等。其中，推广位效果报表中可以查看推广平台、媒体名称、付款金额等信息；商品效果报表中按降序排列将商品数据、付款金额等依次排序；网店效果报表中通过"详细数据"超链接可以查看推广网店的人群画像相关数据。

3.7 综合案例——韩都衣舍流量获取策略

韩都衣舍主打韩式风格，以互联网快时尚为定位，以销售女装为主，18~25岁的都市时尚女性为其目标人群。韩都衣舍在淘宝上开店以来，粉丝数量已经突破2400万人，其售卖的服饰受到很多人的喜爱，网店的销量非常高。如今，女装网店的竞争非常激烈，而韩都衣舍能在众多女装网店中占据一席之地，离不开其良好的流量获取策略。

3.7.1 韩都衣舍对商品标题的优化

韩都衣舍在淘宝中拥有大量的访问量和较高的收藏加购率，其中有很大一部分流量来自淘

宝搜索。为了让消费者能够搜索到商品，韩都衣舍对商品标题中的关键词和商品详情页的文案进行了优化，结合商品自身的特点来设置关键词，并密切关注淘宝搜索中的热门搜索，如"凉感""雏菊"等，以对关键词进行优化。在优化关键词时，韩都衣舍还会根据季节变换调整关键词，如增添"春季""秋季"等季节限定词。此外，韩都衣舍还会将与热点相关的关键词加入标题中。借助对商品标题的优化，韩都衣舍的商品获得了大量的点击率，也拥有了一大批通过搜索而来的访客。图3-65所示为韩都衣舍部分商品的标题。

图3-65　韩都衣舍部分商品的标题

3.7.2　韩都衣舍的付费推广策略

除了努力获取免费的搜索流量外，韩都衣舍还运用直通车和淘宝客等付费推广工具获取更精准的流量。韩都衣舍为热卖单品投放了直通车，以便对商品进行精准推广，同时还根据实时数据报表调整投放策略。为了更好地运用淘宝客，韩都衣舍推广部门的工作人员专门负责韩都衣舍的淘宝客推广。在运用淘宝客推广商品时，韩都衣舍的推广人员还会关注淘宝客的相关论坛，一边吸取他人的经验以运用到韩都衣舍的推广中，一边根据实际情况实时调整淘宝客推广计划。

3.8　综合实训

在以淘宝为代表的主流电子商务平台中，商家要提高商品的销售额，除了优化商品外，还要适当地推广。近年来，很多商家把目光转向了超级推荐、直通车等付费推广工具。因此，淘宝商家应该掌握超级推荐、直通车等推广工具的操作方法和技巧。下面通过综合实训对这些工具的操作方法和技巧进行练习和巩固。

3.8.1　为童鞋店设置新品标题

童鞋城是一家专门售卖童鞋的淘宝网店，近期计划上新一款适合儿童夏季出行的小白鞋。该鞋男童、女童皆可穿，最大尺码为32码。为了让新品获得更多的搜索流量，童鞋城决定利用淘宝搜索和淘宝类目栏来挖掘合适的关键词，并组成新品的标题。

1. 实训要求

① 掌握使用淘宝搜索和淘宝类目栏挖掘关键词的方法。

② 掌握组成商品标题的方法，将关键词组成适合新品的标题。

2. 实训思路

① 进入淘宝PC端首页，在搜索框中输入"儿童小白鞋"，如图3-66所示，查看下拉列表中提供的搜索量大的相关关键词，从而挖掘出"夏季""男""女""透气""薄款"等关键词。

图3-66　输入"儿童小白鞋"

② 在"主题市场"的类目列表中选择"女鞋/男鞋/箱包"选项，在展开的面板中查看是否有合适的关键词，如图3-67所示。可以看到，没有与小白鞋或童鞋相关的关键词。

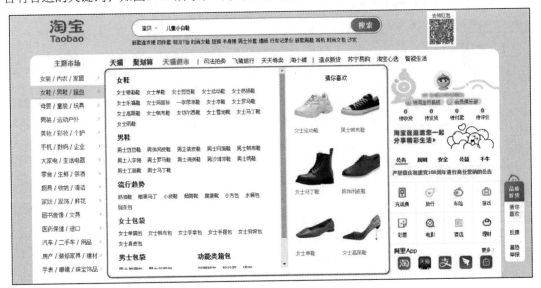

图3-67　查看类目列表中的关键词

③ 单击类目列表中的"男鞋"超链接，打开"男鞋"淘宝搜索页面，在"所有分类"栏中单击"功能"栏中的"更多"选项，如图3-68所示。根据"功能"栏的内容挖掘出的关键

词包括"透气""耐磨""轻便""吸汗""速干"等。

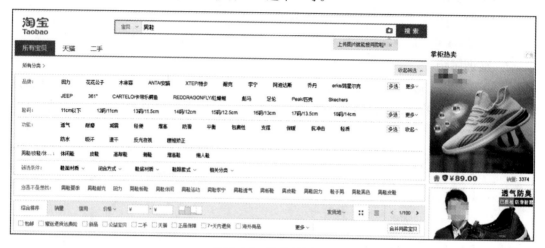

图3-68　挖掘关键词

④ 筛选掉无用的关键词，按照"商品标题=营销关键词+修饰关键词+热门核心关键词+修饰关键词+冷门核心关键词+修饰关键词"这一公式，将关键词组合成新品的标题。商品标题可以为"童鞋男童小白鞋2021夏季新款女童透气薄款轻便鞋子"。

3.8.2　用直通车推广童鞋店的新品

在重点分析了行业、竞品、成本、推广目标等之后，童鞋城决定选择直通车对新款小白鞋进行推广。为了控制成本，童鞋城决定将直通车的日限额设置为30元，智能投放出价设置为0.3元。为了使推广效果最大化，童鞋城决定将推广重点放在成交额更高的移动设备上，投放人群设置为三、四线城市中消费能力中等并且喜欢相似宝贝和网店新品的访客。下面根据童鞋城的投放要求，新建一个直通车推广方案。

1. 实训要求

① 掌握直通车的推广方法，并根据网店的实际推广情况，制订合理的推广计划。

② 根据商品的实际情况，对直通车的推广方式、日限额、投放平台、投放地域、投放时间、推荐关键词、推荐人群、投放出价等关键信息进行设置，将商品推广给精准的目标人群。

2. 实训思路

① 完成新品发布，然后进入直通车后台，在"推广产品"面板中选择"标准推广"选项，单击"新建计划"按钮。

② 在"投放设置"面板中输入计划名称为"新品推广"，单击选中"有日限额"单选项，输入日限额为"30"元，如图3-69所示。

③ 在"高级设置"面板中设置投放平台为"站内、站外同时投放"，设置投放地域为"全地域"。设置投放时间时使用"运动鞋new"行业模板，并将星期一至星期日10:00—11:00的折扣比例设置为120%，如图3-70所示。

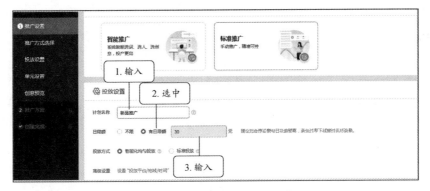

图3-69 设置计划名称和日限额

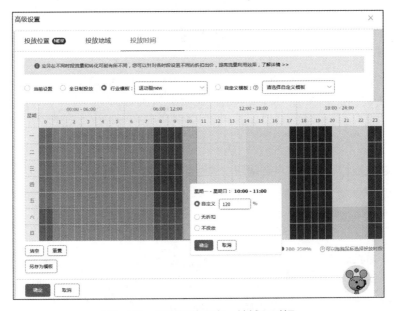

图3-70 设置投放平台、地域和时间

④ 单击"单元设置"面板中的"添加宝贝"按钮,在展开的"添加宝贝"面板中单击选中新品前的复选框,然后单击"确定"按钮完成添加,添加后如图3-71所示。

图3-71 完成新品添加

⑤ 单击"进一步添加关键词和人群"按钮,在"推荐人群"面板中单击"+更多精选人群"按钮。在展开的"添加精选人群"面板中,选择"自定义添加"选项卡,在"宝贝定向人群"选项卡中单击选中"喜欢相似宝贝的访客"和"喜欢店铺新品的访客"复选框,然后单击"确认添加"按钮完成添加,添加后的结果如图3-72所示。单击"完成推广"按钮,为新品设置的直通车计划将投入使用。

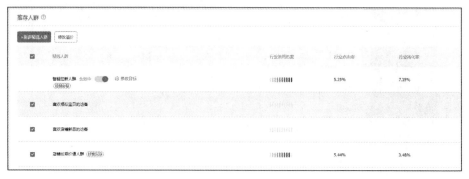

图3-72　完成精选人群添加

思考与练习

1. 访问淘宝、今日头条、优酷等网站，找出网站中的超级钻展资源位，试着分析这些资源位属于哪种类型，该资源位的创意是否具有吸引力。

2. 进入超级推荐后台，为自选网店中的两款商品新建商品推广计划。要求：将两款商品置于热销款拉新场景下，完成选择优化目标、添加推广商品、设置出价等操作。

3. 进入直通车后台，为一款白色帆布鞋投放直通车。要求：新建计划为标准推广，计划名称为"提高销量"，日限额为"35"元，投放时间为"星期五18:00—20:00"，关键词中应包含"百搭""简约"，对应人群为18～24岁的年轻女性。

4. 阅读材料，回答问题。

临近毕业，陈易行面试了很多工作，但总是以失败告终。随后，经朋友提示，陈易行自己开了一家淘宝店，主要售卖当地的特色食品。在开设淘宝店期间，陈易行还努力学习与网店运营相关的知识。

在运营淘宝店的过程中，陈易行充分运用所学知识，合理运用各种方式获取搜索流量，并使用超级推荐和直通车等付费推广工具，为网店吸引来了大量的流量。但是，在运营了一段时间之后，陈易行发现超级推荐和直通车的推广效果在下降。在查阅了相关资料后，陈易行才知晓需要调整超级推荐的预算和直通车中商品的关键词。问题是找到了，但是陈易行不知道该如何调整。

问题：（1）分析一个新的淘宝店如何获取搜索流量；

　　　　（2）分析如果要调整超级推荐的预算和直通车中商品的关键词，陈易行应该从哪些方面着手。

第4章 网店营销活动与促销

本章导读

近年来，电子商务行业的发展越来越规模化、专业化和规范化。各大电子商务平台对网店营销的扶持力度也不断加大，特别是大促期间，各种营销玩法不断升级，各网店的销售额也不断提升。阿里巴巴相关数据显示，2021年天猫"11·11"总交易额达到5403亿元，较2020年同期增长421亿元。在2021年天猫"11·11"中，大批国产品牌的销售额增长较快，例如，安踏有针对性地实施了两次营销，使用促销工具将网店促销活动调整得更加贴合消费者心理，同时加大了直播的力度，仅在天猫的总销售额就达到333 940万元，远超其他知名运动品牌。

因此，为了维持淘宝网店的持续运转，商家需要开展营销活动，采取一些促销手段吸引更多的消费者。

学习目标

知识目标	了解网店营销活动的渠道
	掌握网店促销的时机和手段
	掌握淘宝大促活动的运营方法
素养目标	了解《淘宝网营销活动规范》，严格遵守营销活动规则
	坚守行业道德标准，诚实守信，正当竞争
	培养营销人员的职业素养和社会责任感

本章要点

淘金币、混合出资、聚划算、淘抢购、大促活动、天天特卖、搭配套餐、满就减或送

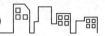
4.1 网店营销活动的渠道

为满足不同商家的需求，淘宝提供了多样的营销活动渠道，包括淘金币、聚划算、淘抢购、天天特卖等。不同营销活动的渠道有不同的作用，了解这些渠道，有利于网店更好地开展营销活动。

4.1.1 淘金币

淘金币是淘宝的一种虚拟货币，也是淘宝为鼓励消费者使用淘宝而开通的消费者激励系统及通用积分系统。淘宝一方面为消费者提供奖励金币，让消费者在结算时使用金币获得折扣；另一方面让商家能够在交易中赚取金币，并通过花费金币获得平台流量，增强网店消费者黏性。图4-1所示为淘金币在淘宝移动端和PC端的入口。

知识链接：

淘金币参与规则

图4-1　淘金币在淘宝移动端和PC端的入口

1. 淘金币的用法

对于商家而言，淘金币主要可用于全店金币抵扣、金币频道推广、店铺粉丝运营等活动。商家参加这些活动，可以有效提高店铺的关注度、收藏量和访问量，从而达到提升店铺自然搜索排名的目的。

其中，全店金币抵扣可以让商品在淘宝移动端搜索、猜你喜欢、商品详情等位置展示；金币频道推广可以让商家获得淘金币频道搜索、推荐等位置的流量，更好地推广店铺、商品；店铺粉丝运营有助于拉新、增粉、销售商品，获得浏览、订阅等渠道的流量。

2. 开通淘金币全店抵扣

参与淘金币活动之前，商家需要通过千牛卖家工作台开通淘金币全店抵扣功能。开通功能后，消费者可使用淘金币抵扣部分商品金额，获得订单优惠；商家会获得消费者用于抵扣的淘金币的70%，以供后期网店开展营销活动时使用。此外，商家开通淘金币全店抵扣功能后，更有利于获得淘宝会员俱乐部的展示位。开通淘金币全店抵扣的具体操作如下。

步骤1： 进入"千牛卖家工作台"页面，将指针移动到"营销中心"栏右侧的 按钮上，在展开的"营销中心"面板中单击"淘金币"超链接，如图4-2所示。

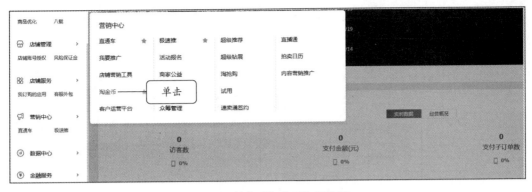

图4-2　单击"淘金币"超链接

步骤2：在打开页面的"金币工具推荐"面板中单击"全店金币抵扣"选项下的"去看看"按钮，如图4-3所示。

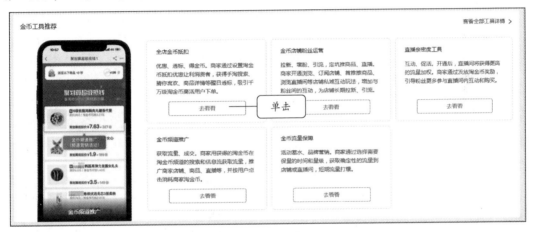

图4-3　单击"去看看"按钮

步骤3：在打开的页面中单击"淘金币全店抵扣工具"右侧的"未开通"按钮，在打开的"开通确认"对话框中单击"立即开通"按钮，如图4-4所示。

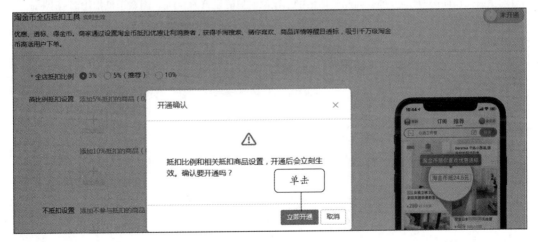

图4-4　开通淘金币全店抵扣

步骤4：在打开的页面中设置全店抵扣比例，此处单击选中"全店抵扣比例"后的"3%"单选项，如图4-5所示。

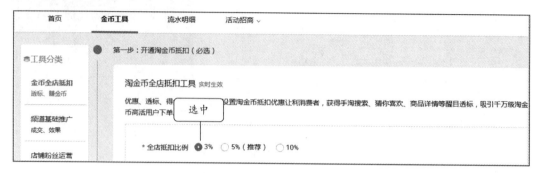

图4-5　设置全店抵扣比例

步骤5：如果要设置高比例抵扣商品，可单击"添加商品"按钮，在"添加5%抵扣的商品"面板中的文本框中输入商品ID，如图4-6所示，然后单击"添加单品"按钮完成添加，最多可添加10个商品。不抵扣商品设置操作与高比例抵扣商品相同，但最多只能添加5个商品。

图4-6　设置高比例抵扣商品

知识补充——全店抵扣比例的设置

商家如果要为某一款或几款商品设置高比例抵扣，则抵扣比例不能低于全店抵扣比例。例如，当前全店抵扣比例为5%，那么商品高比例抵扣比例便只能设置为10%。淘金币抵扣比例≤3%时，不计入最低成交价；淘宝币抵扣比例≥5%时，计入最低成交价。

3. 使用"淘金币频道基础推广"工具

商家开通淘金币全店抵扣后，可以使用"淘金币频道基础推广"工具以获得在淘金币频道推广的机会。

（1）淘金币频道推广页面

使用"淘金币频道基础推广"工具后，淘宝将自动识别转化率较高的商品、网店或直播，并通过算法进行个性化推荐，在开通3天后网店的淘金币抵扣商品将在淘金币频道内的各个页面进行展示、推广。图4-7所示为淘金币频道主要推广页面。

符合入围标准的商品，淘宝将自动择优选择品牌知名度、网店综合能力、商品综合质量、用户偏好度高的淘金币抵扣商品进行个性化推荐，并且入围商品每天都有被推荐展示的机会。

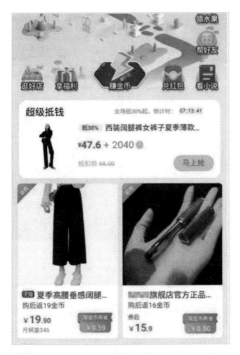

（a）淘金币首页

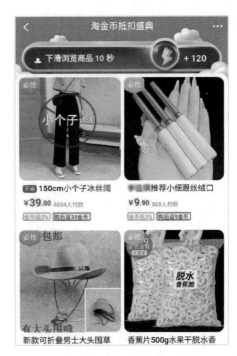

（b）今日任务-猜你喜欢推荐页面

（c）天天特卖超级抵钱页面

（d）淘金币搜索页面

图4-7　淘金币频道主要推广页面

（2）开通淘金币频道基础推广

开通淘金币频道基础推广的方法是：在"千牛卖家中心-工具页"页面中单击"淘金币频道基础推广"面板右上方的"未开通"按钮，如图4-8所示，然后在打开的页面中进行相关设置。在设置商品主图时，淘宝会自动抓取商品主图第1张、第2张和第5张中的任意一张图片，因此，这3张图片的设置要符合"淘金币活动卖家报名图片规范"，商家可以在"淘金币频道推广工具规则"页面的商品条件表格中通过超链接进入相关页面查看。

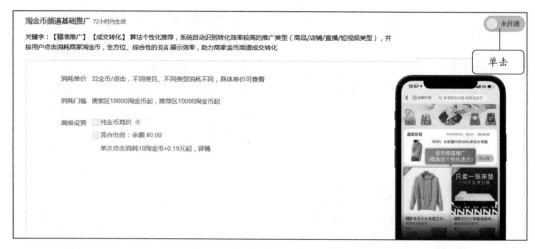

图4-8 开通淘金币频道基础推广

淘金币频道基础推广主要包括基础推广和高级推广两种推广方式。开通基础推广后，商品将在淘金币频道的搜索页面和推荐页面进行展现；开通高级推广后，商品将获得流量加权。淘金币频道基础推广按点击计费，根据商家选择的推广方式的计价标准收取相应的费用。其中，基础推广按被推广商品、网店、直播等对应类目的费率实时划扣淘金币，高级推广以竞价的方式划扣淘金币。在竞价过程中，商家可以采用纯金币抵扣的付费方式，也可以采用混合出资的付费方式。表4-1所示为某一时段内的淘金币频道计价标准。

表4-1 某一时段内的淘金币频道计价标准

推广类型	出资方式	推广页面	原计价标准		某优惠期计价标准	
			商品基础类目	商品重点类目	商品基础类目	商品重点类目
商品	纯金币抵扣	推荐页面	45个淘金币	72个淘金币	32个淘金币	51个淘金币
		搜索页面	70个淘金币	112个淘金币	50个淘金币	80个淘金币
	混合出资		11个淘金币+0.21元	17个淘金币+0.19元	10个淘金币+0.19元	15个淘金币+0.3元
店铺	纯金币抵扣	淘金币频道活动页面	45个淘金币	72个淘金币	30个淘金币	48个淘金币
	混合出资		15个淘金币+0.3元	24个淘金币+0.48元	10个淘金币+0.2元	16个淘金币+0.32元
直播	纯金币抵扣		100个淘金币	160个淘金币	45个淘金币	72个淘金币
	混合出资		34个淘金币+0.66元	54个淘金币+1.06元	15个淘金币+0.3元	24个淘金币+0.48元

4. 开通淘金币店铺粉丝运营

淘金币店铺粉丝运营拥有消费者进店及关注送金币、消费者浏览10秒送金币、定向推广商品送金币、引导消费者进直播间送金币等功能，是通过在淘金币频道公域流量布点，给予完成任务的消费者一定的淘金币作为奖励的一种淘金币工具。该工具可以帮助商家新增粉丝、提升优质商品的点击量、增加直播观看人数、拉近与粉丝之间的距离、提高粉丝活跃度。

打开"淘金币千牛卖家中心-金币工具"页面，在"淘金币店铺粉丝运营"面板中单击右侧的"未开通"按钮，如图4-9所示，即可开通淘金币店铺粉丝运营。注意，商家的淘金币账户余额一旦小于10 000，将无法开通淘金币店铺粉丝运营。

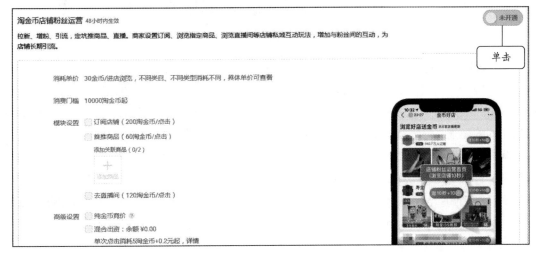

图4-9 开通淘金币店铺粉丝运营

淘金币店铺粉丝运营的拉新、增粉需要经历潜在粉丝—新粉—普通粉丝—忠实粉丝的生命周期，商家可以根据每个阶段的特点选择相应的推广方式。

● **潜在粉丝——新粉**：在这一阶段，为大幅增加店铺新粉，淘金币店铺粉丝运营为商家提供了"浏览店铺10秒送金币""关注店铺送金币"功能以提高潜在粉丝进店概率和增加新粉。

● **新粉——普通粉丝**：为帮助商家将新增的粉丝有效地转化为普通粉丝，淘金币店铺粉丝运营为商家提供了"点击定向商品送金币""观看直播送金币"功能以提高商品点击率和增加直播粉丝数。

● **普通粉丝——忠实粉丝**：在这一阶段，淘金币店铺粉丝运营可以通过提高粉丝进店访问频率、商品点击率、直播观看频次等实现大幅提高粉丝活跃度。

 知识补充——淘金币店铺粉丝运营的开通

> 商家开通淘金币店铺粉丝运营即代表开通浏览店铺送金币功能，关注店铺、首推商品、浏览直播等功能可以根据实际情况开通。另外，当商家淘金币账户中余额不足时，可选择混合出资。

4.1.2 聚划算

聚划算在淘宝移动端和PC端都拥有单独的入口，图4-10所示为聚划算在淘宝移动端和PC端的入口。聚划算汇聚了庞大的消费者流量，能产生非常可观的营销效果。商家参加该活动，可以达成超过网店日销量数倍的营销数据，获得更多的收益。

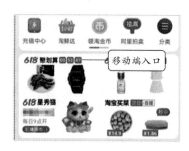

图4-10 聚划算在淘宝移动端和PC端的入口

1. 聚划算的团购类型

聚划算因强大的促销能力对商家有着无法抗拒的吸引力，但是，聚划算的招商要求比较严格，只有天猫店铺和皇冠店铺才能参与。除了基础招商要求外，聚划算还对不同团购类型的商品有不同的要求。聚划算的团购类型如下。

● **单品团购**：单品团购是指以单个商品的形式参加聚划算活动。商家参与单品团购活动时选择网店内品质优良的商品会更有竞争力。

● **品牌团购**：品牌团购汇聚了国内外众多知名品牌，这些品牌以单个店铺、单个品牌的多款商品的形式同时参加聚划算活动。因此，此种团购类型的活动更适合有知名度、有根基的网店或品牌参与，不建议中小型网店在发展前期参与。

● **主题团购**：主题团购是指在同一主题下，两个以上的店铺可选择多款商品同时参与聚划算活动。因此，参与此种团购类型的活动时，商家可根据自身要求选择店铺数量合适的主题进行拼团。同时，为取得更好的效益，商家可选择价格更具优势、与主题契合度更高的商品。

知识补充——参与聚划算的注意事项

> 参与聚划算有利有弊。商家在参与聚划算时需要注意：报名时要有前瞻性，并不是当季的商品就一定会排到当季的时间；参团展示页面的主图一定要具有独特性，能抓住消费者的注意力；参团商品的详情页尤其重要，如果详情页在10秒之内无法吸引消费者并促使其加购、购买，消费者便很可能流失；参团商品的销量很重要，不仅在报名时聚划算对参团商品的销量有要求，而且参团商品的日常销量也预示着聚划算当天的销量。

2. 聚划算报名

聚划算的报名入口有两个：淘宝商家可以从聚划算商家中心后台的"我要报名"入口报名，天猫商家则可以直接通过营销中心报名。二者的报名流程基本相同。以淘宝商家报名为例，其参加聚划算的具体操作如下。

步骤1：进入千牛卖家工作台，单击左侧导航栏中"营销中心"栏右侧的 按钮，在展开的面板中单击"活动报名"超链接，如图4-11所示。

步骤2：打开"商家营销中心"页面，单击"活动报名"栏下的"聚划算"超链接，打开聚划算活动报名页面，在展开的"频道类型"栏下选择要参加的活动，单击活动对应的"去报名"按钮，如图4-12所示。

图4-11 单击"活动报名"超链接

步骤3： 在打开的页面中查看"活动规则""店铺要求"等信息，然后单击"去报名"按钮，如图4-13所示。

图4-12 活动报名 　　　　　　　图4-13 单击"去报名"按钮

步骤4： 打开协议签署页面，完成签署后单击"下一步"按钮，打开"填写基本信息"页面，选择报名类目和期望开团时间，如图4-14所示，单击选中"同意接受营销平台系统排期，具体时间以系统通知为准。"复选框，单击"下一步"按钮。

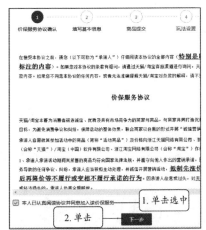

图4-14 签署协议和填写基本信息

步骤5： 打开商品提交页面，选择报名的商品并完善商品信息，如图4-15所示。按照提示完成玩法设置，并完成报名，等待审核。商家可在已报名活动页面查看审核状态，终审确认开团时间后，淘宝将提示商家可以开始准备活动。

 知识补充——聚划算注意事项

　　聚划算活动审核分为两轮，初审时如果商家决定退出活动，可以单击"撤销报名"按钮。如果商家在终审通过后不同意淘宝给出的开团时间，可以在48小时内单击"拒绝"按钮，等待淘宝再次给出开团时间，如果同意便可单击"确认"按钮。商家可以在"已报活动"选项中"活动管理"栏下的"活动状态"下拉列表中选择"排期待确认"选项，确认开团时间。

　　此外，聚划算对商品主图的规范较为严格，为确保商品主图符合聚划算活动要求，商家可以在聚划算活动报名页面上方的"规则中心"中查看"聚划算主图规范"。

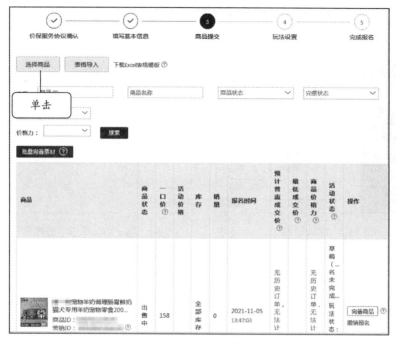

图4-15 选择商品

4.1.3 淘抢购

淘抢购是淘宝移动端具有特色的闪购业务，通过开团的单品打造"抢"的氛围，为消费者提供物美价廉的好货，同时帮助商家提升商品流量。参与淘抢购的商品会在淘抢购官方平台、淘宝移动端淘抢购频道等位置展现。在淘宝移动端，淘抢购的入口从淘宝首页调整到了聚划算中。图4-16所示为淘抢购在聚划算中的展示位置及其抢购页面。

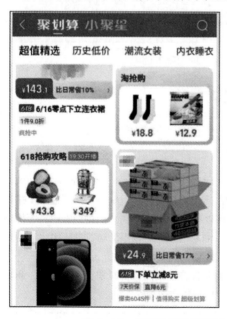
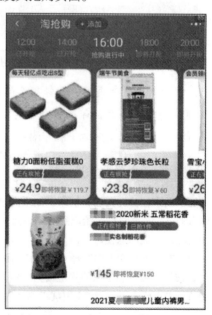

图4-16 淘抢购在聚划算中的展示位置及其抢购页面

1. 淘抢购的活动类型

由于参加淘抢购的商家可同时报名多个时间段，所以，报名参加淘抢购对于分波段提高商品的流量高峰有着重要意义。根据适应对象和最终受益程度的不同，淘抢购的活动可以分为以下几类。

● **日常单品**：日常单品中汇聚了淘宝、天猫中的优质商品。商家在选择日常单品参与淘抢购时，可以选择主打商品或经典商品。

● **抢5折**：抢5折即在抢购的价格上给予消费者再享受5折的特殊优惠，能够帮助商家在开团后快速提高商品的售罄速度，适用于想提高销量的商家。商家可以选择活动款商品参与抢5折活动。

● **场景购**：场景购分为一家场景购和多家场景购，通过展现网店信誉，以抢购的方式吸引更多的消费者，从而扩大网店的影响力。需要注意的是，淘宝商家只能参加多家场景购。

淘抢购的报名方法与聚划算相似，也是从营销中心进入报名入口。

2. 淘抢购报名方法

淘抢购分为日常活动和大促活动。其中，日常活动即商家日常可报名参加的活动，有利于商家日常的网店引流。商家报名参加淘抢购的具体操作如下。

步骤1：进入千牛卖家工作台，单击"营销中心"栏右侧的 ﹥ 按钮，在展开的面板中单击"淘抢购"超链接，如图4-17所示。

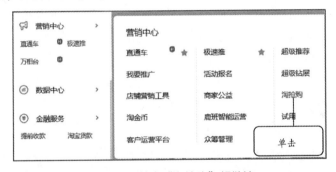

图4-17　单击"淘抢购"超链接

步骤2：打开"淘宝商家|营销活动中心"页面，在左侧的导航栏中单击"活动报名"栏下的"淘抢购"超链接，如图4-18所示。

图4-18　继续单击"淘抢购"超链接

步骤3：打开淘抢购活动报名页面，选择想要报名的活动，并填写相关信息，审核通过后即报名成功。

3. 淘抢购报名注意事项

为了提升淘抢购的营销效果，商家在报名淘抢购活动时需要注意以下几点。

① 报名时间。淘抢购报名后可参加8～13天后的淘抢购活动，为了让参与淘抢购商品的审核位置比较靠前，商家应尽量选择13天后的活动时间。例如，今天是10日，那么商家最好报名23日后的活动。

② 预热时间。商家缴费完成后，淘宝会自动在活动开始的前3天发布参加淘抢购的商品，并在活动前一天进行预热。其中，单品类活动的预热开始时间为活动前一天的20点，品牌抢购从活动前一天的0点开始预热。因此，商家要提前做好准备，充分预热商品。

③ 商品价格。参与淘抢购的商品价格必须是一周内的最低价格，应当比平时的销售价格低10%～20%。

④ 商品库存。商品库存的消耗速度会影响下一次的报名，因此，商家注意不要把库存设置得过多，首次参与淘抢购的商家可以按照最低库存要求报名。

4.1.4 天天特卖

天天特卖由原来的天天特价升级而来，是淘宝为扶持小商家而开辟的营销渠道，能够帮助商家快速吸引流量。天天特卖因其售卖的商品价格低廉而出名，以疯狂促销、应季精品、服务保障等特色吸引了众多消费者。参与天天特卖的商品展示周期一般为两天，预告为一天、正式活动为一天。图4-19所示为天天特卖在淘宝PC端的入口。在淘宝移动端首页下拉，也可在打开页面的"特价优惠"频道中进入天天特卖。

知识链接：

天天特卖报名要求

图4-19　天天特卖在淘宝PC端的入口

天天特卖的报名、审核、排期、展现等均为淘宝自动进行，期间不收取商家任何费用。商家报名天天特卖的具体操作如下。

步骤1：单击"营销中心"面板中的"活动报名"超链接，进入活动报名页面。单击左侧导航栏中"活动报名"栏下方的"天天特卖"超链接，打开天天特卖活动报名页面。

步骤2：分别单击"爆款商品推荐""日常活动""大促活动"选项卡查看可报名的活

动。报名"爆款商品推荐"时，可输入商品名称及所属类目搜索能报名的活动，也可单击下方淘宝提供的可报名活动中的"快速报名"按钮，如图4-20所示。

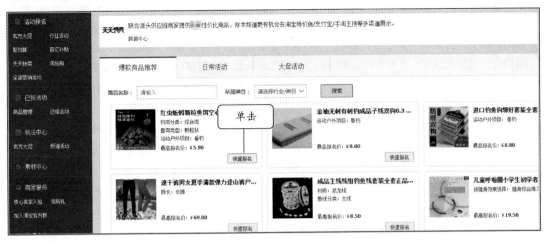

图4-20　报名"爆款商品推荐"

步骤3：如果"爆款商品推荐"中没有可以报名的活动，可以单击"日常活动"选项卡，选择想要报名参加的活动，单击"快速报名"按钮进入"活动详情"页面。

步骤4：查看详情后单击"下一步"按钮进入"签署协议"页面。如果商家未签署支付宝代扣协议，需单击"提示"中的"单击这里"超链接，在打开的页面中开通"支付宝账户付款"服务，如图4-21所示。

图4-21　开通"支付宝账户付款"服务

步骤5：开通后，进入"填写基本信息"页面，其信息的填写及此后的操作与聚划算类似。

知识补充——参与天天特卖注意事项

> 参与天天特卖的商品，不支持跨店满减，以及通过优惠券、店铺宝等营销工具设置的优惠活动，也不能参与同一时段的其他营销活动，但淘宝指定的营销活动除外。

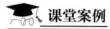 **课堂案例**

　　某淘宝卤味店为了快速吸引消费者的关注，提高商品的销量，该店在所有商品标题和主图中都添加了"特价销售"等关键词，却并未对商品进行降价。这样的行为很快引起了淘宝的注意，经查证后，淘宝立即对该店铺进行了处罚。《中华人民共和国价格法》第十四条规定，经营者不得利用虚假的或者使人误解的价格手段，诱骗消费者或者其他经营者与其进行交易。在淘宝店铺运营中，特价促销十分常见，也非常容易吸引消费者的注意，但是，商家必须慎重使用"超值低价""特价"等价格用语，不能利用虚假的特价信息误导消费者进行消费。

4.1.5　大促活动

　　大促活动是淘宝非常重要的营销活动，从大促活动正式开始前很长一段时间，淘宝便会对其进行预热宣传，以求达到较好的推广效果。例如，年中的"6·18"大促活动、年末的"11·11"大促活动，都是淘宝影响力的体现。同时，为了提升大促活动的促销效果，淘宝每年都会调整大促活动的规则和操作方式。因此，商家需要提前做好准备和布局，以免出现纰漏，影响促销效果。

　　淘宝中的大促活动主要有两类：一类是全平台的重要大型促销活动，主要有"6·18"活动、"11·11"活动、"12·12"活动；另一类是淘宝的新风尚活动，是普通的大型促销活动。表4-2所示为淘宝中的大促活动。

　　商家需要报名才能参加大促活动，以"6·18"活动为例，活动分为商家报名和商品报名，商家需在规定时间内完成报名，并为商品完成报名。商家可以在商家后台的营销活动中心进行报名。报名后，淘宝将对商家进行审核，商家可以在"已报活动"页面查看报名进度。

表4-2　淘宝中的大促活动

活动名称	活动时间（大致）	活动起源	活动周期	活动重要性
"6·18"	6月1日—6月20日	源于京东"火红六月"活动，后发展为全电子商务平台的年中促销活动	一年一次	年中重要促销活动
"11·11"	11月1日—11月11日	源自天猫2009年11月11日的促销活动，后成为全电子商务平台的典型促销活动	一年一次	年末重要促销活动
"12·12"	12月1日—12月12日	2011年，淘宝、京东等电子商务平台纷纷推出"网购盛宴"，发展至今	一年一次	年末重要促销活动
春夏新风尚	3月24日—3月26日	天猫联合商家开展的营销活动	一年一次	春夏流行服饰重要促销活动
秋冬新风尚	8月21日—8月23日	天猫联合商家开展的营销活动	一年一次	秋冬流行服饰重要促销活动

4.2　网店促销时机和手段

除了参与淘宝官方的全平台促销活动外，淘宝商家也可以在店内策划并开展网店营销活动。开展网店营销活动的目的是通过促销来提高商品的销量，但是，只有在恰当的时机采用合适的手段才能取得良好的网店营销效果。

4.2.1　网店促销时机

促销虽然有效，但并不能常用，一味促销反而会降低消费者对商品的兴趣，导致消费者流失、商品销量下降。因此，商家开展网店促销需要找准时机，在合适的时间进行促销。

1. 上新

上新是一个很好的促销时机，不论淡季还是旺季，商家都可以借助该时机进行促销。但是，并不是随意地选择上新时间，需要让消费者对网店的上新时间有印象，因此，在固定的周期内上新更有利于网店被消费者记住。同时，商家还需要应用一定的上新技巧，激发消费者对上新的热情。

（1）上新周期

不同类型网店的上新周期不一样。其中，服装类网店因商品的时效性较强，上新的周期一般在15天以内。一般来说，主张快时尚的服装店一般每周上新一次，例如，女装网店MG小象7天左右便会上新；有些风格较独特的服装店一般12天左右上新一次，例如，女装网店DIAMOND STORE便是12天左右上新一次（见图4-22），每次持续3天左右。食品类、美妆类等网店受市场和研发情况影响，上新周期较长，一般会依季节而定，例如，美妆网店会根据季节变化推出春日限定色口红、秋冬色口红等。

图4-22　女装网店上新时间

（2）上新技巧

上新时，商家可以在淘宝订阅或微博、微信等社交媒体平台中发布上新讯息和新品图片，并通过转发抽奖、评论抽免单或大额优惠券等方式激发消费者的活跃度。图4-23所示为淘宝某女装网店在订阅和微博中发布新品信息并鼓励粉丝评论、转发的页面截图。

图4-23 淘宝某女装网店在订阅和微博中发布新品信息并鼓励粉丝评论、转发的页面截图

2. 节假日

节假日是受绝大部分网店青睐的促销时机，不管是在国家法定节假日开展促销活动，还是在淘宝等电子商务平台打造的电子商务购物节时开展促销活动，都有利于网店促销。

（1）国家法定节假日

在国家法定节假日开展促销活动能够吸引比平时更多的消费者。同时，国家的每个法定节假日都有着特殊含义，网店在开展活动时可赋予商品特别的含义，从而吸引特定的消费者购买商品。随着淘宝对节假日活动越来越重视，节假日促销逐渐被越来越多的消费者接受。例如，在端午节、中秋节等法定节假日，有的网店将商品与过端午、中秋等联系起来开展促销活动，取得了很好的效果。为更好地促销，商家一般会提前预热，直到节假日结束。

（2）电子商务购物节

随着"11·11""12·12"等在社会上的影响力以及对平台的重要性的不断增强，淘宝对电子商务购物节越来越重视，不断加大对电子商务购物节的支持力度。因此，参与电子商务购物节的促销活动对网店十分有利，在报名参加这类活动时，商家也可以同步开展网店专属促销活动，扩大网店影响力。

3. 周年庆

周年庆对于网店有重要的纪念意义，也是除大促活动外可以进行大力度促销的时机。例如，女装网店MG小象2021年5月11日至5月13日开展了11周年庆活动，提高了网店商品的销量。选择在周年庆时促销不仅有利于提高商品销量，还有利于提高消费者对网店的认知度和忠诚度。

4. 换季清仓

换季清仓适合季节性较强的商品，通常在每一季度末进行。虽然商品即将过季，但因折扣力度较大，对消费者同样具有强大的吸引力。因此，网店可以利用这一时机，对即将过季的商品进行处理。

知识补充——促销时机

上新、换季清仓在淡季使用有利于长期吸引消费者，如果周年庆在淡季开展更有利于店铺在淡季引流。节假日本身便是小旺季，也是较适合开展促销活动的时机。

4.2.2　网店促销常用手段

促销是网店常用的方式，但是，即使在旺季促销，一些网店也会因为促销手段使用不正确、促销力度不足而导致销售不佳。如何正确使用促销手段成了困扰不少商家的难题。淘宝提供的常用促销手段有搭配套餐、店铺优惠券、满就减或送等，商家可以根据网店需要选择不同的促销手段。

1. 搭配套餐

搭配套餐是指商家将不同商品进行组合搭配，当消费者选择套餐中的某一种商品时，淘宝会自动推送该套餐中的其他商品给消费者，以解决消费者搭配困难的问题。搭配套餐设置成功后，套餐内任意商品的详情页会为消费者推荐搭配的商品。图4-24所示为在淘宝移动端商品详情页展现的搭配套餐。搭配套餐是网店常用的促销手段，有利于增加套餐内商品的曝光量，吸引消费者购买另一商品，从而提高整体的销量。

图4-24　搭配套餐

商家在设置搭配套餐时要注意，搭配成套餐的商品最好是同类型商品或相关联商品，如防晒帽和防晒衣可以设置为搭配套餐。在千牛卖家工作台为网店设置搭配套餐的操作如下。

步骤1：进入千牛卖家工作台，单击左侧导航栏中的"营销中心"面板中的"店铺营销工具"超链接。在打开的"营销工作台"页面中单击"工具列表"栏下的"搭配宝"超链接，如图4-25所示。

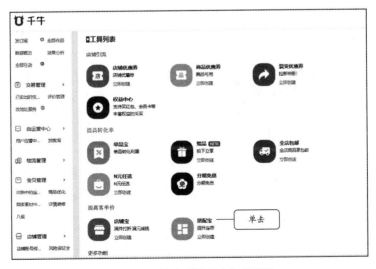

图4-25　单击"搭配宝"超链接

步骤2： 打开搭配宝创建页面，单击页面右上方的"+创建套餐"按钮，如图4-26所示。

步骤3： 打开商品选择页面，单击"选择主商品"超链接设置主商品，单击"添加搭配商品"按钮设置搭配商品，完成后单击"下一步，设置套餐信息"按钮，如图4-27所示。

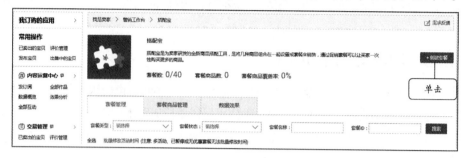

图4-26　单击"+创建套餐"按钮

图4-27　选择搭配商品

步骤4： 打开套餐设置页面，输入套餐名称、套餐介绍等信息，选择套餐类型、套餐属性，并上传套餐图片，如图4-28所示，完成后单击"下一步，设置商品优惠"按钮。

图4-28　设置搭配套餐

步骤5：打开套餐优惠设置页面，设置优惠类型、活动时间、套餐搭配价等信息，单击"保存套餐"按钮，如图4-29所示，完成投放。

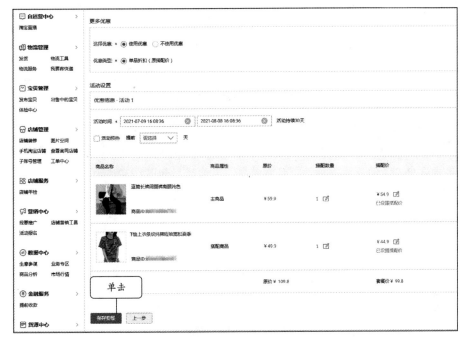

图4-29　设置套餐优惠

2. 店铺优惠券

店铺优惠券是一种常见的促销手段，可以在消费者购买商品时自动抵扣一定的金额。网店可以为不同的消费者设置不同的优惠额度，以达到吸引新消费者、维护老消费者的目的。商家可以在千牛卖家工作台设置优惠券，操作如下。

步骤1：打开店铺营销工具展示页面，单击"工具列表"栏下的"优惠券"超链接，打开优惠券设置页面，单击"自定义新建"栏下"店铺优惠券"选项下方的"+创建店铺券"按钮，如图4-30所示。

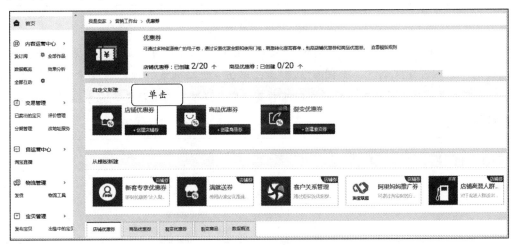

图4-30　单击"+创建店铺券"按钮

步骤2：打开创建店铺优惠券页面，单击选中"推广渠道"下的"全网自动推广"单选项，如图4-31所示。

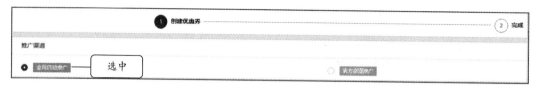

图4-31　选择推广渠道

步骤3：在"基本信息"面板的"名称"文本框中输入"店铺优惠券"，在"使用时间"后选择优惠券使用时间为"2021-07-30—2021-08-01"，在"低价提醒"后的数值框中输入"5"，单击选中"活动目标"后的"日常销售"单选项，如图4-32所示。

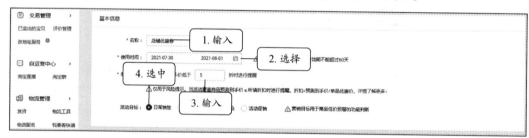

图4-32　创建优惠券

步骤4：在"优惠金额"数值框中输入"39"，在"使用门槛"数值框中输入"100"，在"发行量"数值框中输入"2000"，在"每人限领"数值框中输入"1"，如图4-33所示。商家也可设置多张不同面额的优惠券。

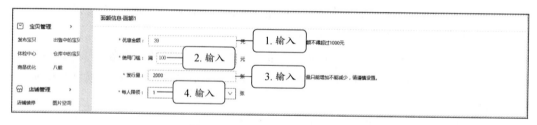

图4-33　设置优惠券面额信息

步骤5：设置完成后，单击"资损风险校验"按钮，在展开的"优惠设置提示"面板中单击"确认"按钮，完成创建，如图4-34所示，单击"返回列表"按钮可查看优惠券设置详情。商家可以复制优惠券代码，然后在网店首页、宝贝详情、淘宝社区等地方粘贴，让消费者自行领取。

图4-34　完成优惠券创建

知识补充——设置优惠券的方式

　　除了可以单独设置店铺优惠券之外，还有另外两种设置优惠券的方式。一种是开通营销套餐，在店铺宝中设置优惠券，并添加"卖家领取"设置功能；另一种是开通会员关系管理后再开通消息通道，淘宝将自动开通优惠券设置功能，并添加"卖家领取"设置功能。但是，这两种方式都只能设置优惠金额，不能设置优惠条件。

　　优惠券的全网自动推广和自有渠道推广可以由商家自由删除，但官方渠道推广商家无法删除，只能等待活动结束。

3. 满就减或送

　　满就减或送通过店铺宝工具实现，运用店铺宝工具不仅可以设置店铺优惠券，还可以针对特定商品设置赠送礼品、折扣等活动，设置成功后，网店页面将轮播优惠信息、显示活动时间及相关信息。商家可以通过店铺宝设置满就减或送，提高客单价，以增加网店商品的曝光率、节约人力成本，操作如下。

　　步骤1：打开店铺营销工具展示页面，单击"淘宝商家推荐"栏下的"店铺宝"超链接，打开店铺宝设置页面，单击"自定义新建"栏下"店铺宝"选项下方的"+创建店铺宝"按钮，如图4-35所示。

图4-35　单击"+创建店铺宝"按钮

　　步骤2：打开店铺宝基本信息设置页面，设置活动名称、优惠类型、开始时间、结束时间、低价提醒等信息，然后单击"下一步"按钮，如图4-36所示。

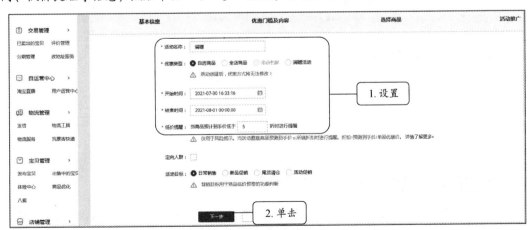

图4-36　设置基本信息

步骤3：在打开的页面中分别设置优惠条件、优惠门槛及优惠内容，如图4-37所示，完成后单击"下一步"按钮。

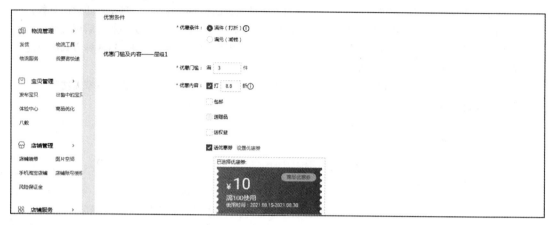

图4-37　设置优惠条件、门槛及内容

步骤4：打开"选择商品"页面，单击选中所选商品前的复选框，然后单击"下一步"按钮，如图4-38所示。

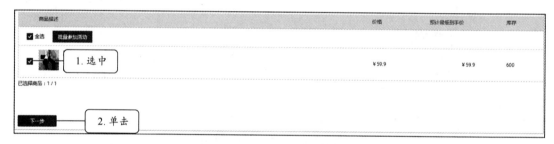

图4-38　选择商品

步骤5：打开"活动推广"页面，如有需要可设置其他活动推广渠道，如图4-39所示，然后单击"下一步"按钮，完成活动创建。

图4-39　"活动推广"页面

知识补充——满就减或送活动设置注意事项

活动基本信息设置完成并单击"下一步"按钮后即代表着活动已经创建，创建后淘宝会自动给出活动编号，商家无法修改优惠方式，如要删除该活动，可以在活动列表中点击"删除"按钮。

4. 充购物金

充购物金是一种比较新颖的网店促销手段，通常为很少打折的知名品牌网店所使用。购物
金的面值金额是多少，消费者就需要付多少金额
购买会员卡，如购物金的面额为1000元，则消费
者就需要支付1000元购买购物金。消费者购买一
定金额的购物金后，在购买该店商品时可以直接
用购物金付款，且会享受一定的优惠，如图4-40
所示。购物金有利于激发消费者的购买热情，促
进商品销售，也在一定程度上起到增加店铺影响
力的作用。

图4-40　充购物金

5. 大促时签到送大额优惠券

每逢大促，不少网店会提前推出大额优惠券，额度为50元、100元不等，对象主要为网店
忠实消费者。商家鼓励消费者连续签到（一般为大促前的10天）并送出大额优惠券，这不仅
能够提高网店的活跃度，还可以增加消费者对网店的信任，提升大促预热效果，提高大促时商
品的销量。

4.3　淘宝大促活动运营

淘宝大促活动带来的流量是网店营销活动和营销手段无法比拟的，因
此，很多商家会报名参加大促活动。大促活动运营要经历4个时期，即蓄
水期、预热期、爆发期、返场期，每一个时期商家要做的工作都存在差
异。因此，商家应做好大促活动期间每一时期的运营工作计划，并认真执
行，以免错失良机。

知识链接：

大促期间如何使用
超级钻展推广

4.3.1　大促活动蓄水期运营

在大促活动蓄水期，商家要提前准备，准备工作包括报名、准备商品与素材、制订活动计
划、开展活动测试、开展活动推广等。

1. 报名

大促期间会有很多活动专区，因此，商家要根据网店的情况有选择性地报名，且要在规定
的时间内报名。报名活动时，商家要尽可能多地报名，这样有利于获取更多的流量。

大促活动的会场由主会场、分会场、活动外围构成，报名时间有所区别。例如，2020年
淘宝"12·12"活动分会场报名时间为10月28日12：00：00至12月2日23：59：59，活动外围报
名时间为10月28日12：00：00至12月12日23：59：59。

活动外围的报名有两种形式：一种是官方邀请，另一种是商家自主报名参加。需要注意的
是，同一商品链接不能同时报名分会场和活动外围，但同一网店可以同时报名分会场和活动
外围。

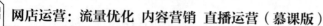
知识补充——大促期间的商品价格

大促活动报名成功后，商家不能随意更改参与活动商品的价格，因此，商家需提前计算并确定商品的活动价格，以避免亏损。

2. 准备商品与素材

商品是大促活动的重点，因此，商家在活动蓄水期要提前对参加活动的商品进行管理，包括检查活动商品的类型、数量、库存、生产效率等，以便报名时准确填写商品信息，且避免出现供过于求或供不应求的情况。

同时，商家还需要准备好大促活动所需的相关素材，主要包括活动首页、商品主图及短视频、详情页等。网店首页要展现优惠信息及优惠活动，商家可设置点击率高的图片，详情页也要体现大促专属优惠。

3. 制订活动计划

大促活动开始前，商家可以提前制订计划，并根据活动预热效果准备风险防范方案。制订活动计划有利于理顺活动开展思路、把控活动进度，商家可按照活动阶段来制订活动计划和风险防范方案。图4-41所示为部分大促活动计划。

活动进程		参与部门			
		策划部	商品管理部	美编部	推广部
活动准备		1. 活动报名和活动商品的申报 2. 制订活动方案，包括推广方式、各项数据指标、页面布局、优惠形式等 3. 制订会员营销方案，包括会员特权、奖励等 4. 编辑短信通知文案，包括活动倒计时、催付、发货、签收等短信文案	1. 梳理商品的款式及相关定价、库存 2. 拟定商品申报表 3. 设置活动安全库存 4. 制订主推款、常规款商品关联销售方案 5. 制订大促分销渠道商品规划、活动当天库存分配方案	1. 设计店铺首页及文案，包括预热期、预售期、尾款支付期等 2. 制作或优化商品详情页 3. 制作活动报名素材 4. 制作单品详情页、直通车推广详情页 5. 制作智钻、直通车推广素材及文案 6. 优化店铺自定义页面、商品列表页面 7. 制作轮换标志，包括发货、售罄、库存紧张、实时销售数据、页面倒计时等标志 8. 制作自主购物攻略页面	1. 制订活动期间广告资源方案 2. 制订直通车推广计划 3. 制订淘宝智钻广告投放方案 4. 制订淘宝客推广计划方案 5. 制订站外推广计划
活动预热		优化商品标题、增加实时热搜关键词	关注商品预热情况	关注相关页面是否符合用户需求	1. 站内预热：直通车、智钻等的投放，与淘宝客合作推广 2. 站外推广：抖音、微博等
活动爆发	预售	关注活动进展、时刻准备启动应急预案	关注商品预售情况		1. 关注访客量及收藏量，并适时调整流量导入方式 2. 大促专题页启用店铺推广、快捷推广等方式 3. 启动店铺推广，增加首页、类目页、详情页流量入口 4. 主推款采用关键字推广、定向推广的方式 5. 重点推广款采用关键字卡位、多计划推广的方式
	尾款支付	关注尾款支付情况	1. 新款销售跟踪、制作补货表（销售、收藏、转化率、浏览量等） 2. 关注库存变化，跟踪商品销售、尾款支付情况并及时补单		全方位推广

图4-41 部分大促活动计划

4. 开展活动测试

在活动蓄水期对促销方式进行短期测试，有利于商家调整运营方案，在大促活动正式开展时达到更优的促销效果。商家可以在上新时对预计的大促活动促销方式进行测试，通过观察和分析数据的变动查看其运用效果。如果没有达到预期的效果，商家则需要重新调整促销方式。

5. 开展活动推广

在大促活动时期，直通车、超级钻展等付费推广工具的费用相较于平时将大幅上涨，因此，为节约推广费用，商家可以在活动蓄水期开展推广活动以增加曝光量。商家一方面可以加大热销品、主推款的直通车、超级钻展、超级推荐等的投放力度；另一方面可以加大站外投放力度，投放渠道包括抖音、微博、微信等，实现多渠道、大力度推广。例如，淘宝上的一家帆布鞋店"行船"提前在大促蓄水期开始推广，一方面使用直通车等付费工具推广，另一方面在官方微博、微信公众号上传达大促的相关信息，不仅节约了推广费用，还取得了不错的效果，特别是商品的收藏加购率明显上升。

4.3.2　大促活动预热期运营

如果预热不充分，大促的效果将会大打折扣，因此，大促活动预热期的运营至关重要。在大促活动预热期，商家需要通过各种渠道将活动信息传递给消费者，检查各项准备是否充足，时刻关注网店的相关数据变动。

1. 活动通知

大促预热时，商家需要提前将活动信息传递给消费者，激发消费者的购买欲望。常见的活动通知方式有淘宝消息、短信、网店首页、直播和第三方平台等。

① 淘宝消息。淘宝消息是淘宝与消费者沟通的渠道，主要针对在网店中有过购买行为的消费者。商家可以在预热期发送大促活动通知和主推商品链接，促进二次消费，如图4-42所示。除此之外，淘宝粉丝群的消息也会在消息频道中出现，商家还可以在淘宝粉丝群中发送大促相关信息，或者发送红包喷泉等。

② 短信。商家可以通过短信将活动即将开始的信息准确地传递给消费者，但是，这种活动通知信息容易被手机判定为垃圾信息，从而被消费者忽略。

③ 网店首页。商家在设计网店首页时，可以添加大促的相关信息，包括大促标志、大促专题、优惠形式、活动攻略、倒计时等，有利于转化进店的流量，如图4-43所示。

④ 直播。如果网店开通了直播，可以提前一段时间在直播中持续进行大促预告。

⑤ 第三方平台。商家还可以在微博官方账号、微信公众号等开展大促预热活动，包括抽奖、评论活动等，吸引这些平台的用户关注网店大促。

图4-42　大促活动通知

图4-43　网店首页大促信息展示

2. 检查营销计划

为避免疏漏，商家在预热期应当检查商品库存、商品页面介绍和链接、活动信息、商品定价、优惠券等的设置是否正确，以及客服人员、后勤人员等是否充足且已培训完成，微信、微博、淘宝订阅等的营销是否做到位。

3. 提高收藏加购率

在大促活动预热期，商家需要密切关注网店各项数据的变动情况，特别是主推商品的加购率、网店的收藏率等。要提高商品和网店的收藏加购率，便要增强影响力和吸引力，商家可以从以下3方面入手。

● **参加官方活动**：官方活动力度大、影响范围广，因此，官方举办的每一个活动商家都要尽量参加，获得每一个活动背后的精准流量。

● **策划网店活动**：网店活动与消费者利益点直接相关，因此，商家可以通过策划网店活动来引导消费者收藏加购，包括提供折扣、开展商品预售和给予定金支付福利（如支付定金再减50元）、给予专属优惠券等。

● **优化图片文案**：优秀的图片文案能够在大促预热中抓住消费者的心理，加深商品价格和优惠力度在用户心中的印象，从而增加访客量和提高转化率。但是，商家在预热期尽量不要频繁地修改图片文案，否则可能会影响商品的权重。

4. 优化营销方式

大促活动预热期的会场排名根据商品加购金额从高到低依次排序，会场排名越靠前，网店的商品越容易被看到，也就越容易被消费者加购。因此，商家可以参考排名靠前的网店展示海报及营销方式，分析靠前的原因，不断优化自己的网店的展示页面和营销方式。

4.3.3 大促活动爆发期运营

爆发期是整个大促活动的重要时期，在这一时期，商家除了要做好营销引导外，还要做好商品管理和客户服务。

1. 营销引导

大促活动开始后，00:00~02:00通常是流量高峰时段，因此，商家可以提前在商品主图、商品标题、直播间标题等处标注只属于这一时间段的优惠信息，引导消费者在流量高峰期下单。例如，"00:00~01:00下单立减30元""第二件0元""前1000名下单立享500元精美礼品"等。这样，消费者便可能在大促活动开始后立即下单，而如果商家在第二天早上便快速发货，或者已经提前根据预售信息将商品分配到离消费者比较近的仓库，消费者便有可能获得当天下单当天收货的良好购物体验，从而给网店好评。

流量高峰时段过后，商家要做的便是突出大促活动的重要性，可以通过一些方式来营造紧张的活动氛围，如优惠倒计时、特定时间进行特定商品的下单抽奖、消费前3名送礼品等，让消费者产生不容错过的心理。

2. 商品管理

在引导消费者下单的同时，商家尤其要做好对商品链接和商品库存的管理，保证大促活动的顺利开展。

（1）商品链接的管理

大促活动爆发期意味着大促活动正式开启，所有的预售链接需要按时打开，且商品链接中与尾款支付的相关信息应正确。因此，商家需要检查商品的链接在加购页面、商品页面、支付页面等是否完好，并且是否按时打开、是否存在崩溃的情况、是否添加活动倒计时等。

（2）商品库存的管理

商品库存的变动影响着消费者的购买体验感，因此，商家需关注商品库存的变动情况，特别是热销商品、主推商品和活动款商品的变动情况，并将变动情况告知消费者。当库存不足时，商家需要及时补货，如无法补货则可在页面添加"库存紧张"的标签；当商品售罄时，可以将商品下架；当库存充足且数量变动较小时，商家需要考虑是否更换商品或优化商品页面、加大该款商品的促销力度。

3. 客户服务

大促活动期间不仅是一年中网店最繁忙的时期，而且是客服最忙碌的时期，还是体现服务质量的时期。在大促活动期间，客服除了不断地发送活动热销款、活动倒计时、活动优惠力度等信息，最重要的还是催付未支付订单。为更好地催付未支付订单，客服可以在设置页面开启"催付提醒"。如果消费者迟迟未支付，可定向推送相应的优惠券，或告诉消费者商品库存紧张等信息。

4.3.4　大促活动返场期运营

为了进一步提高销量，商家可以在大促活动结束后针对大促期间销量较高的商品做一波返场活动。返场活动的优惠力度可以与大促活动相同，也可稍微低一些，为体现不同，商品信息、推广对象及推广方式都要有所区别。

 知识补充——活动复盘

大促活动结束后，商家有必要对活动进行复盘，对活动的流程、进展情况、问题、效果等进行分析，以便改进。表4-3所示为针对商品销量、流量、促销方式、客服、物流等数据的复盘。

表4-3　大促活动复盘

项目	完成效果	存在问题	改进方法
商品销量	销量同比增长50%，达到预期效果；退换货率低	购买率远低于收藏加购率	改进促销方式
流量	直通车、超级钻展引流较好	搜索流量有所下降	优化关键词
促销方式	总体比上一次促销活动的效果好，消息提醒及时	主推商品的赠品价值低于消费者期待值	换成更有价值的赠品
客服	整体完成较好，消息提醒及时	个别售后处理不及时，有两个差评	加强培训
物流	发货较快，未出现包装破损的情况	物流信息更新不够及时	加快物流信息更新

1. 优化商品文案

大促返场时，参与促销的商品页面信息应该有所更改。在商品主图上，商家可以增添返场的相关话语、优惠力度及持续时间；在商品详细页，也可以根据大促期间的消费者反馈进行调整和优化，提升消费者的购物体验。例如，某款连衣裙在大促期间的文案为"小碎花设计，好穿、显高、显瘦的版型，泡泡袖设计，甜美十足"。商家经过观察后，发现消费者更注重裙子的包容性且更喜欢小一点的泡泡袖，因此在大促返场时将文案更改为"长短款设计，让更多女生能完美驾驭，高腰线设计，显高显瘦，小泡泡袖设计，甜美十足"。文案更改后，更容易吸引消费者购买。

2. 刺激忠实消费者消费

大促返场的推广对象主要是网店的忠实消费者。一方面，忠实消费者对网店足够信任且对商品也足够了解；另一方面，忠实消费者的复购率较高。商家可以为大促活动中购买金额较低甚至没有购买行为的忠实消费者提供专属优惠券，刺激其消费。

3. 转化推广方式

大促返场有利于网店稳定流量，提高转化率，因此，商家可以把推广的重心放在超级推荐和超级钻展上。一方面，商家要做好超级推荐的定向推广，精准人群画像，稳定转化率；另一方面，大促返场时超级钻展的优质资源展位相较于大促时紧张程度会有所缓解，商家可以加大超级钻展的投放力度。

4. 售后服务

在大促返场期，售后服务人员要做的工作主要有两项：一是继续给消费者发送大促返场优惠信息，进行最后一波大促推广；二是追踪已经在大促期间下单的消费者，做好沟通和维护，防止出现给差评的情况。

4.4 综合案例——卫龙的网店营销与促销

大刀肉、大面筋、魔芋爽，这些食品相信很多人都不陌生，作为制作出这些的食品的卫龙，也随着其商品的普及越发知名。由于所售商品的特殊性，卫龙在营销方面费了一番心思。在通过展示商品制作环境和流程来扭转大众对商品的认知后，卫龙开始进一步采取措施提升名气。在运营网店的过程中，卫龙一方面开展各类优惠活动，另一方面借助节日的热度开展促销活动。

4.4.1 开展优惠活动

为刺激消费者购买商品，卫龙会在首页设置相应的优惠活动。针对不同的消费人群，卫龙所设置的活动不同。针对所有消费者，卫龙会设置满减、第×件半价、满××包邮等优惠活动；针对网店会员，卫龙会设置相应的会员专享活动，包括新会员专享0.01元抢、充购物金享折上折等。为了扩大网店的知名度，卫龙也会参加淘宝官方开展的活动，并设置相应的优惠，图4-44所示为卫龙参与"淘宝吃货"活动所设置的相关优惠。

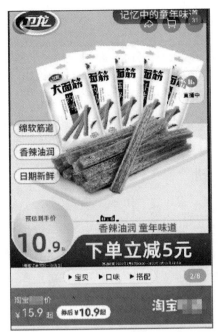

图4-44 "淘宝吃货"活动优惠

4.4.2 借助节日开展促销活动

与此同时，卫龙也会借助节日的热点开展营销和促销。2022年春节期间，淘宝等电商平台倡导"春节不打烊"，卫龙也响应该号召，并借助"春节不打烊"在春节期间相应开展第2件半价、59元一大箱等促销活动。为吸引更多的消费者在春节期间到网店购买商品，卫龙在网店首页的海报上打上"春节不打烊""第二件半价""年货紧急补，快递送到家"等字样，如图4-45所示。除了传统的节日外，卫龙也会借助淘宝官方开展的、具有重要营销意义的"电商节"，借助平台的热度开展相应的营销活动。

图4-45 卫龙网店首页海报

4.5 综合实训

在网店运营的过程中，网店不可能只开展一种营销活动，也不可能只采用一种促销手段。特别是中小型网店，为了达到更好的促销效果，往往会积极报名参加各种营销活动，综合采用多种促销手段，以达到提高商品销量的目的。为更好地掌握营销活动的参与方式和促销手段的运用技巧，接下来将通过综合实训对所学内容进行巩固。

4.5.1 为牛奶店报名聚划算活动

"三生"是一家淘宝牛奶网店，主打商品为纯水牛奶。由于纯水牛奶的单价较高，并且很多人对纯水牛奶比较陌生，所以购买纯水牛奶的消费者较少。为此，"三生"决定为主推商品报名聚划算活动，通过促销来刺激消费者购买，让更多的消费者了解并购买纯水牛奶。为了提升聚划算的营销效果，"三生"决定先了解聚划算的使用规则，再选择适合的频道报名。

1. 实训要求

① 了解聚划算的使用规则。

② 掌握聚划算的报名方法，并根据网店的要求进行报名。

2. 实训思路

① 进入千牛卖家工作台，单击"营销中心"面板中的"活动报名"超链接，打开"商家营销中心"页面，单击"活动报名"栏下的"聚划算"超链接，打开聚划算活动报名页面。

② 单击"聚划算"面板中的"规则中心"超链接，如图4-46所示。

图4-46 单击"规则中心"超链接

③ 在打开的页面中单击"聚划算招商规则"超链接，打开聚划算规则详情页面，查看聚划算招商规则，如图4-47所示。

④ 返回聚划算活动报名页面，单击"日常活动"选项卡，在"频道类型"栏下方选择准备报名的活动，并填写具体的信息，完成报名。

图4-47　查看聚划算招商规则

4.5.2　为牛奶店制订大促活动运营计划

"11·11"大促活动即将来临，"三生"也在为迎接"11·11"大促活动紧张地准备着。为了保证大促活动各阶段的工作顺利进行，也为了在大促活动中取得更好的效果，"三生"决定制订一个大促活动运营计划。计划中需详细安排各促销阶段的任务和目标，同时还需结合店内促销活动，达到拉新促活的目的。

1. 实训要求

① 掌握大促活动各阶段的运营方式，结合网店需求制订合理的运营计划。

② 熟悉常见的店内促销活动，根据网店要求分别设计针对新消费者和老消费者的促销方式。

2. 实训思路

① 蓄水期。"三生"在蓄水期的工作主要可以围绕网店装修、主推商品主图设计等方面展开，该阶段的工作如表4-4所示。

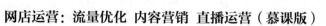

表4-4　蓄水期工作

项目	工作
网店装修	准备3套网店首页的装修方案：一套用于大促活动开始前，一套在大促活动爆发期使用，另一套用于大促返场期
商品主图	主图中要显示消费者参与大促跨店满减和使用店铺优惠券之后的到手价格，突出"11·11"的重要性，可将主推商品图片放在网店首页的前列
其他	检查商品库存是否充足，提前对客服进行培训

② 预热期。在大促活动预热期，"三生"可以通过免费推广和付费推广两种不同的渠道进行预热，如表4-5所示。

表4-5　预热期促销计划

渠道类型		预热工作
免费推广	淘内	在淘宝粉丝群、淘宝消息、淘宝直播中传递"11·11"预热信息、优惠力度、攻略等，号召消费者积极参与
	淘外	在官方微博、微信公众号等淘外平台发布宣传海报、文字等信息，开展抽奖等活动，对"11·11"进行预热
付费推广	淘内	运用直通车重点推广主推商品，运用超级推荐提高收藏率、加购率，结合淘宝客、聚划算提升"11·11"预热期的第一波流量

③ 爆发期。"三生"在大促活动爆发期，主要需做好售中管理工作，如客服人员做好催付工作，后勤人员及时发货，直播人员在催付的同时吸引更多的消费者购买。

④ 店内促销方式。"三生"的店内促销主要可以从促销折扣和会员营销两个方面来开展。首先，店内促销活动可以设置满减（如满200元减50元、满60元减10元）、多件多折（主推商品设置第2件半价）、一件几折（如活动款商品可设置为一件9折）。其次，针对新消费者可采用0元入会享福利、关注领券立减5元的促销方式，针对老消费者可以提供会员专享礼盒、充购物金的促销方式。最后，为突出大促活动前1小时的重要性，可采用大促活动前1小时付款享8折或立减10元的促销方式。

思考与练习

1. 找到两家同类型的淘宝网店，其中一家为消费者关注度高的网店，另一家为消费者关注度低的网店。要求：分别总结二者常用的网店促销手段，并分析各自的差异。

2. 小张在淘宝有一家3星网店，店内商品单价均在50元左右，其中，主推商品价格为55.9元。为进一步提高网店的销量，小张计划报名参加天天特卖活动，但不知如何选择商品，请提出你的建议。

3. "十里桃"是一家糕点网店，店内有粽子、咸鸭蛋、绿豆糕、青团等商品，其中，粽子是"十里桃"的主打商品，获得了很多的赞誉。端午节即将过去，"十里桃"想做一次促销活动，售卖剩下的2000份粽子和1000份咸鸭蛋，请你为"十里桃"选择一个合适的促销时机和合理的、符合消费者心理的促销手段。

4. 阅读材料，回答问题。

张章经营的淘宝网店第一次参加淘宝大促活动，他并没有意识到大促活动的重要性，因此，没有做好大促活动的前期准备，也没有制订相应的营销计划。等到大促活动真正开始后，他才发现网店不仅商品购买率低，就连平时优质的客户服务也出现了问题。

大促活动结束后，张章总结了问题的原因，并对大促活动的运营方式与技巧进行了学习和总结。在第二次参加淘宝大促活动时，张章根据网店的条件量身制订了一套促销方案，取得了不错的成绩。

在张章看来，大促活动中最重要的阶段便是蓄水期和预热期，只有了解了大促活动的规则和玩法，做好充分的准备和全方位的预热，才能取得理想的促销效果。

问题： （1）分析提前为大促活动做准备的意义；

（2）分析大促活动各阶段的特点，以及每一阶段的注意事项。

第5章 网店内容营销

本章导读

在2021年淘宝第一场直播机构大会中，淘宝内容电子商务事业部总经理表示："内容化，将是2021年淘宝的重大战略。"为了帮助商家更好地开展内容营销，淘宝出台了一系列内容营销扶持计划，如订阅图文内容搭配扶持计划等。淘宝还顺势推出了"天猫6·18超级晚"，首届"天猫6·18超级晚"就取得了不俗的成绩，相关话题的阅读量超过了20亿次。而在这样的成绩背后，各品牌内容的巧妙融合与输出贡献了巨大的力量，通过对向往的生活、购物体验等的艺术化表达，巧妙地搭建起了符合消费者心理需求的营销场景，实现了流量的爆发性增长。

内容营销，简单而言就是以内容为营销方式，以图片、文字、视频等与商家或商品销售相关的物质为载体，对与销售活动有关的消费者开展有价值的信息传播，以达到营销目的。与传统的营销方式不同的是，内容营销是一种潜移默化的"软"营销，通过持续不断地为消费者提供有价值的解决方案来解决实际问题，从而获得消费者的信任，而不是生硬地直接要求消费者记住商家或商品的名称。

学习目标

知识目标	了解好物点评团、有好货、品牌动态、每日好店、极有家、iFashion、美妆学院、天猫奢品、亲宝贝、酷玩星球、订阅、逛逛等淘宝主要的内容营销渠道 了解淘宝的图文营销趋势及营销技巧 了解淘宝主要的短视频类型及作用
素养目标	坚持原创，努力创造大众喜闻乐见的内容 严格遵守淘宝各项内容渠道发布规范 以创新为导向，以优质内容为核心，紧跟时代潮流

本章要点

好物点评团、有好货、淘宝达人、每日好店、订阅、逛逛

5.1　内容营销主要渠道

自淘宝移动端上线微淘以来，淘宝加大了对内容营销的重视程度，开发了多个内容营销渠道。发展至今，内容营销已成为淘宝网店运营中不可忽视的一部分。

5.1.1　好物点评团

好物点评团是淘宝移动端的经验分享平台，汇集了各类热门、新鲜、有消费引导性的生活资讯。发布在好物点评团中的内容主要分为两类：一类是有消费引导性的生活资讯，另一类是经验指导性文章。

1. 好物点评团的展示位置

好物点评团位于商品详情页消费者评价的下方、网店名称的上方。图5-1所示为好物点评团的展示位置和打开页面。

好物点评团中的内容通常切中了消费者对商品某一方面的需求，语气诚恳，有助于引导消费者购买。而且，好物点评团的内容详情页有"去购买"的超链接，其具有缩短消费者思考时间、降低跳失率的作用。一旦消费者被内容吸引，并决定购买，便可以通过点击这一链接完成消费行为。

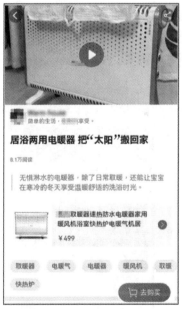

图5-1　好物点评团的展示位置和打开页面

2. 好物点评团设置流程

好物点评团需要商家设置后才会显示在商品详情页，其设置方法如下：进入千牛卖家工作台，单击"店铺管理"面板中的"店铺装修"超链接，打开淘宝旺铺管理页面。选择"商品装修"选项卡，打开"商品装修"设置页面，在"宝贝详情"面板中单击"操作"栏下的"更多"下拉按钮，选择"关联好物点评"选项，如图5-2所示。

图5-2 选择"关联好物点评"选项

5.1.2 有好货

有好货是淘宝重要的精品导购平台，遵循个性化算法的规律，致力于为高消费人群及追求高品质的人群提供优质的内容和服务。

1. 有好货入口

有好货在淘宝移动端和PC端首页都有入口，主要以好货单品、好货视频、好货攻略3种内容形式为消费者提供服务。淘宝移动端改版后，有好货并入了"猜你喜欢"中，消费者可以通过"猜你喜欢"中的入口进入相应的页面。图5-3所示为有好货的详情页面。在淘宝PC端，有好货的位置要比"猜你喜欢"的位置靠前，且非常醒目，如图5-4所示。

图5-3 有好货的详情页面

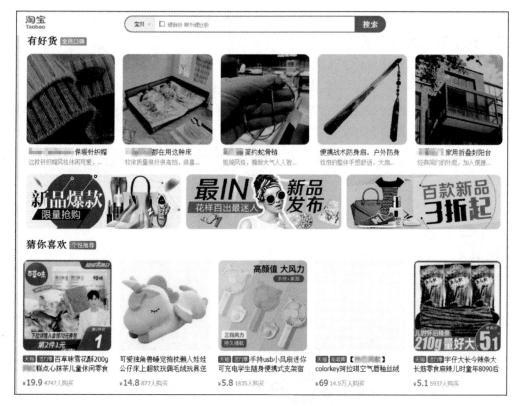

图5-4　有好货在淘宝PC端的展示位置

2. 有好货商品推广规则

有好货中的内容由商家或淘宝达人发布，但是，有资格在有好货中投稿的商家很少，绝大部分内容由淘宝达人投递。淘宝达人是淘宝中在相关领域专业性较强的、乐于分享、乐于购物的人群的统称，想要成为淘宝达人的可以登录阿里·创作平台申请成为淘宝达人。受有好货的人群定位影响，有好货对商品的要求较高，因此，淘宝达人在有好货中投递推广商品的内容时，其推广的商品通常分为以下类型。

● 知名高端品牌、高品质品牌、原创设计品牌等品牌商品。

● 新品上市的中高端商品、具有一定知名度的商品、能代表或引导当下流行趋势的商品、联名款商品。

有好货除了对商品的类型有要求外，还对商品内容的发布有要求。

● 图片上的商品、标题、推荐理由等需与商品详情页的信息保持一致。

● 图片可为商品白底图或场景图，但要构图合理、清晰度高、背景干净，同时，图片中的商品主体要完整、突出。选择白底图时，图片上不能有多余的背景、线条等未处理干净的元素，且图片只能是商品图。

● 一张图片只能展示一个主体（组合套装内的商品除外），如果有多种颜色的商品，择优展示一种。

● 服饰类商品只能展示一个模特（情侣装、亲子装除外），商品如果不是套装不使用全身照。

● 图片要能体现商品特点、功能，让消费者一眼可以看出商品外观、造型、功能等。

3. 有好货的优选重组原则

有好货的核心宗旨是提供优质商品和优质内容。在推荐优质商品和内容时，淘宝平台会根据各项数据指标，重新为入选的商品和内容匹配关联关系，这一原则也被称作有好货商品和内容优选重组原则。例如，内容营销者A在有好货中发布的内容A效果较好，但对应的商品数据较差，那么算法将会筛选其他网店中售卖的同款商品，并按照效果数据排序，优先为内容A匹配效果数据更好的商品，如图5-5所示，淘宝会依此重新进行组合，并更改内容所对应的原商品链接。

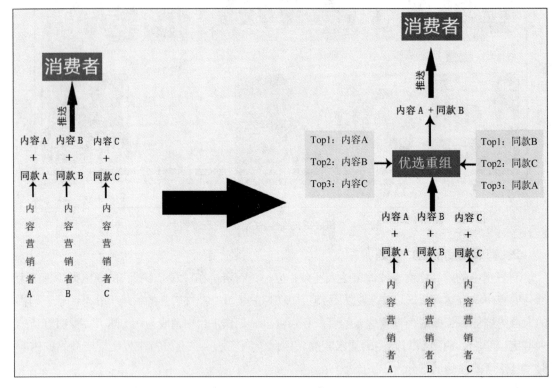

图5-5　有好货优选重组原则

商家在准备发布到有好货中的内容时，其图文内容应紧紧围绕商品创作，并且文案中还需对这类商品进行专业性、品质性、深度化的解读和描述，充分挖掘和介绍商品的卖点。

5.1.3　品牌动态

品牌动态是定位为深度解析品牌理念、分享优质品牌的内容型导购渠道，其目标人群是高端消费、追求高品质的人群。品牌动态以图文的形式向消费者分享高品质品牌，从而引起消费者对该品牌的兴趣。例如，图5-6所示为品牌动态在淘宝移动端的展示页面及内容详情页，其中的家纺品牌以睡眠为切入点，通过分享如何选择床品来介绍该品牌的核心价值，从而引起消费者对品牌的兴趣，激发消费者的购买欲望。

图5-6　品牌动态在淘宝移动端的展示页面及内容详情页

5.1.4　每日好店

每日好店为消费者分享不同的网店，并以趣味十足的语言吸引消费者，引导消费者点击和购买商品。图5-7所示为每日好店在淘宝移动端的展示页面及网店分享详情页面，在网店分享详情页中，商家通过阐述网店的品牌故事，将网店质朴、自然的风格展示得淋漓尽致，从而吸引追求这一家居风格的消费者点赞、收藏，甚至进店购买。

图5-7　每日好店在淘宝移动端的展示页面及网店分享详情页面

一般来说，如果商家的网店是以下类型中的任一类型，就可以尝试在每日好店中进行营销。

● **小众优质品牌**：不为大众所熟知的小众品牌，且网店的收藏率在7%及以上。

● **原创设计店**：网店的风格非常鲜明独特，且大部分商品为商家原创。

● **手工艺术品店**：网店当中的商品很大一部分为手工制作，且具有很强的艺术性和很高的艺术价值。

● **特殊风格的网店**：这类网店多为商家独创或者在行业中较为罕见，又或者想象力较丰富，商品受到一小部分消费者的喜欢。

● **领域专家的网店**：这类网店的商家通常是相关领域的领袖人物，有知名度和号召力，且网店的日常收藏率在7%及以上。

5.1.5 极有家

极有家是以美感搭配、专业攻略和真实分享为主的内容型导购渠道，极有家的目标人群为喜好或准备装修家的人群及追求美的居住环境的人群。为了更好地帮助消费者实现美好家居的梦想，也为了进一步激发消费者的购买欲望，极有家不仅提供了年度家居的趋势解读，还提供了图文、短视频等形式的装修设计建议，让消费者学习家居的装修设计技巧，从而购买心仪的商品。

1. 极有家内容类型

商家在极有家中推广的商品，除了有精美的主图和较高的评分外，还应当是中高端的商品。一般来说，输出的内容主要分为以下两类。

● **单品测评**：在进行内容输出时，如果是对单个商品进行测评，那么，商家需要结合竞品对该商品进行全面的比较和分析，给消费者分享专业和全面的资讯。例如，商家在极有家中发布一篇推广茶几的文章，可以将该茶几的材质、设计感等与其他网店中的茶几进行比较和分析。

● **场景方案**：如果是为某一具体家装场景提供解决方案，那么，商家需要充分调动具有实用性的百科知识，提出合适的解决方案，同时，可以在方案中推荐相应的商品。图5-8所示为极有家中家的一平方米板块的展示页面及内容详情页，在内容详情页中，商家针对如何利用好每一平方米这一具体场景，为消费者提供如何打造家的幸福角的解决方案，并巧妙地将网店中的家居商品融入其中。

2. 极有家活动投稿途径

商家如果要在极有家发布内容，就需要在阿里·创作平台参与极有家相关活动并投递活动稿件。极有家活动投稿主要有以下两种途径。

① 在阿里·创作平台首页的"精选热门活动"面板中单击"查看更多活动"超链接，在展开的面板中选择可参加的极有家活动，并单击"立即参与"按钮参与活动。

② 在阿里·创作平台首页左侧的导航栏中单击"投稿"栏下的"活动投稿"选项，在展开的面板中单击"邀请我的活动"选项卡，选择可参与的极有家活动，单击"立即参与"按钮参与活动，如图5-9所示。

图5-8 极有家中家的一平方米板块的展示页面及内容详情页

图5-9 参与极有家活动

5.1.6　iFashion

iFashion定位为潮流风格、美感搭配，是淘宝专为追求时尚的年轻群体打造的服饰搭配内容导购渠道，主要分为时尚店铺（iFashion Shop）、时尚短视频（iFashion TV）和今日穿搭（iFashion OOTD）3个板块。

● **时尚店铺**：时尚店铺板块按照店铺的不同风格及近365天的复购率进行了综合排序，以排名的高低反映店铺的质量，从而为消费者选择店铺提供依据。图5-10所示为iFashion中某一风格的店铺排行榜。

● **时尚短视频**：时尚短视频精选了内容营销者投递的穿搭短视频。内容营销者在投递时尚短视频时，应根据自身经验和审美提出合理、有效的解决消费者在实际生活中某一具体场合的穿搭问题的方案。图5-11所示为解决职场年轻女性的穿搭问题而提供的通勤穿搭方案。

● **今日穿搭**：今日穿搭提供的是时尚单品。内容营销者应投递体现自身对所分享时尚单品的真实感受的内容，并分享该时尚单品适合的穿搭方式。图5-12所示为内容营销者在今日穿搭中投递的内容，主要分享一款鞋子上脚的效果，并且阐述了这款鞋子的具体穿搭方式。

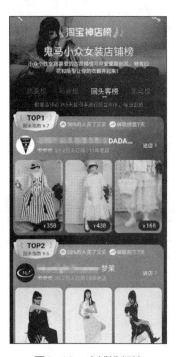
图5-10　店铺排行榜

图5-11　通勤穿搭方案

图5-12　鞋子上脚效果和穿搭方式

5.1.7　美妆学院

美妆学院是以真实分享、知识教程和榜单盘点为主的内容型导购渠道，专注于美妆分享，从美妆商品评测、美妆教学教程、真实变美心得3个方面全方位地向消费者普及美妆知识，解决消费者对美妆的各种疑问。

● **美妆商品评测**：美妆商品评测中的内容为个人对商品的实际使用感受。例如，从商品成分、价格、实际效果等方面对商品进行全面的分析。图5-13所示为内容营销者对某一美妆商品的评测。内容营销者投递评测内容时，评测内容应紧紧围绕商品展开，且评测方法应相对专业和科学。例如，评测防晒美妆商品时应按照《化妆品安全技术规范》科学评测；评测化妆品的保湿功效时，应按照《QB/T 4256-2011化妆品保湿功效评价指南》科学评测。

● **美妆教学教程**：美妆教学教程以分享真实的上妆过程为主，并将上妆步骤依次拆分以便教学，在教学的过程中推荐合适的商品。

● **真实变美心得**：真实变美心得旨在引起消费者的情感共鸣，通过图文的方式向消费者推荐单个美妆商品。内容营销者在投递真实变美心得相关内容时，应当将自身的使用经验和消费者的人物特征、身份等相结合，并以真实的消费者口吻进行分享，并贴近消费者的真实生活。

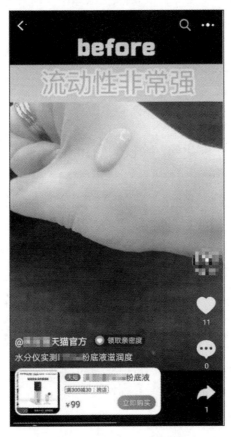

图5-13 某一美妆商品的评测

5.1.8 天猫奢品

天猫奢品是以品牌好物推荐为主的内容型导购渠道，旨在为追求高品质的人群提供权威、高端、时尚和潮流的内容，以图文的形式向消费者传递品牌的价值。内容营销者在天猫奢品中投递推荐商品的内容时，用故事性、场景性的内容对商品进行包装更容易让消费者接受所推荐的商品。图5-14所示为天猫奢品的打开页面。

图5-14 天猫奢品打开页面

内容营销者可以在阿里·创作平台参与天猫奢品活动，在打开的活动投稿页面中单击"邀请我的活动"选项卡，找到天猫奢品活动，单击"立即参与"按钮参与活动，如图5-15所示。注意，"天猫奢品手淘搜索经验tab合作投稿"活动只有天猫奢品频道的商家才能参与。

图5-15 参与天猫奢品活动

 知识补充——天猫奢品内容投递

    参与天猫奢品活动后，淘宝移动端的天猫奢品首页顶部区域会有品牌名称，点击进入后，才会显示投递的内容。

5.1.9 亲宝贝

亲宝贝是以亲子知识和育儿经验分享为主的内容型导购渠道，旨在为孕妇、新手妈妈等人群提供经验。为了满足消费者对不同亲子教育的需要，亲宝贝提供了直播和图文两种内容呈现方式，分别在直播和育百科两个板块中展现。

● **直播板块**：直播板块汇集了与亲子教育、育儿相关的大量网店，消费者在"我的"板块记录亲子的成长历程后，淘宝将根据孩子所处的阶段向消费者推荐符合的网店直播，以直播的形式向消费者推荐商品。

● **育百科板块**：育百科板块中汇集了上万篇科普育儿专业知识的文章，这类文章侧重于讲解育儿过程中的安全健康、洗护喂养等方面的知识，并在讲述的过程中向消费者推荐相关的商品。图5-16所示为育百科中一篇以孕期肌肤护理为核心的文章的内容详情页。

图5-16 育百科文章内容详情页

5.1.10 酷玩星球

酷玩星球是以电子产品、科技和二次元相结合的商品分享为主的内容型导购渠道，旨在为追求科技感的人群推荐符合心意的商品。酷玩星球以商品评测和新品直接推荐为主，通过某一商品的评测短视频以及新品的推荐榜单两种形式向消费者推荐商品。图5-17所示为某款耳机的评测短视频和按新品发布时间列出的新品的功能概述排行榜。

图5-17　某款耳机的评测短视频和新品的功能概述排行榜

5.1.11　订阅

订阅是淘宝内容营销再升级的具体体现，在深化网店与消费者之间的互动方面做到了两个方面的升级：一个是关系升级，从粉丝运营到关系运营，进一步更新亲密度发放机制，积极为网店拓展可运营的人群；另一个是供给升级，一方面强化了上新能力，并且覆盖了多场景的新品首发场景，另一方面从粗放式的粉丝运营到精细化的私域运营，实行了以券为主的合作权益模式。订阅在连接网店与消费者、商品与消费者方面起到了非常重要的作用，通过图文、短视频等方式，以一种更加轻松、有趣的互动方式与消费者沟通交流，更好地传递网店理念、优惠折扣、热销商品等内容，实现内容的有效传递。

1. 订阅入口

订阅是淘宝移动端的重要组成部分，也是不可缺少的平台级私域阵地，其入口位于淘宝移动端顶部的导航栏中，如图5-18所示。对于商家而言，订阅是重要的关系人群运营阵地，通过订阅首页、订阅列表及网店动态三大场景互联，为商家搭建起较为完整的关系矩阵，如

图5-18　订阅在淘宝移动端的入口

图5-19所示。商家可以在订阅中对消费者进行深度运营，按照粉丝亲密机制对粉丝、会员、新消费者、忠实消费者等人群实行不同的运营策略。

（a）订阅首页

（b）订阅列表

（c）网店动态

图5-19　订阅的三大场景

2. 引导粉丝订阅

商家参与订阅运营的前提是有粉丝，商家所积累的会员和活跃粉丝代表着可以在订阅中获得的流量。引导粉丝订阅后，商家可以在订阅中通过3个途径获取流量："我的淘宝-订阅店铺""订阅-常访问的""订阅-最新动态"。商家积累粉丝后可以在"我的淘宝-订阅店铺"中得到展现，积累活跃粉丝后可以在"订阅-常访问的"中得到展现，发布订阅动态后可以在"订阅-最新动态"中得到展现。

3. 发订阅

为方便商家获取订阅渠道的流量，订阅为商家提供了多种内容发布工具，主要可以分为货品动态、导购内容、互动玩法和人群权益4种类型。

● **货品动态**：货品动态以发布新品动态为主，为商家提供了多品上新、多品预上新、新品买赠、新品首发、清单等发布工具。注意，多品预上新仅限最近15天内已经上架且即将开售的新品。

● **导购内容**：导购内容旨在为消费者提供搭配、评测的图文、视频，商家可以使用图文搭配、图文评测、视频搭配、视频评测和买家秀等工具发布与商品相关的导购内容。其中，通过买家秀发布的内容会显示在商品详情页"宝贝评价"下方的"买家秀"模块中。

● **互动玩法**：互动玩法为商家提供了多元化的互动方式，商家可以使用网店派样等工具与消费者互动。

● **人群权益**：人群权益旨在为商家提供服务于不同消费者的差异化权益，实施精细化运营。商家可以使用粉丝专享券、会员专享券等工具，维护消费者的权益。

不同的发布工具适用于不同的场景，商家发布订阅时，可以根据具体需求选择不同的发布工具。若商家需要发布上新动态，可选择货品动态工具。下面以多品预上新为例介绍发布订阅的方法，具体操作如下。

步骤1：进入千牛卖家工作台，在左侧的导航栏中单击"内容运营中心"栏下的"发订阅"超链接，如图5-20所示。

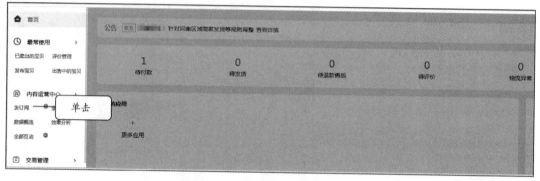

图5-20 单击"发订阅"超链接

步骤2：打开订阅首页，选择"发布工具"下"货品动态"选项下的"多品预上新"选项，单击对应的"发布"按钮，如图5-21所示。

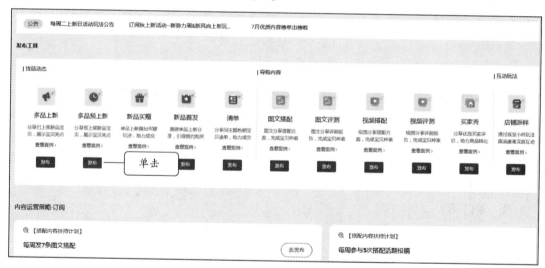

图5-21 单击"发布"按钮

步骤3：打开"发布多品预上新"页面，在"文案设置"面板中的"预上新文案"文本框中输入文案信息，文案中应包含新品即将上线时间、权益、卖点等内容，这里输入"【8月15日上新】这3款都是百搭商品 夏日率性穿搭，自信由内而外满200元减15元"，如图5-22所示。

图5-22　输入预上新文案

步骤4： 在"宝贝设置"面板中，单击"添加预上新宝贝"栏下的"添加宝贝"超链接，在打开的对话框中选择预上新的商品，如图5-23所示，然后单击"确认"按钮，最后单击"新品开售时间"选择上新时间，完成在"宝贝设置"面板中的设置。

图5-23　选择预上新的商品

步骤5： 在"添加互动"面板中，单击"互动玩法"超链接，在打开的对话框中单击"选择配置"超链接，如图5-24所示。

图5-24　单击"选择配置"超链接

步骤6： 打开"盖楼"面板，单击"创建新互动"按钮。打开"创建盖楼互动"页面，在"标题"文本框中输入活动主标题，这里输入"盖楼领取优惠券"，单击"奖品图片"栏后的"添加图片"超链接，在展开的"选择图片"对话框中选择奖品图片，如图5-25所示，然后单击"确认"按钮。

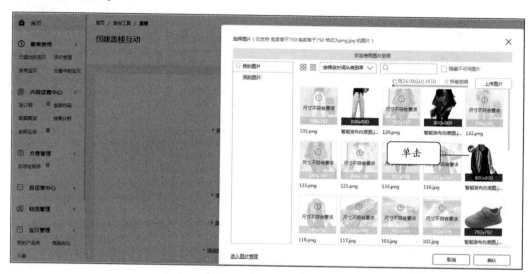

图5-25 选择奖品图片

步骤7： 在"奖品名称"文本框中输入奖品的名称，这里输入"优惠券"；然后设置奖品数量，这里输入"5"；设置活动时间为"2021-08-01 00:00—2021-08-08 00:00"，如图5-26所示。

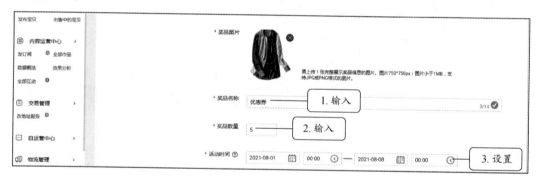

图5-26 设置奖品名称、奖品数量和活动时间

步骤8： 在"活动规则"文本框中输入盖楼的活动规则，这里输入"参与盖楼即可参与活动抽奖，每人限领1份，领完为止。"；设置中奖规则，这里单击选中"按指定楼层抽取"，输入楼层数为"11"，在"盖楼寄语"文本框中输入文本，这里输入"早来机会更大哦"，如图5-27所示。完成后单击"提交"按钮，完成盖楼互动活动的创建。

步骤9： 单击"下一步"按钮，在"选择发布渠道"面板中单击选中"订阅"复选框，然后在"发布设置"栏下设置发布时间，这里单击选中"发布时间设置"后的"使用定时发布"单选项，设置发布时间为"2021-07-31 00:00"，如图5-28所示，最后单击"提交"按钮，完成多品预上新。

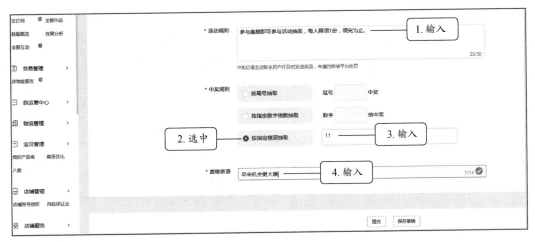

图5-27　设置活动规则、中奖规则、盖楼寄语

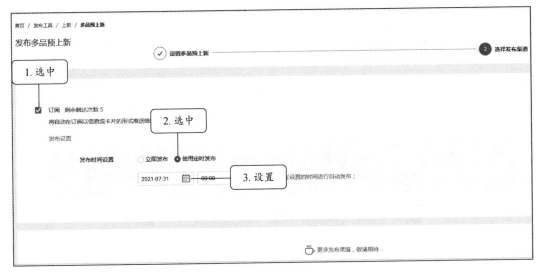

图5-28　选择发布渠道

4. 订阅运营策略

在订阅日常运营过程中，商家可以以周为单位来规划每天的发布内容，以获取消费者的持续关注，提高商品的转化率。与此同时，淘宝官方为了扩大订阅的影响力，也出台了一系列的扶持计划，并且会不断策划不同的官方活动，例如8月订阅上新日活动等。符合资质的商家应当尽量参加，以获得淘宝官方的支持。

（1）规划每周订阅内容

在规划每周订阅内容时，商家可以细化到具体的时间段，并根据消费者的访问习惯、购买习惯安排各时间段的发布内容，且每个时间段的发布内容应固定。每周订阅内容规划可参考表5-1。为了找准合适的发布时间，商家应对每一个时间段进行测试，选取效果好的时间段。订阅每天的发布条数受商家等级等因素的影响，并非固定不变。

表5-1 每周订阅内容规划

内容条数	时间	星期日	星期一	星期二	星期三	星期四	星期五	星期六
		8月1日	8月2日	8月3日	8月4日	8月5日	8月6日	8月7日
1	10:00	预上新	预上新	搭配	买家秀	买家秀	搭配	搭配
2	14:00	无	上新	无	无	无	上新	直播
3	17:00	清单	买家秀	买家秀	清单	搭配	无	无
4	20:00	直播	直播	直播	直播	直播	直播	上新

（2）参与官方活动

商家可以通过"千牛卖家工作台－内容运营中心－发订阅－公告"途径实时了解官方发布的订阅活动，进入千牛头条页面选择想要参加的活动，了解相关的要求后发布符合要求的订阅内容，也可通过提供的链接发布符合规定的订阅内容。

除此之外，商家可以在"发布工具"面板下方的"内容运营策略－订阅"面板中查看淘宝提供的内容运营策略，或者单击"内容运营策略－订阅"面板左上方的"更多"超链接打开策略中心，查看并完成相应的任务，获取更多的流量，如图5-29所示。

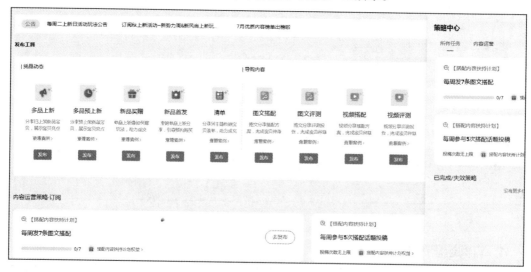

图5-29 查看内容运营策略

5.1.12 逛逛

逛逛是买家秀的升级版，是淘宝内容场景的重要组成部分，其定位是真实生活分享社区，通过有趣、有内容的短视频向有不同爱好的消费者分享优质商品。随着"95后""00后"等逐渐成为电子商务消费主体，逛逛成为众多品牌商投入占比非常高的内容平台，也是推销新品的首选阵地。商家可以利用逛逛的特性，在这一渠道发布推荐新品的相关内容，实现高效推广。

1. 逛逛入口

逛逛是淘宝移动端的主要内容之一，同订阅一起构建起淘宝移动端的内容矩阵，其入口位于淘宝移动端底部的导航栏中。图5-30所示为逛逛入口。

2. 逛逛的推荐逻辑

逛逛基于消费者"逛"淘宝的习惯，营造购物"现场感"，根据消费者的购物特性、偏好等向消费者推荐相应的内容。逛逛内容推荐的先后顺序由内容质量决定，内容质量越优则越优先推荐。内容质量的判断由淘宝内容审核标准及内容的互动率（如点赞数、完播率等）共同决定。质量越优的内容越容易获得在公域渠道展示的机会。一般来说，内容精选率在80%以上的为优秀内容。

3. 发布逛逛

逛逛中的内容是由淘宝达人发布的图文和短视频，部分短视频下带有商品链接，但大部分内容与直

图5-30　逛逛入口

接促成交易无关。拥有淘宝账号的消费者也可以在逛逛中发布内容，通过"淘宝移动端 – 逛逛 – 个人中心 – 立即发布"路径可以在逛逛中发布内容，发布的内容自动流入逛逛。

商家可以在营销活动中心报名逛逛官方活动（见图5-31），根据活动要求发布相应的内容即可。

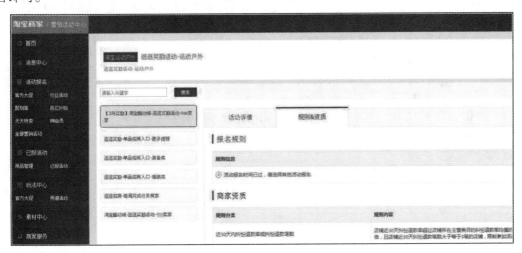

图5-31　报名逛逛官方活动

5.2　淘宝图文营销

图文营销以图文发布为主，具有传播速度快、创作方便的特点，是大部分内容平台的主要营销方式。图文同样是淘宝的主要展现方式之一，商品的介绍需要图文，买家秀需要图文，各渠道的内容发布等也离不开图文，因此，了解淘宝中图文营销的相关信息对商家而言非常重要。

5.2.1 淘宝的图文内容创作者

淘宝中的图文内容创作者主要分为两类：一类是商家，另一类是淘宝达人。通常情况下，淘宝移动端首页的图文内容由淘宝达人提交和上传，商家以参加活动的形式或者在私域流量渠道发布内容后被淘宝抓取到公域流量渠道。图5-32所示为商家和淘宝达人推荐的内容展示。

图5-32　商家和淘宝达人推荐的内容展示

商家可以通过阿里V任务（阿里巴巴旗下的内容营销一站式服务平台），寻找淘宝达人。图5-33所示为阿里V任务的相关页面。

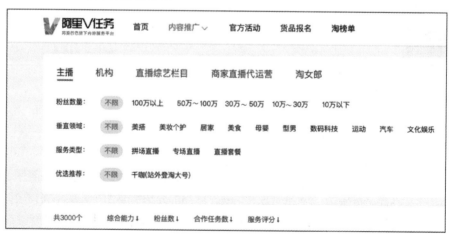

图5-33　阿里V任务的相关页面

5.2.2 淘宝的图文营销趋势

近年来，淘宝在不断拓展内容营销渠道、改革内容营销方式，推动内容营销向更便捷、更实用、更全面的方向发展。作为内容营销重要方式之一的图文营销也在变动中向着好的方向前进。

1. 淘宝达人数量增多

作为淘宝主要内容创作者的淘宝达人，在淘宝上的注册人数已超过100万，得到淘宝官方认证的达人数已经超过3万。同时，淘宝培育了众多知名达人，其中，年收入超过百万元的已突破百人。

为了进一步推动内容创作，2021年，淘宝推出了"有光计划——百人大咖"项目。有关计划实施后，淘宝加大对所有内容创作者的扶持力度，给予更多的现金激励和流量扶持。在有关计划的基础上，淘宝将重点孵化100个百万粉丝级别的头部创作者，这些头部创作者将享受淘宝平台商业活动、市场推广、流量浮现等方面的资源。这对加强图文营销的影响力有着非常重要的意义。

2. 图文营销渠道效用增强

为规范内容营销，淘宝对内容营销渠道进行了整合和分割，整顿之后的内容营销渠道针对性更强，人群触达效果也更加明显。好物点评团、有好货、品牌动态等重要的图文营销渠道提供的图文内容更接近目标人群。例如，好物点评团位于买家秀下方，可以吸引会主动点击好物点评团并查看相关信息的消费者。又如，有好货的入口虽然并入了"猜你喜欢"当中，但是根据"猜你喜欢"的个性化推荐机制，有好货推荐的商品更符合对应消费者的喜好，消费者点击进入有好货页面时目的性更强。

5.2.3 图文营销技巧

图文营销的重点是将图文推送到消费者面前，刺激消费者购买商品。而要达到更好的效果，仅靠商家本身的力量难以实现，特别是知名度较低的商家。因此，商家可以采取一些营销策略。

1. 不同商品类目的图文营销

不同商品类目的图文营销方式不一样，只有采取适合的营销方式，才能使图文营销成功。表5-2所示为几种常见的商品类目适合的图文营销方式。

表5-2 不同商品类目的图文营销

商品类目	图文营销方式
服饰类	商家可以展示试穿、搭配等图文内容，并通过订阅、买家秀等形式吸引消费者
美妆类、小家电类	商家可以找淘宝达人合作，通过在图文中展示美妆的试色、小家电的评测等吸引消费者
食品类	商家自行在订阅发布买家秀、评测等图文内容
家具类	在发布图文内容时，要采用能够展示商品整体和细节的图片，文字要结合商品图片进行详细介绍

2．多渠道投放

淘宝中的内容营销渠道众多，其中有不少适合图文投放的渠道。为了扩大营销范围，商家可以多渠道投放，尽可能多地覆盖消费者能够接触的页面。同时，尽可能多地参与各渠道中符合参与要求的活动，加深消费者的印象。

3．与淘宝达人合作

淘宝达人在一定程度上发挥着意见领袖的作用，拥有大量精准的粉丝，且粉丝黏性较强，在所属领域很有影响力。商家可以选择与淘宝达人合作，提升商品和网店的曝光量，甚至可以联合众多淘宝达人推广商品和网店，从而扩大商品和网店的影响力。

课堂案例

康毅是一名淘宝达人，在一次与商家合作时，没有注意到推广的商品为假冒注册商品，发布该商品的推广内容后，被淘宝察觉，被扣分处理，且被限制图文、短视频等内容发布7天。此事给了康毅很大的警醒，他在此后的内容发布中严格按照相关规则执行。

在淘宝上发布信息、推广商品的商家或淘宝达人，都应当遵循《内容创作者管理规则》，不得违规推广假冒商品。违反相关规则的内容创作者将被扣分处理，当扣分达到节点后，甚至会被清退。商家或淘宝达人可在规则中心查看详细规则。

5.3　淘宝短视频

短视频具有时长短、传播速度快等特点，比图文更生动形象，且符合消费者碎片化阅读的需要。因此，淘宝引入了短视频，通过短视频向消费者传递商品功能、属性、场景、品牌效应等卖点，从而引起消费者对商品的兴趣，激发消费者的购买欲望。淘宝短视频按用途不同分为主图短视频、详情页短视频和"种草"短视频，每一类型的短视频都有各自的特点。

5.3.1　主图短视频

主图短视频位于商品详情页，打开商品详情页后淘宝将自动在商品主图位置播放主图短视频。主图短视频主要展示商品的功能、使用方法、制造技术等，让消费者进一步了解商品。与纯商品图片相比，主图短视频能够更为直观、有效地向消费者传递商品信息，增加消费者在商品页面的停留时间，进而提高商品转化率。图5-34所示为淘宝PC端和移动端的商品主图短视频，主图短视频展示了商品的原材料、冲泡方法，消费者从中可以直观地了解商品的卖点。

主图短视频作为强有力的商品内容输出方式，其发布有着一定的要求。

●**时长**：主图短视频的时长不得超过60秒，建议商家将时长控制在30秒左右，这样既能保证较为全面地展示商品，又不会因为时长过长而引起消费者的反感。

●**尺寸比例**：主图短视频的尺寸比例遵循淘宝对短视频尺寸的一贯要求，其尺寸比例应为16：9、1：1或3：4。

图5-34　商品主图短视频

● **图像**：主图短视频中的图像应清晰美观，无水印、无二维码、无片头与片尾，且不建议使用电子相册式的图片翻页视频。

商家可以在发布商品时发布主图短视频，还可以在详情装修页面上传主图短视频。商家可以通过"千牛卖家工作台—店铺装修—详情装修"路径打开"商品装修"页面，在"宝贝详情"面板中单击"上传主图视频"超链接，如图5-35所示。在展开的面板中单击"上传视频"超链接，在素材中心中选择准备好的商品主图短视频，通过此途径上传的商品主图短视频的尺寸比例为3∶4。

图5-35　单击"上传主图视频"超链接

5.3.2　详情页短视频

详情页短视频是对主图短视频的补充介绍。在详情页短视频中，商家可以对主图短视频中未提到的信息进行补充，包括商品的构造、使用场景、特点、制作流程等。例如，家居类商家可以在商品详情页中展示商品的具体安装步骤等。因此，商家要重视商品详情页短视频。图5-36所示为商品详情页短视频在淘宝PC端和移动端的展示位置。

商家可以在详情装修页面发布商品详情页短视频。下面以女装阔腿裤为例发布详情页短视频，具体操作如下。

图5-36　商品详情页短视频的展示位置

步骤1：在展开的"宝贝详情"面板中，单击"详情装修"超链接，打开"旺铺-详情装修"页面。单击"图文详情"列表下的"装修详情"按钮，如图5-37所示。

图5-37　单击"装修详情"按钮

步骤2：打开"旺铺-详情编辑"页面，选择页面左上角的"基础模块"选项，在展开的面板中选择"视频"选项，然后选择详情页短视频类型，这里选择"宝贝故事"选项，如图5-38所示。

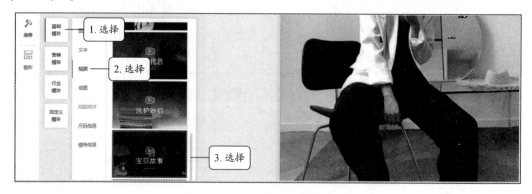

图5-38　选择"宝贝故事"选项

步骤3：在商品详情页末尾会出现"视频"模块，在"视频内容介绍（必填）"文本框中输入视频介绍内容，这里输入"商品详情"，单击"添加视频"超链接，如图5-39所示；打开"选择视频"面板，单击"上传视频"按钮，单击"上传"按钮，打开"打开"对话框选择商品详情页短视频，选择后单击"打开"按钮，如图5-40所示；上传视频后等待审核，审核时间较短，几分钟内便可得知结果，审核完成后单击"确认"按钮，完成详情页短视频的上传。

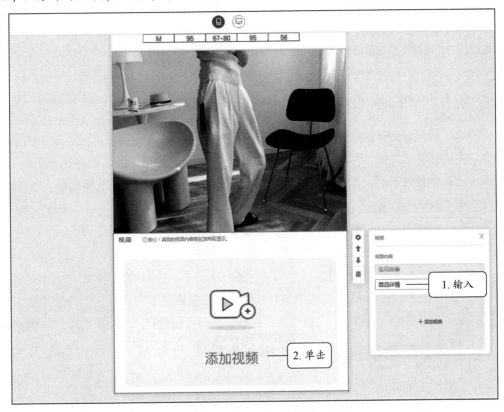

图5-39　单击"添加视频"超链接

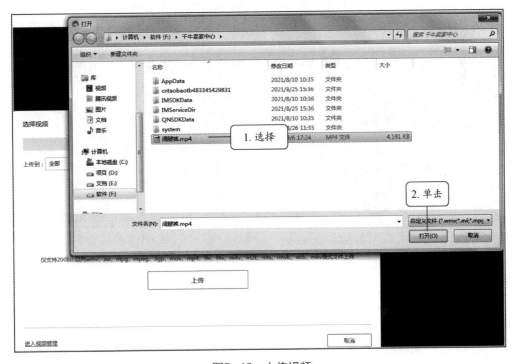

图5-40　上传视频

知识补充——上传PC端详情页短视频

上传PC端详情页短视频，商家需要在淘宝服务市场中订购"淘宝视频服务（PC端）"工具，订购成功后，可在商品详情页编辑页面的"宝贝视频"栏下上传短视频。

5.3.3 "种草"短视频

"种草"短视频是对为商家引来公域流量的短视频的统称，这类短视频通常投放在哇喔视频频道、主要搜索结果页、淘宝移动端首页"猜你喜欢"、有好货频道等渠道中，通过在公域流量渠道增加短视频的曝光量，吸引消费者观看短视频，从而提高商品的转化率。图5-41所示为短视频内容创作者与消费者的连接流程。

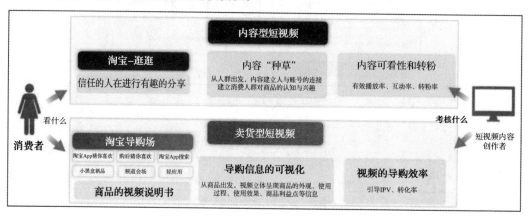

图5-41 短视频内容创作者与消费者的连接流程

1. 哇喔视频

哇喔视频是淘宝移动端短视频精选平台，是年轻人的新、奇、好物发现地。哇喔视频的目标人群主要分为3类，即年轻且富有创造力的在校学生、对外观和价格敏感的职场新人、容易被短视频吸引的人群。哇喔视频中的短视频内容通常有以下特性。

● **可买**：短视频中展示进店福利以引导消费者进店。

● **有用**：短视频内容实用性强，包括商品的专业讲解、技能知识等。

● **好看**：商品外观漂亮，视频拍摄时巧妙运用滤镜、运镜等。

（1）哇喔视频发布路径

哇喔视频的发布路径根据发布者身份的不同而不同，主要分为商家发布路径和淘宝达人发布路径两种。

● **商家发布路径**：在私域流量渠道发布过短视频的商家皆可参与哇喔视频内容生产，但是不同层级和身份的商家参与方式不一样。短视频V3/V4层级的商家可以到素材中心后台发布短视频，内容审核后短视频将自动流向哇喔视频。短视频层级未达到V3/V4的商家可以通过"千牛卖家工作台→发布商品→发布主图视频"路径上传短视频，优质且符合哇喔视频内容质量要求的短视频将自动流向哇喔视频。

● **淘宝达人发布路径**：哇喔渠道达人及层级达到L2及以上的淘宝达人可以参与哇喔视频内

容生产，有达人账号且有哇喔视频投稿权限的淘宝达人可以通过"创作者平台→频道投稿→哇喔视频→审核通过→进入哇喔视频"路径投放短视频，有达人账号但没有哇喔视频投稿权限的L2层级及以上的淘宝达人可以通过"创作者平台→发微淘视频→流入哇喔视频→优质采纳"路径投放短视频。

 知识补充——商家的短视频发布层级

> 淘宝短视频的发布有一定的分层标准，根据商家的短视频生产能力（包括短视频的生产量与质量、短视频生产活跃度）可以将商家划分为不同的层级。

（2）打造优质的哇喔短视频

优质的哇喔短视频内容能够获得更多消费者的注意，不同类目属性的商品内容的打造方式不同。表5-3所示为多种优秀的哇喔短视频内容打造方式。

表5-3 多种优秀的哇喔短视频内容打造方式

商品类目	商家	淘宝达人
服饰箱包	内容方向：商品搭配 内容设计：给予消费者多套穿搭方案，如减龄的少女搭配方案、酷飒穿搭方案等；通过切换不同场景、变装、模特演示等展现商品的特性	内容方向：服饰品类分享，向消费者分享线上探店或线下探店成果 内容设计：讲解真实，给予穿搭意见；对商品的材质、功能、设计细节充分了解，视频中展示商品细节
美妆护肤	内容方向：单品推荐，向消费者展示商品的重要成分、技术以及功效 内容设计：采用诚恳的语气描述和推荐商品，用花字提炼核心要点，为商品的重要成分、技术及功效背书	内容方向：提供问题解决方案，向消费者展示真实遇到的问题，并推荐帮助自己解决问题的商品 内容设计：首先，采用固定的打招呼式开头；其次，讲述自己遇到的问题；再次，解决问题，讲解商品的核心功能，并有细节演示辅助；最后，讲述商品带来的惊喜，引起情感共鸣
户外健身	内容方向：鞋子测评 内容设计：现场开鞋盒，展示真实的使用场景，对不同鞋子进行介绍，让消费者快速了解鞋子的多维信息，引导消费者进店购买	内容方向：健身照拍摄技巧 内容设计：从消费者的角度出发，展示常见的错误拍摄方案，然后提供正确的拍摄教程，对比两种方式
美食	内容方向：试吃 内容设计：直接试吃商品，营造食用场景，并展示商品的细节	内容方向：美食教程 内容设计：展示某道菜的教学过程，从材料准备到最后成果展示；拍摄时，近景、远景等不同景别切换，为后期提供丰富的画面；剪辑时，选择能够还原美食颜色的滤镜

续表

商品类目	商家	淘宝达人
家居	内容方向：家装解决方案 内容设计：根据经济情况将消费者划分为不同人群，为消费者推荐相应的家装商品，包括壁纸、地板、灯具等；以租房人群为例，为这类人群推荐优质且兼具性价比的壁纸、地板贴、小彩灯，提供改造出租房的解决方案	
玩具	内容方向：商品制作演示 内容设计：展示商品整体的制作流程和玩法，多维度、立体地呈现视觉效果；以乐高为例，展现乐高的整个拼凑过程及不同的玩法	

2. 其他类型的短视频

除了哇喔视频外，商家还可以在逛逛或订阅等渠道发布短视频，优质的短视频可以被推荐到主要搜索结果页、淘宝移动端首页"猜你喜欢"等页面。图5-42所示为淘宝移动端首页"猜你喜欢"中的短视频，由商家发布的被称为"商家精选"短视频，由淘宝达人发布的被称为"达人推荐"短视频。

图5-42 淘宝移动端首页"猜你喜欢"中的短视频

5.3.4 短视频营销策略

为了更好地利用短视频引流，商家可以采取一定的营销策略。

1. 短视频内容设计

（1）短视频内容方向

正确的内容方向更容易吸引消费者，提高网店销量。商家在选择短视频内容方向的时候可以参考以下内容方向。

● **痛点展示+解决方案**：在短视频中先展示具体的痛点场景，然后再给出相应的解决方案，展示可以解决问题的商品。

● **达人"种草"+商品评测**：在短视频中展示达人现场使用场景并演示商品的使用方法。

● **场景故事+商品植入**：先准备故事脚本，然后按照故事脚本演绎短视频内容，并在故事中植入相应的商品。

（2）封面处理

短视频的封面会影响消费者对短视频的第一印象，好的封面能够提高短视频的点击率和网店访客数。与此同时，淘宝对短视频的封面也有一定的要求，因此，商家在处理短视频封面的时候应特别注意以下方面。

● **色彩**：短视频封面允许使用一定的色彩帮助内容表达，针对不同的类目商品可以选择不同的色彩。女装和美妆类短视频的封面建议使用红色、紫色等充满活力的色彩；家居、美食、母婴等类目短视频的封面建议使用黄色、棕色等充满亲和力的色彩；数码和男装类短视频的封面建议使用蓝绿色、蓝色等能够体现出科技、时尚的色彩。

● **辅助元素**：商家可在封面中使用一些辅助元素，帮助内容表达，但需注意，辅助元素不能影响画面主体的表达。图5-43所示为封面中允许使用的辅助元素（来自淘宝短视频封面通用规范）。

图5-43　封面中允许使用的辅助元素（来自淘宝短视频封面通用规范）

商家在裁剪封面时要注意裁剪比例。图5-44所示为淘宝短视频封面裁剪规则（来自淘宝短视频封面通用规范），其中，16∶9的图片应裁剪为1∶1的图片。

（3）标题优化

标题也会影响短视频流量的获取。短视频标题通常包括3类，且3类标题的引流效果层层递进。商家可以根据能力和需要，一步步优化短视频标题，以获取更多的公域流量。

● **基础类标题**：这类标题的特点是直观、通俗。其构成公式为"怎么做+消费者可以得到什么好处/解决什么痛点"。例如，推荐九分裤的短视频标题可以确定为"身材不好？九分裤来拯救"。

● **场景感类标题**：这类标题的特点是具有画面感，多使用具象符号和数字，其引流效果比基础类标题更好。这类标题的构成公式为"具象的场景画面替代效果描述/某名人或标志性符号替代原有名词/××个技巧+得到什么结果"。例如，推荐牛仔阔腿裤的短视频标题可以确定为"选牛仔阔腿裤必备的6个技巧，闭眼买不出错"。

● **适当渲染类标题**：这类标题的特点是留悬念、做对比、营造稀缺感。这类标题的

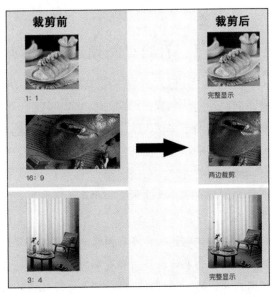

图5-44　淘宝短视频封面裁剪规则（来自淘宝短视频封面通用规范）

构成公式为"数字/反义词对比+达到某种结果、时间+做什么事"。例如，"11·11"结束前推荐商品的短视频标题可以为"只剩2小时！不买再等一年"。

（4）视频引导

商家可以在短视频中增加引导因素，提高消费者进店、购买的概率。在所有短视频类型当中，搭配类短视频的引导进店效果明显高于其他类型的短视频，因此，服饰类的商家可以利用成套搭配吸引消费者进店。同时，商家还可以在短视频中添加互动方式，如答题、提示关注等。

2. 短视频运营

除了制作优质的短视频外，商家还需要学会合理利用各类短视频，尽可能地发挥短视频的效用。

● **做好主图短视频**：精彩的主图短视频能够获得"猜你喜欢"等公域渠道的流量，商家要做好主图短视频，可以在其中融入网店理念，主图短视频被抓取到公域渠道后能够附带提升网店名气。

● **标签化网店首页短视频**：网店首页短视频可以在首页顶端自动播放，商家可以为首页短视频添加不同的标签，以便消费者查看。

● **重视逛逛**：在逛逛中发布好物"种草"短视频比带有硬广性质的短视频更容易获得消费者的青睐。

5.4 综合案例——轩妈的内容营销

蛋黄酥作为我国传统糕点，在轩妈蛋黄酥出名之前，蛋黄酥的市场并没有出现头部品牌，基本处于有品无类的状态。而这样的环境正好为轩妈提供了发展的良机。在实现商品创新的同时，轩妈利用内容营销宣传品牌，积累了不少消费者，顺利打造了蛋黄酥市场头部品牌。

5.4.1 轩妈订阅频道的内容规划

为了吸引年轻人群的注意，轩妈设计了动画形象"小酥酥"，用非商业化的形式，提升消费者对品牌的认知度，与这一形式起到相似作用的是轩妈在订阅频道的内容营销。由于订阅的目标人群为网店关注人群，所以，订阅的商业化效果更为明显。为了有效地向消费者传递网店动态，加深消费者对网店的印象，轩妈对在订阅渠道中的内容做了规划。表5-4所示为轩妈在订阅频道中的内容发布情况。

轩妈在订阅中发布的内容主要为评测、买家秀等。这样的内容规划对大批量引入订阅流量非常有利。

● **丰富内容形式**：多种内容的搭配丰富了订阅渠道对商品的呈现方式。其中，直播预告是对商品的动态展示，评测和买家秀是对商品的静态展示，动静结合，不仅满足了不同消费者的不同内容偏好，还有利于增加消费者对品牌的信任。

表5-4　轩妈在订阅频道中的内容发布情况

内容条数	星期日	星期一	星期二	星期三	星期四	星期五	星期六
	7月25日	7月26日	7月27日	7月28日	7月29日	7月30日	7月24日
1	买家秀	买家秀	买家秀	评测	评测	评测	买家秀
1	买家秀	买家秀	评测	买家秀	买家秀	买家秀	买家秀
1	直播预告	评测	买家秀	评测	评测	评测	直播预告
1		评测	评测	评测	买家秀	买家秀	
1		买家秀	买家秀	评测	买家秀	买家秀	
1		买家秀	评测	买家秀	评测	买家秀	
1		直播预告	评测	买家秀	评测	买家秀	
1			买家秀	买家秀	买家秀	直播预告	
1			直播预告	直播预告	买家秀		

● **加深消费者印象**：周末为大部分消费者的休息时间，因此，将消费者由订阅频道引向直播更容易增加消费者的停留时间。周一至周五为工作时间，大部分消费者没有太多精力和时间花费在网络上，因此，更适合采用评测、买家秀等图文营销方式，通过简短的真实分享内容及精美的图片可以在短时间内传达商品的价值。同时，提高发布频次有利于激活消费者，加深消费者对网店的印象。

5.4.2　轩妈的淘宝短视频

为了扩大在蛋黄酥市场的影响力，轩妈不仅采取了直播和图文相结合的营销方式，还准备了短视频，包括主图短视频、详情页短视频等。同时，淘宝达人在逛逛等渠道发布的"种草"短视频也扩大了轩妈蛋黄酥的影响力。

1. 主图短视频

轩妈蛋黄酥的商品主图短视频色彩较明亮。以主打商品的主图短视频为例，短视频的时长在30秒左右，从好物研究的角度出发，从好物要鲜、好物要挑、好物要酥3方面讲述商品的原材料来源和先进的加工工艺，突出商品的优质。图5-45所示为轩妈主打商品的主图短视频。

2. 详情页短视频

详情页短视频是对主图短视频的补充。在主图短视频中，主打商品的原材料及加工的大致流程已经展现完毕。为了进一步突出主打商品的优质，轩妈截取综艺节目中嘉宾食用主打商品的视频片段，将其作为主打商品的详情页短视频。此举意在借助综艺节目和嘉宾的名气，通过嘉宾的举动突出主打商品的美味，进一步提升主打商品的价值。图5-46所示为轩妈主打商品的详情页短视频。

3. "种草"短视频

与主图短视频和详情页短视频相比，"种草"短视频更能反映消费者收到的商品的真实状态，包括口感、味道、颜色等。淘宝达人通过现场评测轩妈的商品，展示商品的大小、颜色，并分享试吃感受等，以吸引消费者观看，从而达到"种草"的目的。这样的方式更能提高轩妈在消费者心中的可信度，并积累名气，进而促进商品转化。图5-47所示为淘宝达人在逛逛中分享的轩妈蛋黄酥"种草"短视频，该视频已积累了136个赞。

图5-45　轩妈主打商品的主图　　图5-46　轩妈主打商品的详情页　　图5-47　逛逛"种草"短视频
　　　　　短视频　　　　　　　　　　　　短视频

5.5　综合实训

网店运营离不开内容营销，了解淘宝中的主要内容营销渠道和图文营销、短视频等信息对商家而言非常重要。下面通过综合实训对内容营销的知识进行巩固。

5.5.1　为大码女装店制订订阅的内容规划

"西西里大码女装"是一家专做大码女装的淘宝网店，因商品质量较好积累了不少粉丝。"西西里大码女装"将运营重心放在网店运营上。在淘宝移动端改版后，"西西里大码女装"紧跟平台的步伐，加大对内容营销的投入力度。"西西里大码女装"决定从商家自运营渠道——订阅开始，把订阅作为粉丝运营的重点渠道。为了达到更好的效果，"西西里大码女装"计划以周为单位，每日09:00—24:00发布10条内容，每周三和周五09:00—24:00，发布多品预上新内容，每周二发布清单，每天至少发布一条搭配内容。下面需要根据"西西里大码女装"的要求，制订订阅的内容规划。

1. 实训要求

① 掌握制订订阅内容规划的方法，并根据网店的实际情况，制订合理的内容规划。

② 根据网店的实际情况，合理规划订阅的投放内容、投放条数、投放时间等。

2. 实训思路

① "西西里大码女装"每日09:00—24:00发布10条内容，为了让消费者能够记住"西西里大码女装"的订阅发布时间，发布时间最好有规律。

② "西西里大码女装"每周三和周五发布多品预上新内容，为了让消费者记住多品预上新的新品，可以连续发布多条多品预上新内容，同时，为了保持时间上的连贯性，可以保持在周三晚上和周五上午发布。

③ "西西里大码女装"每周二发布清单，每天至少发布一条搭配内容，其间可按不同的主题将上一周发布的商品以上新的名义任意组合发布。同时，由于18:00以后进入淘宝的消费者开始增多，但又不会太多，可以在这一时间段内发布清单内容。而为了解决消费者的搭配疑惑，可以在上午直播内容发布后发布一条搭配内容。

"西西里大码女装"一周订阅的内容规划可参考表5-5。

表5-5 "西西里大码女装"一周订阅的内容规划

条数	时间段	星期日	星期一	星期二	星期三	星期四	星期五	星期六
1	09:00—10:30	上新	上新	上新	上新	上新	多品预上新	上新
1	10:30—12:00	买家秀	买家秀	买家秀	买家秀	买家秀	多品预上新	买家秀
1	12:00—13:30	搭配	搭配	搭配	搭配	搭配	多品预上新	搭配
1	13:30—15:00	上新	上新	上新	上新	上新	多品预上新	上新
1	15:00—16:30	上新	上新	搭配	搭配	上新	买家秀	上新
1	16:30—18:00	上新	上新	上新	上新	上新	上新	上新
1	18:00—19:30	搭配	上新	清单	多品预上新	搭配	搭配	上新
1	19:30—21:00	买家秀	买家秀	买家秀	买家秀	买家秀	买家秀	买家秀
1	21:00—22:30	上新	上新	上新	多品预上新	上新	上新	上新
1	22:30—24:00	上新	上新	上新	多品预上新	上新	上新	上新

5.5.2 为大码女装店发布详情页短视频

为了增加消费者在商品页面的停留时间，也为了更好地传递商品制作理念，"西西里大码女装"还准备为新一季的主打商品发布详情页短视频。新一季的主打商品已经准备就绪，主图短视频已制作完毕，但是，详情页短视频还没有准备好，"西西里大码女装"正在考虑什么样的详情页短视频才能体现出商品制作的用心。同时，"西西里大码女装"还没找到详情页短视频发布的途径。请你为"西西里大码女装"确定详情页短视频的大致内容方向，并发布详情页短视频。

1. 实训要求

① 掌握详情页短视频的特点，并根据网店的要求确定其大致内容方向。

② 根据网店的实际情况，为网店发布详情页短视频。

2. 实训思路

① "西西里大码女装"希望详情页短视频能够体现出商品制作的用心，而详情页短视频是对主图短视频的补充介绍，因此，可以以展示商品的生产流程为内容方向，选取商品从选材到生产再到包装等整个过程的视频片段，进一步解答消费者的疑惑，提升消费者的信任感。

② "西西里大码女装"可以通过"千牛卖家工作台—宝贝管理—详情装修—旺铺—详情装修—基础模块—视频"路径发布详情页短视频。

思考与练习

1. 选择一款泡沫洗面奶和一款常规的洗面奶，并打开商品页面的好物点评团，总结它们的共同点和不同点。

2. 任意选择淘宝中的一款商品，并观看其主图短视频和详情页短视频，然后分析二者的不同作用。

3. 某北欧风家居店想要为新款的极简线条灯和实木凳子报名参加极有家中家的一平方米活动。线条灯为黑色方状的几何图形，实木凳子为木头原色的四方凳。请你为家居新品撰写合适的图文内容。

4. 阅读材料，回答问题。

钟怡雯认为，除了提升商品品质外，制作优质的图文内容也能够吸引消费者的注意。于是，钟怡雯花费了大量的时间、精力和金钱在图文营销上，但是她发现，商品的点击率和网店访客数上升了，但商品实际转化率并没有提高。后来，钟怡雯才发现，还得结合短视频。于是，钟怡雯系统地学习了短视频营销的相关知识，为主推商品增添了主图短视频和详情页短视频，并联合淘宝达人发布了"种草"短视频。随后，不仅消费者的停留时间增加了，而且商品转化率也提高了。

问题：（1）分析和比较图文营销和短视频营销的不同；

（2）分析除了案例中的效果外，短视频营销还能带来什么效果。

第6章 网店直播运营

● 本章导读

淘宝直播发展迅速，且以淘宝直播为首的直播电商业态已经形成，同时，点淘的发布也让淘宝直播的发展更上一层楼。直播成就了商家，也成就了一批知名主播。逐本、百植萃等国货品牌在知名主播的推动下，通过直播打造出了热销款商品，实现了破万元的销售额。但是，直播是一把双刃剑，风险与机遇并存，商家要掌握直播运营的方法，以便通过直播为网店大量引流。

● 学习目标

知识目标	了解自主创建网店直播的准备要素
	掌握管理直播间商品的方法
	掌握直播话术以及寻求第三方合作的方法
素养目标	严格遵守淘宝平台直播规则和《中华人民共和国商标法》《中华人民共和国产品质量法》等相关国家法律法规
	积极传播正能量，传递绿色健康信息
	积极践行社会主义核心价值观

● 本章要点

直播、直播中控台、直播话术、阿里V任务、淘宝达人主播、饥饿营销、场景化营销

(6.1) 网店直播准备

网店直播运营是以直播平台为载体开展的活动，以达到快速提升品牌形象或增加销量的目的，具有不受媒体平台限制、参与门槛低、直播内容多样化等优势。要做好网店直播运营，商家首先要做好网店直播准备，以避免直播过程中出现无序状态。

6.1.1 直播团队的打造

在网店发展的前期，商家可以担当起直播的重任。但是，随着网店的发展，商家需要管理的事情逐渐增多，已经没有足够的时间和精力去直播，这时商家便可以打造专业的直播团队。

1. 主播

主播是直播中出镜展示直播内容的人员，是直播团队中非常重要的成员。在直播团队中，主播作为需要出境的人，其重要性远超过其他工作人员。

（1）挑选适合网店的主播

直播时间一般都较长，且电商直播的变化较大，因此，直播非常考验主播的反应能力和控场能力，在挑选适合网店的主播时，商家应当考虑以下要素。

● **能吃苦**：全职淘宝主播每日的直播时间通常在5个小时以上，同时，在直播的过程中需要一直不停地讲述，没有多少休息时间，非常耗费体力、精力。因此，在挑选合适的主播时，商家可以选择抗压能力强、口才较好的人。

● **形象好**：主播在很大程度上代表了网店和商品的形象。因此，商家在挑选主播时，可以尽量选择个人形象较好的人。

● **有兴趣**：兴趣能够驱动主播更好、更努力地直播。因此，商家在挑选主播时，可以选择对网店、商品感兴趣的人。

（2）培养主播的专业技能

网店主播的专业技能关乎网店的销售额。为了实现销售目标，商家应当提前培养主播的专业技能。

① 时间把控能力。

网店直播中，虽然介绍的是网店内的商品，但商品的数量和种类较多，为了合理有序地推进直播开展，商家可以先培养主播的时间把控能力。首先，事先安排好直播间商品的直播顺序和时间，让主播了解并记住各商品的顺序和分配时间；其次，在直播的过程中可以使用手机定时，督促主播在规定的时间内完成商品讲解；最后，为了防止出现冷场等尴尬情况，可以鼓励主播在直播前熟悉直播商品文案。

② 商品推荐能力。

在直播中，主播充当着导购员的角色，其直播的根本目的是销售商品。为了达到好的销售效果，商家可以帮助主播提升商品推荐能力。一方面，商家可以提炼优惠信息，将每款商品的优惠信息记录并打印出来，主播可以利用这些优惠信息来吸引消费者；另一方面，主播可以提前提炼商品卖点，并采用现场试用、与其他商品合理比较、结合自己经历或喜好讲述等方式向消费者推荐商品。

2. 其他成员

成功的直播是团队成员相互配合的结果，成熟的直播团队不可以只有主播，还需要有其他成员。

● **运营人员**：直播的统筹管理人员，负责对接和安排所有工作，包括直播时间的安排、直播的后台操作、直播数据的复盘、直播后的维护等。

● **助理和跟播人员**：助理主要协助主播展示商品，主播休息时代替主播直播；跟播人员主要负责操作、调试直播设备，以及后台的各项直播操作，并及时更换直播商品。

● **文案、拍摄、美工设计人员**：文案、拍摄、美工设计人员主要负责与直播相关的撰写文案、拍摄设计工作。

6.1.2 直播间的搭建与维护

直播离不开直播间的搭建和维护，舒适、美观的直播场景能给消费者留下好印象。直播间的搭建与维护和直播场地的选择、基础设备的准备等有关。

知识链接：

淘宝直播生态基地

1. 选择直播场地

不同类目的商品对直播场地的要求不同，商家可参考表6-1中不同类目商品对直播场地的要求，选择合适的直播场地。

表6-1 不同类目商品对直播场地的要求

类目商品	商品特性	直播场地	直播间背景色	场地要求
服饰、美食、美妆、家居、运动健身类	需要充足的光线、对细节展示要求高	室内	浅色、纯色为主	① 隔音效果好 ② 无回音 ③ 光线效果好 ④ 空间足够，为拍摄设备、灯光设备、辅助道具、其他工作人员预留空间；不能所有商品都入镜，为直播所需样品提供存放空间 ⑤ 美妆类直播所需场地面积较小，服饰类直播需要有一定高度的场地，家居类直播需要面积较大的场地
农产品、海鲜等类	体积、规模过大或存在货源现场采购等需求	室外	无固定要求，符合直播内容即可	① 良好的天气环境和光线效果 ② 室外场地不宜过大，满足主播讲解需求 ③ 环境美观，避免出现人流、车流等杂乱的背景

2. 准备基础设备

商家在准备直播的过程中，除了选择直播场地外，还要准备直播所需的设备，包括拍摄设备、灯光设备和辅助道具等。

（1）拍摄设备

常见的拍摄设备有手机、计算机，要求较高的商家还可以购买专业摄像机用于直播。商家可以参考表6-2总结的3种拍摄设备开展直播的要求，然后根据实际需求选择合适的拍摄设备。除此之外，直播对网速和网络稳定性有一定要求，商家可以选择100Mbit/s及以上的网络，以确保网络的稳定性。

表6-2　3种拍摄设备开展直播的要求

直播设备	选取标准	配套设施
手机	像素清晰、运行速度快	落地支架或桌面手机架、另一部用于观看直播情况的手机
计算机	硬件配置高级	一部用于观看直播情况的手机；摄像头可使用官方推荐的罗技C930e，也可用质量更好的
专业摄像机	画面清晰、聚焦效果好	摄像机支架、话筒、视频采集卡、监视器、调音台、切换台、一部用于观看直播情况的手机

（2）灯光设备

很多时候，商家需要额外为直播间添加灯光，以确保商品的细节能够得到充分展示。

● 在室内直播时：需要近景拍摄的商品需要较为明亮的光线，商家可以在光线较弱的地方添加补光灯。例如，直播美妆类商品时，需要准备环境灯、"美颜"灯。为远距离拍摄的商品配备较为明亮的顶灯，搭配LED灯带或摄影顶灯，也可添加柔光灯补光，提升直播间光线的整体亮度和均匀度。

● 在室外直播时：室外光线较差时，可以使用户外手持补光灯或专业户外补光设备。

（3）辅助道具

直播时，为了方便直播，商家还需要准备一些辅助道具。

① 直播样品存放工具。

② 桌子、椅子等工作设备。

③ 白板、大字报等可展现文字等信息的工具。

3. 搭建绿幕直播间

为了方便直播信息的传递，现在很多直播间开始使用绿幕搭建直播间，例如荣耀就搭建了绿幕直播间，以便随时更换主播身后背景墙上的信息。在直播间搭建一块绿幕布，然后使用绿幕模板或者自己上传的背景图片，完成信息的输入就可以完成绿幕直播间的搭建。

为方便调整，绿幕需平整、光线均匀，绿幕前的主播和商品应与绿幕保持2～3米的距离。同时，主播不可穿绿色或半透明色的服饰，不能佩戴会反光的饰品，镜头范围内也不可摆放绿色或半透明的物品。

4.直播间的维护

直播间容易发生设备损坏、样品丢失等事故，而且直播设备通常比较昂贵，因此，商家需要对直播间进行维护。为避免出现直播事故，商家每次直播前要检查一遍设备和样品，确保已经准备就位，结束后做好设备和样品的清理，整理好后放回原位。针对易碎、易坏设备或样品应采取相应的保护措施，同时，样品可以按照类型等分区域存放。为方便查找，商家可以表格形式记录所有设备、样品等的固定存放位置并将表格打印、张贴出来，每次取用时做好登记工作。

6.1.3　网店直播计划的制订

直播前，商家要针对此次直播制订相应的计划，提前确定直播目的、商品主推款、消费者优惠权益等信息，梳理直播脉络。商家在制订网店直播计划时可参考表6-3所示的内容。

表6-3　直播计划

直播目的	直播时长	商品名称	商品款式	商品卖点	商品单价/元	活动单价/元	优惠信息	抢购时间
发布新品	5小时	"黑白"简约连衣裙	抢购款	百搭、简约、有质感、面料顺滑	188	138	领50元大额优惠券	21:00
		"浮生若梦"蕾丝连衣裙	主推款	优雅、重工艺、蕾丝刺绣、双层不透	228	208	前1小时拍下立减10元，领满200元减10元店铺优惠券	—
		"肖恩的梦"波点连衣裙	次推款	百搭、经典、凸显青春活力、有3种款式可选	178	168	前1小时拍下立减10元	—

6.2　网店直播流程

商家可以自主创建淘宝直播，但由于商家一般不是专业主播，在直播准备、表达能力、气氛带动能力等方面相对欠缺，因此，商家在自主创建淘宝直播前，需要熟悉网店直播流程。

6.2.1　熟悉直播环节

一般来说，网店直播可以分为3个环节，即直播预告——为直播宣传造势、直播过程——引导消费者下单、直播总结——分析直播数据。

1. 直播预告

商家通常在直播前一段时间要先在社交平台、网店首页等位置进行直播预告和宣传，让消费者提前知晓直播信息。同时，为了培养消费者观看直播的习惯，商家应该有规律地定时直播。

直播预告包括两部分：开播时间和直播主题。其中，直播主题可以通过简洁明了的标题呈现，让人一目了然。

2. 直播过程

直播时，除了全方位、详细地展示商品信息外，还需要有意识地与消费者互动，引导其前往网店下单，因此，商家需要掌握一些直播技巧。

●**弹幕互动**：弹幕是以字幕形式出现的评论，所有观看直播的消费者都可以看到弹幕。商家可以号召消费者以弹幕的形式向自己提问，在回答问题的过程中自然地将话题引向推荐商品。

●**发放优惠券**：不同于其他具有娱乐性的直播平台，淘宝直播的主要目的是促进网店商品销售，因此主播要调动起消费者的购物欲望。除了讲解商品卖点、开通抢购功能外，商家还可以通过发放优惠券的方式引导消费者购物。主播要提前告知消费者优惠券发放的时间，如"10分钟后有一大波优惠券来袭""20:00准时发券""明天还有另外一款包的优惠券"等。这样做首先是为了让消费者知道抢优惠券的时间，提前做好准备；其次是为了将消费者留在直播间，维持直播间的人气。图6-1所示为商家发放优惠券的浮窗。

●**抽奖**：除了在购物时给予优惠，商家还可以通过抽奖的方式与观众互动，调动观众购物的积极性。例如，从当天下单的消费者中抽出一位幸运者获得惊喜大奖等。

●**提醒观众点击关注**：直播除了为网店和商品引流，还有获取粉丝的作用。通过直播获取的粉丝，一方面可以成为网店后续直播的观众，另一方面也是网店潜在的消费者。因此，商家直播时一定要不时地提醒刚进来的人点击相应的按钮关注网店，或者直接弹出浮窗邀请消费者关注主播。图6-2所示为邀请关注主播的浮窗。

图6-1　商家发放优惠券的浮窗

图6-2　邀请关注主播的浮窗

3. 直播总结

直播总结，就是根据商品销量、在线人数等数据对直播的效果进行分析，包括表现较好的方面、失误之处等，以便提升网店的直播效果。商家可以在淘宝直播中控台查看直播数据，并进行分析和总结，也可以借助数据分析工具如蝉妈妈等来分析直播数据。

6.2.2　自主创建网店直播

商家自主创建网店直播的优势在于，商家本身对网店的经营状况、商品特性、目标人群等非常了解，同时投入相对较小。新手商家可以获得流量扶持，如领取新人流量券、报名参加成长特训计划等，优质的直播将被推荐到淘宝移动端首页"猜你喜欢"和直播广场。

1. 创建要求

淘宝直播一方面充满活力，另一方面也容易出现一些乱象。因此，淘宝对淘宝直播的准入门槛和直播内容有一系列的要求和规定，以使淘宝直播能健康、长久地发展。

（1）准入条件

淘宝直播的准入条件包括：在淘宝平台开设网店且网店状态正常；根据平台要求完成认证；网店具备一定的综合竞争力；具备一定的主播素质和能力；近30天店铺DSR三项评分≥4.5分；近30天内店铺退款纠纷率不超过网店所在主营类目退款纠纷率均值的5倍或纠纷退款笔数≤5笔。淘宝个人店铺商家还需满足：店铺信用等级≥1钻；主营类目在线商品数≥5，且近90天店铺成交金额≥1000元；符合《淘宝网营销活动规范》；本自然年度内不存在出售假冒商品的违规行为；本自然年度内未因发布违禁信息或假冒材质成分达B6分及以上。如商家已入驻阿里·创作平台且入驻身份为商家，开通淘宝直播（仅限推广自身商品）只需满足在淘宝平台开设网店且网店状态正常的条件。

（2）其他规范

标题中不能出现"清仓""工厂""批发""四季青""甩卖""倒闭"等字样。封面图片要清晰，不能掺杂文字或其他信息；图片内容不宜过于花哨；内容不可以尺度过大，少儿不宜；不能使用拼接图片；图片必须撑满方形区域，不能留白边；要保持图片的整体性，不要贴其他的元素。直播间背景中不能堆砌商品，否则会显得廉价无质感；可以用小黑板写优惠信息，但不要在直播背景墙上贴小广告。

2. 创建流程

没有开通直播权限的商家需要先下载淘宝主播App。图6-3所示为淘宝PC端后台开通直播权限提醒。下载淘宝主播App后点击"立即入驻，即可开启直播"按钮，在打开的页面中开通实人认证后，就可成为主播，如图6-4所示。

图6-3　淘宝PC端后台开通直播权限提醒

图6-4 入驻淘宝主播

（1）在淘宝PC端创建直播

商家可以通过千牛卖家工作台的"自运营中心"栏中的"淘宝直播"超链接进入直播管理页面。在淘宝PC端创建直播的具体流程如下。

① 发布直播预告：创建直播→在直播中控台首页创建普通直播→设置直播时间、封面、标题、简介等信息→添加商品，完成直播预告的发布。图6-5所示为淘宝PC端添加商品页面。

图6-5 淘宝PC端添加商品页面

📓 知识补充——直播中控台

> 直播中控台是淘宝直播的后台管理工具，主要由"我的直播""数据中心""官方榜单""活动中心""权益玩法""商品中心""体检中心"等部分构成，商家可以进行直播发布、直播间装修、查看直播间业绩、发放直播权益、直播商品备货等操作。

② 发布直播：单击"正式开通"按钮→选择推流的直播→设置推流信息→开始推流，完成直播发布，若要停止直播可单击"结束推流"按钮。

（2）在淘宝移动端创建直播

在淘宝移动端创建直播的具体流程如下。

打开淘宝主播App→创建预告→填写预告信息→发布预告→创建直播→开始直播。商家也可以不发布直播预告，直接创建直播。图6-6所示为淘宝主播App的首页和创建直播页面。

图6-6　淘宝主播App的首页和创建直播页面

知识补充——添加商品

如果店铺的DSR三项评分小于4.5分，商品可能无法在淘宝直播中发布。同时，直播中添加的商品无法删除，若添加错误，只能重新发布直播。

6.2.3　直播间商品管理

主播和商品是直播过程中的重要角色，为了减少直播中各种不可控因素的出现，商家需要对直播间的商品进行管理。直播间的商品管理主要基于对商品链接的管理，由此而展开对商品展示顺序、记录商品讲解、设置商品优惠信息等的管理。

1. 商品展示顺序

商家在发布直播预告时，添加商品后，商品不一定会按照添加的顺序在直播中进行展示。如果商家需要商品按照一定顺序进行展示，则可以在直播开通后再添加商品。使用淘宝直播App的商家，可以在开播后单击"添加"图标（见图6-7），然后按展示顺序依次选择商品。

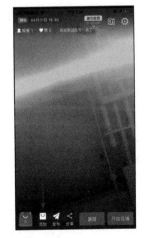

图6-7　点击"添加"图标

2. 记录商品讲解

在"宝贝列表"中，单击"标记看点"按钮，记录下当前主播正在讲解的商品的视频，该款商品讲解完毕后，再次单击"标记看点"按钮，完成录制。同时，为了让消费者注意到主推商品，可以为该款商品打上"热"字标，通常情况下，直播间第一个添加的商品会被打上"热"字标，但需满足直播间的商品数量超过6个。

3. 设置商品优惠信息

直播开播后，商家通过直播中控台添加商品，然后选择自定义选项，输入商家准备设置的优惠信息，以此来增强直播和商品的吸引力。

6.3 直播话术

网店直播过程中，主播担当着主持人的角色，需要不断调动直播间的氛围。同时，直播是有目的性的，即要提高商品的转化率。因此，主播需要掌握一些直播话术。

6.3.1 开场预热

直播开始后，主播需要使用一些开场预热话术给消费者留下好的印象，同时提高直播间的活跃度。开场预热话术的组成部分通常是：打招呼+欢迎词+闲聊+呼吁关注或分享直播间+快速预告商品。

常用的开场预热话术分为以下两种情况。

● **第一次开播：** "大家好，欢迎来到××的直播间，今天是我们××第一次开播，请大家多多支持。大家可以单击屏幕上方的'关注'按钮关注直播间。我们今天会有××商品和一大波福利，不要走开哦。"

● **第N次开播：** "大家好！欢迎大家来到××直播间。我们来了，我们的直播马上就要开始了，请大家多多转发、多多关注。接下来，我们来快速预告一下今天直播的商品，今天的商品有……"

6.3.2 互动交流

在直播的过程中，与消费者的互动交流非常重要。直播间的观看人数越多，商品的转化率越高，同时也越容易为网店积累粉丝。常见的网店直播互动交流方式有提问式互动、回答问题式互动、刷屏式互动。

● **提问式互动：** 主播可以针对商品向观看直播的消费者提问，以获取认同感。这种互动方式的话术通常是：有没有人用过××；有人跟我有相同的感受吗；等等。例如，美妆网店的主播可以提问：这款面霜很适合油皮的女生，有小伙伴用过这款面霜吗？是不是很清爽？

● **回答问题式互动：** 随时回答消费者在弹幕中提出的问题能够体现主播对消费者的尊重，有利于提高消费者的好感度。这种互动方式通常是先复述问题，然后回答问题，再做具体的展示和讲解。例如，某服装网店的主播在直播中读到一条"能看一下衣服背后的细节吗"的问题，该主播的回答话语可以是：能看一下衣服背后的细节吗？可以啊，你们看，衣服背后是这样的……还有问题吗？

● **刷屏式互动**：提出一个大家都很关注的问题，然后号召消费者刷屏互动。例如，某零食网店的主播在直播中与大家互动，该主播的直播话语是：想要看商品A的小伙伴评论1，想要看商品B的小伙伴评论2，大家把答案发送在公屏区。

6.3.3 商品介绍

商品介绍是网店直播的重点，商品介绍话术是基础的直播话术，但对商品转化率影响很大。因此，主播要重视商品介绍话术。

1. 商品举证介绍

在介绍商品时，主播可以向观看直播的消费者展示商品的可信证明，包括商品销量截图、自购订单、网友好评、专家背书、官方资质等，以提高商品的可信度。在展示这些证明时，主播可以一边展示，一边介绍，具体的参考话术如下。

● **商品销量截图展示**："这个商品是我们的热销商品，月销量已经达到10万件，你们看，这是我们的商品销量截图。"

● **自购订单展示**："这款商品真的是我非常喜欢的一款商品，上架后我买了好几件，你们看，这是我自己的订单。跟我一样喜欢这种类型商品的小伙伴可以购买。"

● **网友好评展示**："这款是我们家的热销商品，在××平台上非常火，大家可以去××平台上看看。为什么这么受欢迎呢？这是因为……"

● **专家背书展示**："我们这款商品是与××团队合作，在××、××等多位专家的共同努力下研发出来的，它能够解决……"

● **官方资质展示**："从事这种商品的生产需要一定的资质，你们看，这是我们申请的资质证明。"

2. 专业话语+场景化描述

除了展示商品的可信证明外，主播在介绍商品时还可以运用专业知识，使用专业话语介绍商品。同时，场景化描述更能够让消费者充分了解商品。

（1）专业话语

介绍商品越深入、越专业，对消费者越有说服力。因此，主播在直播时可以从商品的功能、成分、材质、价位、包装设计、使用方法、使用效果、使用人群等方面对商品进行多维度的介绍。具体的话术可参照以下例子。

背景：某男装网店的主播在介绍一款条纹衬衣。

直播话术："这款条纹衬衣非常显瘦，黑白配色也很百搭，不管是搭配休闲裤还是搭配牛仔裤，都可以。这款条纹衬衣用到了三醋酸面料，这种面料的手感和桑蚕丝很像，透气性非常好，不易闷汗，很适合夏天；而且这种面料不起静电、不易起球，小伙伴们可以放心入手。这款条纹衬衣真的很便宜，才228元。大家都知道，三醋酸面料非常贵，但是为了感谢大家长期以来对我们网店的支持，我们决定给大家一个很划算的价格。这款衬衣比较宽松，180斤以内的人都可以穿。喜欢这款条纹衬衣的小伙伴可以入手一件试试。"

（2）场景化描述

描述商品的真实使用场景能够将商品具象化，更容易让消费者理解商品的功能、使用方式、使用人群等。场景化描述通常分为两种：一种是平铺直叙，另一种是使用比喻。前者较为直白，听起来更为真诚；后者生动形象，听起来更为感性。具体的话术可参考以下内容。

● **平铺直叙**："这款手持小风扇很轻便、小巧，夏天出门的时候或者外出旅行的时候都可以使用，非常方便。"

● **使用比喻**："这款口红颜色真的很好看，是偏橘调的红棕色，就像温暖的阳光洒在红色的落叶上，很适合在秋冬天使用。"

6.3.4　刺激下单

直播虽然会打消消费者的一部分疑虑，但并不足以让所有观看直播的消费者下单，这时便需要主播使用一些话术来刺激消费者下单。常用的刺激下单方式包括发出行动指令、重复强调商品效果和价格优势、反复倒计时等，具体的话术如下。

● **发出行动指令**："最后一次返场，不会再补货，喜欢这款商品的小伙伴们赶快购买。"

● **重复强调商品效果和价格优势**："这款商品补水保湿效果特别好，不要再考虑了，直接拍，再过两个小时就恢复原价了，买到就是赚到。"

● **反复倒计时**："数量有限，如果你看中了一定要及时下单哦，只有1000件了，先付先得，喜欢的小伙伴抓紧时间下单，只有500件了，再慢就没有了。"

6.3.5　结束话术

直播结束后，主播可以预告明天的商品，并告知优惠力度和大致的时间，具体的结束话术可参考以下内容。

背景：某男装网店直播结尾。

直播话术："好了，我们今天的直播就到此结束了，还有小伙伴有疑问吗？没有我们就来快速预告明天的商品……明天晚上9点老板会来直播间为大家送上福利，到时候大家一定要来直播间，拜拜。"

课堂案例

"就吃"是一家淘宝零食店，最近准备开通淘宝直播。为此，"就吃"招募了两名主播，轮流直播。由于缺乏经验，"就吃"在培训主播时只介绍了商品知识。正式开播后，"就吃"发现，直播的观看数据和直播所带来的商品转化率并不理想，但始终找不到原因。于是，"就吃"老板进入其他销量较高的零食网店的直播间，观察这些直播间的主播。"就吃"老板这才发现，原来是直播话术出了问题。

于是，"就吃"搜集了相关资料，并向专业人士请教，总结出了一套适用于"就吃"直播间的话术，从开场预热、互动交流、商品介绍、刺激下单、结束语等方面对主播进行了全方位的培训。果然，培训过后直播的观看人数有了明显增加，且观看者停留的时间变长，网店的关注人数也增加了，更重要的是，商品的转化率也提高了。此后，"就吃"吸取了经验，每决定做一件事之前都进行充分了解，不盲目行动。

6.4 网店与第三方合作

商家除了自主运营直播外，还可以选择与第三方合作，借助第三方专业团队的力量，快速提高商品销售额、扩大影响范围等，实现互利共赢。

6.4.1 第三方合作的对象

对于想要通过淘宝直播引流的中小商家来说，与适合的淘宝达人主播合作是一个不错的方式。一方面，中小商家在直播能力、个人精力和影响力方面都比较有限，难以打造出高质量、高人气的直播；另一方面，淘宝达人主播拥有专业的直播间环境、辅助设施，能进行长时间的直播，在直播专业度、粉丝数量上都具有一定优势，可以帮助商家快速提高商品销售额。

除了淘宝达人主播外，还有一些专门从事内容服务的服务商（机构），其服务内容涉及直播服务，商家也可以选择和这些服务商（机构）开展直播合作。

6.4.2 寻找第三方的途径

淘宝商家与第三方的直播合作通常要通过阿里V任务实现。阿里V任务是连接商家、品牌和第三方内容创作者的生态桥梁，采用"你发布任务，我挑选并接受"的双向合作方式实现双方的合作，为商家、品牌提供内容创作、分发、营销等完整的解决方案。阿里V任务中常见的3种任务实现形式如下。

● **商家任务**：商家任务是指由商家发起的推广自己网店或商品的任务。商家发起任务后，由第三方接单或报名，第三方按照商家的需求录制内容（拍摄视频或直播等），商家付费采买内容。商家可以直接将任务发布给第三方，具体合作流程如图6-8所示；也可以将任务发布到任务广场，寻找合适的合作方，具体合作流程如图6-9所示。

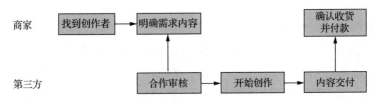

图6-8 商家直接发布任务给第三方的合作流程

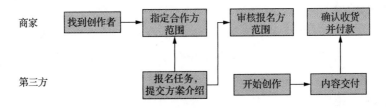

图6-9 商家发布任务到任务广场的合作流程

● **官方任务**：官方任务是指官方发布任务主题后，第三方在任务主题下发布报价，商家满足第三方的报价并提出内容要求，第三方按照官方任务的要求和商家的要求生产内容，商家付费采买内容。官方任务的具体合作流程如图6-10所示。

● **品牌任务**：品牌任务是指品牌方可以向第三方机构或媒体发布以品牌营销为目的的多种内容类型或者多渠道的内容服务外包，品牌方付费采买内容服务。

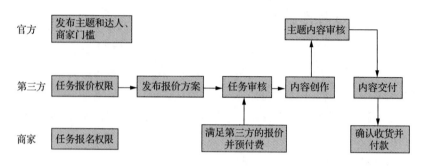

图6-10 官方任务的合作流程

阿里V任务上的第三方按任务收费，因此，商家可以自行设置任务价格。在吸引淘宝达人主播时，为了增强吸引力，商家可以将阿里V任务和淘宝客结合起来，同时设置任务佣金和淘客佣金。为了使佣金的设置合理，商家可以参考淘宝达人主播的服务报价后再设置阿里V任务的佣金。

 知识补充——商家需要配合直播服务第三方的事

> 商家挑选直播服务第三方之后，为了让直播效果更好，还需要提供以下信息：详细的商品卖点信息，至少3个；直播商品的促销或优惠方案；在直播商品的主图、详情页等显示与直播相关的促销元素；直播商品的关联营销，如在微博、微信等平台发布信息时附带发布直播信息。

6.4.3 挑选合适的主播团队

商家在阿里V任务中选择的第三方，更多的是淘宝达人主播，而淘宝达人主播通常都有一个专业的团队。这种类型的合作通常是短暂的，但是能够在较短时间内为商家提高商品销量，其合作方式主要为商家邀请主播进行专场直播或者商家提供一些商品给主播，由主播在其直播间销售等。商家需要为提供直播服务的主播团队支付一定的推广费用，知名度越高的主播团队，其推广费用越高。因此商家在选择主播团队前要进行考察，避免出现花费大量资金却达不到预期效果的情况。

1. 主播服务报价

虽然热门的主播可以为网店带来更多的流量，但热门主播的报价相对也比较高，因此商家要衡量自身实力，结合主播引导进店次数等历史数据，选择适当价位的主播。图6-11所示为某主播在淘宝直播官方任务下发布的服务报价。

2. 主播自我介绍

商家可以在主播的个人首页上方查看该主播的自我介绍，快速了解主播擅长的领域、直播风格以及联系方式等。

3. 历史作品数据

主播历史作品数据主要是指主播近期所发布内容的互动数据，包括内容发布数、内容引导进店次数、图文浏览次数、直播观看次数、短视频播放次数等。想要选择主播的商家应该重点关注以下两个数据。

● **直播观看次数**：直播观看次数是指该主播历史发布的所有直播内容在查询时间段内产生的观看次数。这个数据反映了该主播的直播人气，一般来讲，直播人气越高，粉丝数量越多。

● **内容引导进店次数**：内容引导进店次数是指该主播历史发布的所有内容，在查询时间段内引导观看者进店的次数。这个数据反映了该主播为网店引流的能力，这个数据越高，说明该主播介绍商品的能力越强。

4. 主播粉丝人群画像

不同的主播有不同的粉丝群体，商家在考察某位主播时，一定要关注该主播粉丝人群画像。只有网店定位人群与主播的粉丝人群高度重合时，该主播为网店进行推广才能有效提高网店的转化率。主播粉丝人群画像包括性别占比、年龄分布、城市分布、消费偏好、生活偏好等内容。

5. 主播累计评价

商家还可以查看该主播的累计评价。一般而言，主播评价都是与该主播合作过的商家的直接反馈，具有较高的真实性。商家可以据此来判断该主播的直播效果和引流能力。

图6-11　某主播在淘宝直播官方任务下发布的服务报价

知识补充——网店自主直播VS淘宝达人主播"带货"

> 淘宝达人主播的"带货"能力强，能够给商家带来高收益，但是很容易出现商家失去交易主动权的情况。另外，转化淘宝达人主播的粉丝具有一定的难度，这些粉丝更多的是关注商品的优惠而非商品本身的价值，缺乏对网店的认同感。网店的粉丝是私域粉丝，对网店认同感较强，因此网店自主直播有利于转化网店流量，但是不容易实现新增粉丝。

6.5　直播营销

直播能够为消费者营造消费场景，让消费者了解更多的商品细节，打消消费者的疑虑。直播在内容输出的同时也在为网店吸引和积累粉丝，基于此，商家可以利用营销方式把直播推广到更多的潜在消费者面前，提升直播、网店的影响力，提升商品的销售数据。

6.5.1　饥饿营销

饥饿营销是网店直播中常见的直播营销方式，即人为地营造商品短缺的现象。在网店直播中，商家可以使用饥饿营销刺激消费者快速下单，直播间的饥饿营销通常以抢购的方式实现。为了营造饥饿营销的氛围，商家可以选取一款或者多款商品用于饥饿营销，而用于饥饿营销的商品需满足以下条件。

● **商品价格有吸引力**：在直播间运用饥饿营销的目的是营造紧张的促销氛围，因此，商品的价格要有吸引力，促销价应比原价低得多。例如，一双应季运动鞋的原价为569元，促销价可以定为269元，以高性价比来吸引消费者抢购。

● **商品数量要少**：在直播间运用饥饿营销就是要消费者产生不满足感，未满足的消费者很可能会再次进入直播间，甚至关注直播、推荐直播等。因此，商家准备用于促销的商品数量要少。

6.5.2　场景化营销

网店直播营销的吸引力在于商品展示场景的真实性。商家可以针对不同的商品设置不同的直播场景，以开展场景化营销。表6-4所示为不同场景的直播类型。

表6-4　不同场景的直播类型

场景直播类型	适用商品类目	营销方式	作用
原产地场景直播	水果、海鲜类	消费者通过在直播间下单可以挑选原产地的商品	增强与消费者的互动，增加消费者的停留时间，促进成交
现场制作、体验场景直播	美食类	现场制作美食并讲解美食味道，然后试吃	唤起消费者对美食的渴望，满足消费者的学习欲望，增加消费者的停留时间，促进成交
教学、测评场景直播	美妆类	策划不同的美妆主题，提供专业、实用的护肤、化妆教学，突出商品的卖点	满足消费者的学习欲望，提升信任度，增加消费者的停留时间，促进成交
海淘现场场景直播	全球购买类	现场直播在国外商场、免税店购买商品的场景，消费者可现场下单购买	提升消费者的信任度，打消消费者的疑虑
趣味活动场景直播	珍珠、盲盒类	举办现场趣味活动	调动消费者的好奇心，增加直播间的观看人数
真人秀场景直播	户外、野营类	在户外现场直播并推销商品，模仿综艺节目举办真人秀直播	延长消费者停留在直播间的时间

6.5.3　直播推广

商家可以运用超级钻展开展直播推广、使用直播动态组件、选择合适的资源位将直播间推广到相应的位置，但是，没有淘宝直播浮现权的商家，其直播间不能被投放到直播广场。另外，商家也可以在阿里V任务平台报名参加官方的直播活动。

6.6 综合案例——格力全国巡回直播

2020年开始，电子商务直播出现了新变化，不少企业家亲自进入直播间"带货"。在这种趋势的影响下，格力集团董事长董明珠开启了格力电器全国巡回直播，同时，进一步加快了格力新零售变革的步伐。2021年3月31日，董明珠在武汉开启了格力新一年的全国巡回直播，在这场直播中，董明珠取得11.4亿元的成绩，这样骄人的成绩除了与董明珠本身的号召力有关以外，还与此次直播的场景及直播话术有关。

6.6.1 格力武汉直播的场景选择

董明珠在全国巡回直播中不仅推荐了格力旗下所有家电商品，还将家电商品与多个直播场景进行了融合，开展场景化营销。这些直播场景包括普通室内家庭生活的多个场景，以及具有中国风特色的直播场景。其中，中国风直播场景成了此次巡回直播的一大亮点，该场景整合了当地特色美食和旅游资源，很好地与格力家电商品进行了融合。

为了突出武汉的文化风俗，格力将直播的地点定在汉口江滩的知音号上，知音号是具有20世纪30年代风格的大型主题演绎轮船，"两江四岸"优美风光构成了直播的室外场景，当直播的镜头切向室外场景时，直播间增添了浓厚的文化气息。图6-12所示为格力武汉直播所在地——知音号。

图6-12 格力武汉直播所在地——知音号（来自知音号官网）

为了展示格力电器的优势，在当晚的直播中，格力在直播间展示了家电的九大室内应用场景，包括厨房、卧室、客厅等，每一个场景中展示的家电都不一样。例如，在卧室场景中展示了格力空调，在客厅场景中展示了吸尘器等。同时，各大直播场景中都运用了中国风元素，不管是服装还是背景道具，都将武汉文化和格力的商品很好地融合在了一起。

观看直播的消费者不仅可以了解格力不同家电的应用场景及使用方式，还可以领略武汉的人文风情，满足其物质和精神需求。再加上董明珠的信任背书，如此一来，此次直播不仅减轻了消费者对商品的疑虑，提高了下单率，还吸引了很多对武汉文化感兴趣的消费者，而这些人也是潜在的消费者。

6.6.2　董明珠的直播话术

格力武汉直播能够取得佳绩，与董明珠的直播话术也有很大的关系。与大多数主播不同，董明珠在直播时没有催促观看直播的消费者下单，也没有实时播报库存计数等以营造抢购的氛围，而是用平缓、亲切的语调介绍商品。例如，在介绍空气炸锅的便捷性时，董明珠表示，"你这个在办公室摆也挺好的，鸡翅什么的，全部倒进去，出来就好了"。董明珠的商品介绍话语穿插在和主持人、嘉宾的闲谈中，语言随意而轻松，就像日常聊天一样。这种分享式的话语，反而更能让消费者接受其推荐的商品。

6.7　综合实训

由于直播"带货"本身所具有的强大吸引力以及淘宝对直播的支持，特别是在"11·11"等大促活动中，直播所带来的利润远远超过其他渠道，以至于直播正在成为淘宝网店的一种重要销售模式。开通直播的网店快速增加，网店直播的竞争越发激烈，在一定程度上缩减了直播能给网店带来的利润空间。因此，商家要想通过直播提高商品的转化率，应该了解和掌握网店直播运营的相关知识。下面通过综合实训对搭建直播间、创建直播等知识进行巩固。

6.7.1　为潮鞋店搭建直播间

"简客"是一家经营潮鞋的小众淘宝网店，主打简约风，近期打算开通淘宝直播。"简客"打算每天下午直播两个小时，招募了一男一女两名主播，准备让主播在直播中展示鞋子的细节并现场试穿鞋子。"简客"的鞋子以帆布鞋为主，主要为黑色、白色和绿色。"简客"希望直播的画面清晰度较高，直播间的鞋子颜色与实际的颜色色差不大。下面需要根据"简客"的相关要求，搭建直播间。

1. 实训要求

① 了解直播间搭建的相关知识，并根据网店的具体要求，搭建符合要求的直播间。

② 掌握自主搭建直播间的方法，为网店选择合适的直播场地、直播设备等。

2. 实训思路

① "简客"是一家潮鞋店，且只有两名出镜主播，并且直播中主要展示鞋子和试穿鞋子，不具有户外展示需求，因此，可以选择室内场景。另外，由于鞋子本身体积较小，主播头顶上方不宜有过多的背景进入镜头，如天花板可以不用进入镜头。

② "简客"在室内直播，而室内的光线比不上室外，因此，需要准备补光灯，包括顶灯、柔光灯等。

③ "简客"的网店风格为简约风，且鞋子颜色主要为黑色、白色、绿色，因此，为了符合网店风格和突出商品，可以使用简约大方的背景色，如灰色。

④ "简客"希望直播的画面清晰度较高且直播间的鞋子颜色与实际的颜色色差不大，所以拍摄设备可以选择专业摄像机，并且直播时间为两小时，未超出专业摄像机的续航时间。除了摄像机外，"简客"还需要准备话筒等配套设备，以及一部用于观看实时弹幕的手机。

6.7.2　帮助潮鞋店挑选合适的第三方

为了进一步提高销量、扩大网店的影响力，"简客"想要与淘宝达人主播合作，但还没有确定具体的淘宝达人主播。"简客"希望淘宝达人主播有一定的号召力且有丰富的鞋类直播经验，并且在历史直播中取得过不错的成绩，服务报价也不要超过预期。

1. 实训要求

① 了解与第三方合作的途径，并根据网店要求选择合适的任务发布方式。

② 掌握挑选主播的方法，并根据网店具体要求选择合适的主播。

2. 实训思路

① 登录阿里V任务，发布商家任务。由于"简客"没有确定与哪位淘宝达人主播合作，可以发布任务到任务广场中，并根据报名情况挑选主播。

② "简客"希望该主播有一定的号召力且有丰富的鞋类直播经验，并且在历史直播中取得过不错的成绩，因此，可以在主播个人介绍首页查看其擅长领域等，并查看历史作品数据、粉丝人群画像等信息。

③ "简客"希望服务报价不要超过预期，因此，"简客"可以在发布任务时设置预期价格。

思考与练习

1. 请比较和分析网店自主直播和淘宝达人主播"带货"的优劣。

2. "星辰"是一家淘宝店，最近准备上新3款水杯，计划于9月9日21:00在直播间销售，新品介绍时长为20分钟。这3款水杯分别叫"微光""落日""小黄鸭"，其中，"微光"是大容量冷水杯形状的玻璃吸管杯，为主推款，价格是139元；"落日"是渐变马卡龙橘红色马克杯，为次推款，价格为119元；"小黄鸭"是小黄鸭外形的渐变黄色塑料吸管水杯，价格为109元，为抢购款，在21:30准时开始抢购。在直播间下单购买"微光"或"落日"，可在商品详情页领取20元的优惠券，下单购买"小黄鸭"可享受立减40元的优惠。请根据上述内容填写表6-5。

表6-5　"星辰"直播计划

直播目的	直播时长	商品名称	商品款式	商品卖点	商品价格/元	活动价/元	优惠信息	抢购时间

3. 在淘宝上选择一家零食店，观看该网店的直播，总结主播的直播话术，并分析使用这种直播话术的作用。

4. 阅读材料，回答问题。

张兵在淘宝上开设了一家网店，刚开始在淘宝中直播时，张兵选择自己当主播，结果"带货"效果并不好。于是他招募了一名形象较好的员工专门负责直播，希望提高直播的转化率，但后来发现效果依旧不好。

在向别人请教后，张兵才发现原因是直播前的准备不充分，包括直播间的搭建很随意、没有制订直播计划、直播话术也存在问题。于是，张兵系统地学习了直播运营的相关知识，并对主播进行了有针对性的培训。改正之后，网店通过直播慢慢积累了一批消费者，网店的转化率也有了明显的提高。

问题：（1）简述开展直播准备的作用；

　　　（2）除了案例中提及的内容外，张兵还可以从哪些方面来开展网店直播运营？

第7章 网店站外引流

本章导读

随着社交媒体日益改变人们的生活，越来越多的商家开始意识到必须利用社交媒体强大的引流能力来推广自己的网店。于是，当下热门的微博、微信、抖音等平台成了新的营销阵地。淘宝网店"左拆拆的店"在成立后的大半年内常常一天没有一单生意，商家陷入了入不敷出的窘境，随后通过在抖音、微博等平台上发布短视频，网店订单暴增，网店向着好的方向发展。由此可见，站外引流对淘宝网店的发展有着重要意义。

学习目标

知识目标	掌握利用微博为淘宝网店引流的方法 掌握利用微信为淘宝网店引流的方法 掌握利用抖音和今日头条为淘宝网店引流的方法
素养目标	严格遵守各平台的内容发布要求 努力学习新的知识，学会取长补短 合理利用资源，合理引流

本章要点

引流、微博小店、微信朋友圈、微信公众号、抖音、评论、私信

7.1 微博引流

微博引流是指商家通过运营将微博上的流量引入网店的行为。微博是即时信息传播平台，在信息传播和分享的过程中，可以让用户快速、准确地获取有价值的内容。在微博中，用户既可以作为读者浏览自己感兴趣的信息，也可以作为发布者发布内容供其他用户浏览。因此，越来越多的商家在微博中运用各种手段为网店引流。

7.1.1 发布微博内容为网店引流

微博是公共资讯传播平台，信息的传播速度较快。微博拥有大量用户，每天产生的信息量非常庞大，每一位用户只会关注自己感兴趣的信息。在微博引流的各种方式中，通过发布内容引流是较重要、较有长期价值的一种方式。

微博中的信息是碎片化的，商家可以发布以下几种内容来为网店引流。

1. 店内优惠或上新信息

此类微博内容旨在将网店促销、新品上架等信息直接传达给用户，通过商品自身的品质或者促销活动来吸引用户查看商品，达到为网店引流的效果。这类微博内容写作起来相对简单，商家只需要将店内商品详情页使用的文案加以筛选提炼，再配以高品质的商品图片，最后附上网店地址或商品链接。图7-1所示为某淘宝网店在微博中发布的网店上新信息，附上了商品链接。但要注意的是，此类微博内容本身的趣味性不强，因此，在编写此类微博内容时商家可以融入自身的感受，以拉近和用户之间的距离，提升用户对商家的信任度。

图7-1 内容附带商品链接

2. 有奖互动活动

微博具有很强的互动性，如果只把微博当成单向发布的账号，就无法真正拉近自身与用户之间的距离。因此，商家要将微博账号拟人化，让账号充分体现亲和力。商家除了日常回复、转发留言，还可以经常发布一些话题或投票活动，许诺参与互动有奖。活动的获奖规则可以灵活多样，如第10层、第20层回复有奖，转发抽奖，最高赞有奖等。图7-2所示为某淘宝商家在微博中发布的抽奖互动活动内容，虽然中奖人数很少，但是可以激发用户的参与热情。在微博中开展有奖互动活动，既可以与用户互动，为网店引流，又可以达到宣传网店商品的目的，并及时获取用户的反馈，一举多得。

图7-2 抽奖互动活动内容

3. 买家秀

商家可以发布效果好的买家秀图片或视频，从而为网店营销，此举的说服力比商家自己称赞商品要强得多。为此，商家可以鼓励消费者发布买家秀微博，然后转发这些微博，并附上评价，以达到更好的传播效果。当网店积累一定数量的消费者后，还可以在微博发布名为"××店买家秀"的话题，为网店和商品带来更多流量。

4. 商品测评

这类微博的写作门槛较高，适合具备丰富专业知识的商家。对于护肤品、数码商品等大众不太了解其功效原理、使用效果的商品，消费者在购买前通常会参考网上的相关测评。如果商家能利用好自身具备的商品专业知识，深度分析商品的功能、质量、使用感受等，同时与其他同类商品进行比较，凸显自家商品优势，最后发布既有见解又通俗易懂的文章，就很容易获得高收藏量和转发量，吸引更多消费者购买商品。商家在写作前最好亲身试用、体验商品，这样才能在文中表达亲身使用体验，并附上使用前后对比图，使文章更具有说服力。更重要的是，商家还可以在文章中巧妙植入商品或网店信息，如在文章第一张图旁边放置网店链接或二维码，为网店引流。

这类微博内容由于信息量较大，通常采用头条文章的形式。商家应注意把握好文章长度，内容不可冗长。

5. 知识或技巧

一般来说，生活、工作、健康、理财方面的小知识和小技巧比较适合商家在微博分享。首先，这类知识与技巧实用性较强，贴近生活，消费者容易转发和收藏；其次，写作门槛不高，商家只需要日常收集一些相关的素材，不需要花费太多精力。同时，这类微博内容还能塑造账号的形象，例如，定位为美妆类的微博博主，就可以长期分享护肤方面的知识或技巧，获得有这方面需求的用户长期关注与认同。

在创作这类微博时，商家首先要精准定位，分享与网店商品有关联的知识、技巧。其次，要注意使用通俗易懂的语言，可以添加一些表情或语气词，拉近与用户之间的距离，不能给人严肃、冰冷的感觉。在积累了一定数量且忠诚度较高的用户以后，再顺势推广网店。图7-3所示为某母婴类账号发布的微博内容。

图7-3　某母婴类账号发布的
微博内容

7.1.2　商家自主推广引流

微博全面升级了电商商品功能，不仅推出了微博小店功能，还推出了一系列电商扶持政策。在这样的环境下，中小商家有必要加强网店在微博上的运营，利用微博为淘宝网店引流。

微博小店为商家提供了分享网店商品的接口，商家开通微博小店后可以直接将网店中的商

品信息通过发布微博的方式传播出去，同时还可参与微博官方电商号组织的活动，简单直接且成本低。

在微博移动端，商家打开微博后，通过"我→创作中心→小店→选品中心→点击任一商品→添加→去带货→编辑博文→发送"路径，可以在微博中分享商品为网店引流。商家也可以通过复制淘宝联盟内容商品库中的商品链接，在添加商品时直接粘贴链接，然后进行后续的发布操作。图7-4所示为通过微博移动端分享商品的部分操作。

（a）进入创作中心　　　　　　（b）点击"小店"

图7-4　通过微博移动端分享商品的部分操作

 知识补充——添加淘宝商品

在添加淘宝商品之前，商家需要先进入淘宝联盟，开通淘宝客，然后设置通用计划，将商品加入淘宝联盟内容商品库中。如果商品不在淘宝联盟内容商品库，商家点击"添加"按钮时系统会提示商家先将商品添加入库。

在将商品信息转发到微博时，系统会自动将商品的标题、主图作为微博的图文内容。需要注意的是，为了保证引流效果，商家最好不要直接点击转发，而应该手动编辑微博内容。对于微博的文字部分，商家可以自行撰写一段贴合商品的文字，也可以直接使用商品详情页文案，要给人一种用心分享而非机械转发的感觉。另外，商家可以多添加几张高质量的精美图片，以吸引用户点击下方的商品链接。

除了直接分享以外，商家还可以复制网店商品的淘代码，然后打开微博，粘贴进微博文本编辑区，通过发微博的方式分享出去。

7.1.3 与微博达人合作

微博达人具有坚实的粉丝基础和较强的影响力，选择与微博达人合作，可以借助其力量，提高网店的转化率。

微博达人主要分为4类，且不同类型的微博达人性质、特点不一样，商家在选择时可根据自身实际情况做决定。

● **"草根"微博达人**："草根"微博达人多为内容创作者，以实现盈利为主，且多为早期加入微博的一批人，因此粉丝基础牢固，具有很强的影响力。

● **认证加V用户**：认证加V用户多为个人分享者，不以实现盈利为主，因此可信度较高。同时，这类微博达人的个人介绍中有明确的认证信息，商家可以将这些信息作为筛选这类微博达人的依据。

● **演艺人员**：演艺人员具有很高的知名度，其影响范围不局限于微博，粉丝基数也很大。这类微博达人可能还会成为品牌方的代言人，普通淘宝商家与之合作需要付出较高的成本。

● **网络红人**：网络红人通常由专门的网络机构孵化出来，依靠网络而生，在一定领域内具有很强的影响力，且转发费用较高。

微任务是微博的自媒体商业内容服务平台，商家可以在微任务上找微博达人合作，根据内容形式和报价选择合适的微博达人，微博达人会根据要求制作相应的内容。如果微博达人也是淘宝达人，就可以通过分享商品的形式为商家的淘宝网店引流。绑定PID（淘宝客编码）之后，微博达人在微博移动端发布商品的方式同商家一样，在PC端的发布路径为"淘宝联盟后台→我要推广→商品推广→复制商品链接→微博PC端→选品库→粘贴商品链接→立即推广"。

7.1.4 微博引流的其他方式

微博引流是基于粉丝积累的运营行为，商家要注重价值传递、内容互动、系统布局和定位准确。通过微博向粉丝传播品牌信息、商品信息，商家可以树立良好的网店形象，扩大品牌影响力。

除了发布微博内容为淘宝网店引流，还可以使用以下两种方式引流。

● **利用微博热搜**：微博热搜聚集了大量的流量，且大都具有很强的话题性，因此商家可以利用讨论热搜话题、在热门微博下留言等方式来增加曝光机会，植入商品广告。在讨论热搜话题时，内容应以#热搜关键词#开头，然后对该热门话题发表意见，并植入商品链接。除此之外，也可以在热门微博下留言，以具有吸引力的留言为自己引流。

● **利用关键词搜索**：利用关键词搜索即通过在微博内容中嵌入关键词来提高被其他用户看到的概率或搜索与网店商品相关的关键词来定位目标人群。例如，经营五谷杂粮的网店就可以搜索关键词"养生"，查看有哪些人群发布过含有该关键词的微博。这些人群关注过这个话题，与网店消费群体高度吻合，属于精准流量，商家可以主动与其联系，介绍自己的商品。

7.2 微信引流

微信是基于智能移动设备而产生的主流即时通信软件，也是可以及时与用户互动的交流平台。微信渗透率高、覆盖面广，涉及人们生活和工作的方方面面，拥有着巨大的流量。流量对于电子商务的重要性不言而喻，商家要想在电子商务领域有所作为，就必须充分利用微信这个站外引流的重要渠道。

7.2.1 通过微信朋友圈引流

当下，微信朋友圈已经成为大众日常生活必不可少的一部分，每天浏览微信朋友圈已经成为很多人的生活习惯。商家在微信朋友圈营销，可以将微信朋友圈的流量引入网店，提升网店销售业绩。

1. 微信朋友圈引流方式

微信朋友圈是重要的商品信息发布渠道，能够为商品引流，商家也容易借助此渠道与粉丝互动交流。商家可以通过以下方式在微信朋友圈中为淘宝网店引流。

（1）在淘宝移动端分享商品链接

商家打开淘宝移动端之后，进入网店并选择一款商品，建议选择销量较高的商品。打开商品页面，点击商品主图下方的"分享"超链接，选择分享到"朋友圈"。保存图文素材，点击"去微信发朋友圈"按钮，在微信朋友圈中发布这条信息，然后复制淘口令，在该条微信朋友圈评论区粘贴淘口令。图7-5所示为分享商品链接到微信朋友圈的部分操作及发布后的效果。

粉丝在微信朋友圈中看到商品后，如果对商品感兴趣，可以复制淘口令，然后打开淘宝移动端，通过系统提供的商品链接直接进入商品页面。这种引流方式操作简单，商家可以直接使用淘宝官方提供的商品图片，比较便捷，同时可以实现精准引流。但是不注意看评论的粉丝可能会忽略商品链接，且这种方式只为推销商品，互动性和趣味性不强。

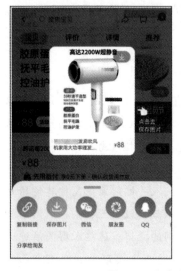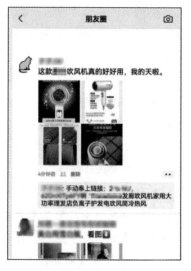

图7-5　分享商品链接到微信朋友圈的部分操作及发布后的效果

（2）在千牛移动端分享商品链接

商家还可以用千牛移动端生成含有二维码的商品长图链接，然后分享到微信朋友圈。商家需要下载并登录千牛移动端，点击"用户运营"按钮，在打开的页面中选择"宝贝推广"选项，然后设置标题并选择商品，创建成功后保存系统提供的淘长图链接，然后将淘长图分享到微信朋友圈。图7-6所示为在千牛移动端分享商品链接的部分操作。除此之外，淘长图还可以分享到微博、QQ等平台。商家也可以使用千牛移动端的"网店推广"功能实现网店的站外引流。

图7-6　在千牛移动端分享商品链接的部分操作

消费者浏览微信朋友圈后只要保存商品长图，然后打开淘宝移动端就可以进入商品页面。这种引流方式是淘宝官方免费提供给商家使用的，同时，商品长图所包含和展现的商品信息更多，阅读性较强。但是，这种引流方式由于缺乏互动性，可能会被对商品不感兴趣的消费者屏蔽，引流效果不好。

（3）在生活分享中植入广告

在微信朋友圈直接分享商品虽然操作简单，但很可能引起微信朋友圈好友的反感。特别是对于商家来说，微信好友的数量非常多，有些可能根本就不认识，此时采用生活分享的方式来进行商品或网店推广，会给微信好友亲切、自然的感觉，让他们在不知不觉中认可商家所分享的信息，达到软推广的目的，同时还有利于树立商家的形象，让微信好友觉得商家是个有生活情调的人。发布生活分享类微信朋友圈并不复杂，只要写出生活中的趣事，然后将需要推广的信息自然而然地融入其中，让微信好友在真实的生活场景中了解推广信息即可。

2. 微信朋友圈引流技巧

在微信朋友圈中发布商品信息可能会引起部分微信好友的反感，因此，为了让微信好友接受商家在微信朋友圈中发布商品信息，商家需要掌握以下技巧。

（1）适度发布商品信息

商家发布微信朋友圈的主要目的是为网店引流，所以可以适当地在微信朋友圈中发布商品上新信息、商品详情信息、促销活动、发货情况等内容。但是，在微信朋友圈发布商品信息不能太频繁，一天一到两次或两天一次较好。

（2）分组发布广告信息

精准的流量更有助于提高网店的转化率，因此，商家不要密集地投放信息，而要分组发布信息。

分组有两种方式：一是根据微信好友的类型分组，二是将微信好友按照熟悉程度分组。前者主要表现为根据微信好友的类型进行推广，例如，某一条广告比较幽默诙谐，包含了很多网络现象和词汇，可以发给指定分组的年轻人群查看。后者主要表现为商家根据与微信好友的熟悉程度进行推广，例如，可以推广一些客单价不高的商品给刚添加的微信好友，而有了信任基础或交易记录的微信好友，可以推广给其客单价更高的商品。

 知识补充——第三方工具设置微信互动营销活动

淘宝的服务市场中为商家提供了多种类型的实用第三方工具，商家利用第三方工具可以设置多种微信互动营销活动。商家可以在服务市场中订购相应的工具，并设置分享活动，打通淘宝到微信的营销通道，为网店引流。例如，无线宝箱工具中提供了邀请关注有礼、邀请入会有礼/邀请入会打榜、分享领优惠券等互动营销方式，商家设置后，微信好友可以分享网店给他们的微信好友，为网店引来潜在消费者。

7.2.2 在微信公众号分享网店信息

微信公众号拥有巨大的阅读量，是目前电子商务营销的主要阵地。商家可以直接在微信公众号中发布网店及商品的相关信息，也可以与一些较为成熟的、订阅群体与网店目标粉丝一致的微信公众号合作，在微信公众号中分享网店信息，为网店引流。

长期维护一个微信公众号需要花费大量的时间，因此一些中小网店可以采用与成熟微信公众号合作的方式为网店引流。一方面，成熟的微信公众号拥有较多的关注人数和点击量；另一方面，成熟的微信公众号在文章创作能力、资源获取能力方面也远远强于新建的微信公众号。因此，这种方式目前被许多商家采用。

当然，与成熟微信公众号合作需要支付一定的广告费，因此出于成本效益的考量，广告如何投放至关重要。怎样从众多的微信公众号当中选择适合自己的合作对象，成了很多商家必须考虑的问题。一般来说，商家可以从以下4个方面入手。

1. 根据自身定位确定微信公众号类型

目前，微信公众号的类型众多。如果随便找一些人气高的微信公众号投放广告，即便能带来一定流量，也会由于流量不精准而不能提高网店的转化率，因此，微信公众号的目标人群要与网店目标消费群体高度相关。例如，网店经营的商品类目是服饰鞋包，那么可以在穿搭类微信公众号当中寻找合作对象。

2. 通过提取关键词搜索微信公众号

根据网店所售商品提取关键词，如"数码""美妆""养生"等，然后在微信中搜索该关键词，就可以看到一系列相关的微信公众号。

3. 查看微信公众号的自我定位、阅读量

通过查看微信公众号头像、自我介绍、原创文章数量（见图7-7），以及关注该微信公众号的好友数量，可以了解微信公众号的内容定位、创作能力等。点击微信公众号的近期推文，拉到文末可以查看其阅读量、点赞数，如图7-8所示，从而直观地了解微信公众号的影响力。

图7-7　查看微信公众号自我介绍和原创文章数量　　图7-8　查看微信公众号阅读量、点赞数

4. 查看微信公众号近期推文

浏览该微信公众号的近期推文，观察其是否为其他商品写过推文，如果写过，说明该微信公众号有承接广告的业务。点击查看该推文的内容、呈现方式、阅读量及留言反馈，然后点击文中商品链接查看其推广商品的近期销量，如果各方面情况都比较理想，就说明该微信公众号有一定的推广引流能力。

7.2.3　利用微信推广工具引流

商家还可以利用微信推广工具为淘宝网店引流。例如，商家可以使用"我要微淘"工具，将网店首页、商品图、优惠券等信息转换为短链接、二维码、小程序码等，消费者在浏览信息时可以通过页面跳转到淘宝，或者复制淘口令到淘宝购买。图7-9所示为"我要微淘"首页。

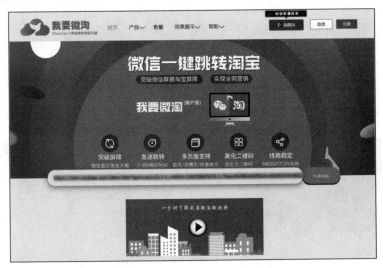

图7-9　"我要微淘"首页

7.2.4　利用微信群引流

微信群既可以作为与消费者互动的途径，也可以成为商家的引流利器。商家在微信群中与消费者交流时，可以发布网店或商品的信息，通过向消费者发放优惠券等方式引导消费者到网店中购买，还可以在微信群中发布直播预告、新品预告及优惠力度等，引导消费者观看直播，进而提高成交率。

7.3 抖音引流

抖音是一个非常强大的电子商务流量入口。近两年，淘宝与抖音之间就电子商务推广展开了持续性的合作。对于淘宝商家而言，这是一个为网店引流的机遇。

7.3.1 广告引流

抖音具有用户多、流量优质、内容直观生动、商业营销性强的优势，是一个巨大的流量池，非常适合为淘宝网店引流。短视频是抖音内容的主要表现形式，商家可以直接在短视频中展示商品或品牌。

1. 硬广引流

网店中的商品本身属于热门商品类目，或有亮点和创意，或趣味性很强、自带话题性，那么商家可以采用正面展示的方法突出商品的优势。商家在拍摄此类视频时，建议将商品融入实际的生活或工作场景。例如，荣耀就直接在抖音上发布广告短视频，展示商品的特点，如图7-10所示。

2. 广告植入

广告植入的手法不再直接针对商品本身进行介绍或展示，而是将商品植入某个生活场景中，表面上商品充当着配角的角色，实际上商家已经用巧妙的方式将网店（品牌）Logo、网店（品牌）名称等置于短视频中醒目的位置，用户一看就能发现。此类短视频适合已经形成一定品牌影响力的商家，拍摄内容要有趣、新奇或紧跟热点，但要注意的是，视频内容要与品牌内涵匹配，不能为了吸引眼球刻意炒作，同时也要避开敏感内容，以免损害品牌形象，得不偿失。

图7-11所示为OPPO发布的以"白桃汽水"为主题的短视频，短视频围绕白桃汽水的颜色展开，讲述了一位女生路过一家饮料店引发的美妙误会，将白桃汽水本身清新、好看的颜色与手机配色很好地融合在了一起。

图7-10 荣耀广告短视频

图7-11 广告植入

7.3.2 达人引流

达人发布的引流短视频通常站在消费者的角度，更容易被消费者所接受，所以商家可以与抖音上的达人合作，为商品营造好的口碑，从而为淘宝网店引流。商家可以在巨量星图平台挑选抖音达人。首先，选择一名抖音达人并打开该达人的主页，然后点击"找我官方合作"超链接，打开巨量星图跳转页面，如图7-12所示；点击"立即上星图"按钮注册并登录巨量星图，通过资质认证后就可以向达人发布任务。

图7-12 打开巨量星图跳转页面

商家在选择合作的达人时，要注意甄别筛选，选择与自身品牌定位和商品风格相符的达人，才能实现精准引流。商家可以查看达人的视频内容，判断达人是否适合合作。一般来说，达人在抖音上发布的短视频通常有以下几种类型，商家只有选择与商品特点和定位相符的达人，才能创作出有吸引力的内容，达到引流的目的。

1. 专业测评

通过专业测评展现商品更能够使人信服，这一类短视频适合展示服饰、美妆、生活电器等类型的商品。商家如果要通过专业测评类短视频为商品引流，就要寻找具有一定专业知识的达人。达人在创作短视频时则要善用自己的专业知识优势，通过稳定的内容品质和一针见血的精准测评向消费者展示商品信息，达到说服消费者的目的。另外，达人要注意不能一味扮演老师、专家的角色，要注意调动消费者的参与积极性，引导消费者在视频评论区发表使用心得等。

2. 夸张展示

有些时候，为了突出商品，达人会使用夸张的手法来展示商品的卖点，起到强调卖点的作用。这一类短视频比较适合展示在某一方面具有超出预期卖点的商品。网店中有这一类型商品的商家，可以寻找在夸张展示类短视频方面影响力较大、口碑较好的达人，利用达人的影响力，在强调商品卖点的同时，扩大商品的影响力。图7-13所示为某抖音达人发布的一条与小米手机有关的短视频，该达人将小米手机放入水池中浸泡，很好地展示了小米手机的防水性，该条短视频获得了6000多个赞、600多条评论。

图7-13　夸张展示

3. 延伸商品用途

延伸商品用途是指通过深度挖掘，找出商品的跨界用途，以起到出人意料的作用。这类短视频需要达人善于观察生活中有趣的细节，且富有创新能力。这类短视频适合多功能用途、有创新性的商品。商家如果想通过延伸商品用途类短视频展示商品的优点，那么商家选择的商品要对，选择的达人也要对。商家可以查看达人之前制作的短视频，以及评论区的评论，判断该达人是否符合要求。

 知识补充——打造抖音达人

如果店主或相关工作人员本身形象较好或者多才多艺，如会花艺、茶艺等，也可以将自身打造为抖音达人，先通过短视频展现人格魅力，然后再利用自身影响力为网店或商品做宣传。

7.3.3　在主页展示淘宝购物车图标

短视频可以达到宣传商品或网店的作用，但是要达到实际的引流效果，商家还需要添加商品链接，通过链接将消费者引入淘宝网店中。较为直接的方式是在主页展示淘宝购物车。

打开抖音移动端后，点击页面右下角的"我"选项；打开个人资料主页，点击█按钮，在展开的面板中选择"创作者服务中心"选项；在打开的页面中点击"商品橱窗"选项，在打开的页面中点击"商品分享权限"选项，申请商品分享权限并开通商品分享功能，然后把淘宝网店中的商品加入抖音的展示橱窗中。图7-14所示为开通商品分享功能的相关操作。

图7-14　开通商品分享功能的相关操作

消费者打开短视频主页后可看到购物车图标，点击购物车图标将打开商品显示页面，点击"去淘宝看看"按钮将跳转到淘宝，如图7-15所示。这种引流方式比较直接，同时可以提高单个商品的点击率，实现精准引流。需要注意的是，商家所发布的视频应紧密结合商品，且短视频标题中有明确的网店指向。

图7-15　短视频主页显示淘宝购物车图标及跳转淘宝

知识补充——商品分享功能开通条件

　　开通商品分享功能有一定的条件，包括实名认证、发布的短视频数量达到10条及以上、抖音粉丝数量达到1000人及以上等。

7.3.4　利用评论引流

利用评论引流也是抖音中比较常用的引流方式。由于进入抖音的商家越来越多，推广广告也越来越多，因此，很多人可能会把购物车看作广告，从而影响引流效果。为了避免出现这种误会，商家可以在个人账号的评论区告知粉丝购买途径，这样，有兴趣的消费者可以到相应的淘宝网店中购买。除此之外，商家还可以在他人的评论区发表评论引流。例如，可以在同行或同领域的热门作品的评论区发表评论，为自己的商品或账号打广告。

利用评论引流方式吸引而来的消费者具有强烈的购买欲望，这是一种非常不错的引流方式。

7.3.5　利用抖音矩阵引流

抖音矩阵是指商家可以同时在抖音运营多个账号，打造粉丝流量池。抖音矩阵可以全方位展示品牌的特点和优势，扩大品牌的影响力。例如，华为、花西子等就在抖音同时开通了多个账号，如图7-16所示，在满足粉丝多方面需求的同时也扩大了影响力。

打造抖音矩阵需要多人配合，至少需要两名主播、一名拍摄人员、一名后期人员、一名推广运营人员等。

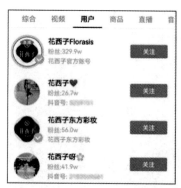

图7-16　运营多个抖音账号

7.3.6　通过私信引流

私信引流也是一种从抖音引流到淘宝网店中的有效方式。在抖音中，非互相关注的人至多可以发布3条私信，商家可以有效利用这3条私信为网店引流。商家发送的私信内容应简单明了，可以直接表明目的和淘宝网店，甚至可以将这些信息做成电子名片，利用私信将电子名片发送给消费者，实现为淘宝网店引流。

这种引流方式类似于广泛发布广告，可以起到提高知名度的作用。但是，这也可能会引起一部分人的反感。

知识补充——抖音与淘宝的关系

抖音虽然与淘宝是合作关系，但是，随着电子商务影响力的增强，抖音也在准备打造流量闭环。一方面，抖音推出了一系列扶持政策鼓励商家入驻抖音小店，以及一系列扶持服务商的重大策略；另一方面，抖音加大了对第三方平台链接的限制，提高了收取第三方平台商品链接的服务费，这一举措严重影响了淘宝商家引流。

7.4　今日头条引流

今日头条是国内成立较早的自媒体平台，积累了大量的用户和流量，对于淘宝商家而言，是一个不错的引流平台。文章和短视频是今日头条的两种主要内容形式，淘宝商家可以借助这两种内容形式推广网店，还可以利用评论推广网店。

7.4.1　文章引流

开通今日头条账号后，商家便可以在上面发布文章，然后鼓励感兴趣的消费者私信联系，利用私信将消费者引到微信或网店。文章的内容可以是与网店中的商品、所在行业等相关的实用性知识，文章内容对消费者帮助越大，越容易引流，今日头条也会给予更多的推荐，进而吸引更多的消费者。图7-17所示为今日头条中的商品推荐文章。

如今的方便面种类和口味特别多，除了传统的红烧牛肉面、三鲜面之外，还有火鸡面、豚骨拉面、咸蛋黄方便面等，可以满足不同人的需求。回想30年前，那个时候的方便面很少，但无疑它们承载了我们儿时的欢乐。今天咱们就来看看当年很火的6种方便面，虽然还在销售，但是销量很惨淡。

三鲜伊面

图7-17　今日头条中的商品推荐文章

7.4.2　评论引流

商家也可以利用评论为淘宝网店引流，评论引流主要包括评论区回复和悟空问答。

1. 评论区回复

商家可以直接在评论区回复想要了解商品的消费者，在回复的时候带上与淘宝网店有关的信息，以起到提示用户下单的作用。当然，商家也可以去知名人士的文章下方发表评论，评论后可以邀请他人点赞，以提升评论的排名，让更多的消费者看到。消费者感兴趣便会询问或者关注商家的头条账号，商家便可以利用文章或私信引流。图7-18所示为今日头条中一篇与淘宝运营技巧相关的文章的评论区，作者在评论区回复了对淘宝运营有兴趣的用户。

2. 悟空问答

悟空问答是今日头条中的重要模块，同时也有独立的App，拥有大量的用户资源。商家可以在悟空问答上找到与电子商务相关的话题，然后回复，尽可能多地回答问题。在回答问题时，可以带上与淘宝网店相关的信息。

图7-18　评论区回复

7.4.3　短视频引流

西瓜视频是今日头条上重要的内容输出口，商家可以利用西瓜视频为淘宝网店引流。建议短视频的内容贴近消费者生活，以便发掘出消费者的潜在需求。商家也可以利用福利吸引消费者，然后在评论中引导有购买倾向的消费者到淘宝网店购买。商家还可以投放短视频广告。商

家在通过短视频展示商品时，应当突出商品的特征和特性，且为了更好地突出商品，视频画面须清晰。

7.5 综合案例——完美日记的站外引流策略

完美日记是国产美妆品牌中的佼佼者，深受众多消费者喜欢，其销量在大促中也数次领先于其他美妆品牌。与此同时，动物眼影盘、国家地理杂志眼影盘、小细跟口红等热销商品多次在网上引起热潮。完美日记成功打造热销商品离不开其良好的站外引流策略。

7.5.1 完美日记的抖音引流

完美日记的目标人群是18～28岁的年轻女性，这类人群多集中在抖音等平台，因此，完美日记就将抖音作为重点引流平台。从首次发布抖音视频至今，完美日记已经积累469万的粉丝量，累计获得3292.6万个赞。

完美日记选择与美妆账号合作推广商品，借助美妆账号的影响力实现用户的精准触达。图7-19所示为美妆账号推广完美日记商品的短视频，该条短视频获得了140多万次的点赞量、超过9万条的转发量。

除此之外，完美日记还与其他类型的账号进行了合作，这些账号所拥有的粉丝与完美日记的目标人群相符。图7-20所示为抖音上其他类型的账号发布的完美日记商品短视频。

图7-19 美妆账号推广完美日记商品的短视频　图7-20　其他类型的账号发布的完美日记商品短视频

7.5.2 完美日记的微信运营

除了在抖音引流外，完美日记的成功也离不开私域流量的打造。完美日记会引导消费者添加"小完子"个人微信号、关注官方公众号、加入微信群，增加消费者数量；再通过微信朋友圈分享、干货输出、提供社群福利等方式与消费者互动，不断激活消费者、提高消费者的复购率。

"小完子"是完美日记打造的"人设"形象，为了提升消费者的沟通体验感，微信朋友圈或微信号中的"小完子"都是真人出镜。"小完子"就像好友一样，会向消费者分享个人的生活记录、护肤小知识等，以此种方式与消费者建立长期、稳定的良性互动关系。图7-21所示为完美日记在微信中开设的部分账号。

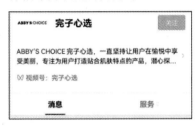

图7-21　完美日记在微信中开设的部分账号

7.6　综合实训

对于淘宝商家而言，有流量才有销量。对于淘宝中的中小商家而言，从微博、微信、抖音等平台获取站外流量非常重要。淘宝商家，特别是中小商家，需要了解站外引流平台、掌握从站外引流的操作方法和技巧。下面通过综合实训对这些引流方法和技巧进行练习和巩固。

7.6.1　利用微博为蛋糕店引流

"春色满园"是一家淘宝蛋糕店，其主打商品是夏季限定爆浆水果千层蛋糕。夏季限定爆浆水果千层蛋糕即将上新，"春色满园"希望借这款蛋糕进一步扩大网店在微博的影响力，为淘宝网店引流。此前，"春色满园"的微博运营侧重于消费者积累，以分享的方式向消费者介绍商品、蛋糕制作小技巧，并没有引导下单。于是，"春色满园"决定从新品发布开始逐步将消费者引向淘宝网店。下面为"春色满园"选择合适的微博引流方法。

1. 实训要求

① 掌握商家自主推广引流的方法，并根据网店实际情况采取合适的推广引流方法。

② 根据网店的要求，为网店制订合理的微博引流方案。

2. 实训思路

① "春色满园"的新款商品在6月7日上新，而6月7日是高考日，社会关注度非常高。那么，"春色满园"在发布微博内容时可以加上与高考相关的关键词。例如，发布的文字内容可以为"今天，带上我爱吃的#夏季限定爆浆水果千层蛋糕#，为你呐喊，高考加油"。

② "春色满园"希望把消费者引向淘宝网店，那么，"春色满园"可以在微博中明确告知淘宝网店的名称，在发布内容时附带商品的购买链接。同时，为了达到更好的效果，"春色满园"可以采用转发或评论抽奖的方式，并邀请购买的消费者发布买家秀。

7.6.2　利用抖音为蛋糕店引流

"春色满园"有一名员工喜欢玩抖音，该员工发现很多商家利用短视频为淘宝网店引流，于是将这个发现告诉了上级。在一番思考之后，"春色满园"决定开设抖音账号，发布短视频。"春色满园"的商品包装十分精致，不少消费者在评论中夸赞过。"春色满园"不打算开设抖音小店，只想在抖音上推广商品，但是，还没确定短视频的内容，不知道如何为淘宝网店引流。

1. 实训要求

① 掌握短视频拍摄思路，为网店找到合适的短视频风格。

② 掌握抖音引流的方式，根据网店要求选择合适的引流方式。

2. 实训思路

① "春色满园"是蛋糕店，蛋糕的视觉效果较强，容易引起他人对制作的好奇心，因此，在拍摄短视频时，"春色满园"可以直接展示某一款商品的制作过程或者商品细节。一方面，展示商品制作过程可以拉近与消费者的距离，减轻消费者的疑虑；另一方面，消费者见证商品从无到有的过程，对商品的印象会更深。展示商品细节时，"春色满园"可以直接切开蛋糕，展示爆浆的流动感。

② "春色满园"的商品包装非常精美，因此可以制作开箱测评短视频，从包装到口感等方面展现商品。

③ "春色满园"只想在抖音上推广商品，拍摄了抖音短视频后可以选择广告引流、抖音矩阵引流等方式为淘宝网店引流。同时，为了吸引更多的人，可以邀请达人推广引流。

思考与练习

1. 浏览某品牌在微博和抖音平台中发布的内容，分析和比较二者的异同点。

2. 进入橘朵的微信公众号，选择一篇推文，分析该篇推文是如何推广商品的。

3. 总结并分析今日头条使用文章引流和使用短视频引流的优劣。

4. 阅读材料，回答问题。

兰溪开始使用微信引流的时候，经常在微信朋友圈频繁地发布商品信息，结果被很多微信好友屏蔽。兰溪以为是自己没有附上商品链接的原因，结果附上商品链接之后的引流效果也不好。

在系统学习之后，兰溪发现之前发布微信朋友圈的方式是错误的，于是调整了发布微信朋友圈的频率和方式，也不再一味地推广商品。慢慢地，兰溪成功地在微信朋友圈打响了网店的名声，实现了为淘宝网店引流。进而，兰溪开通了网店微信公众号，为了避免再次出现同样的错误，兰溪提前学习了运营微信公众号的方法，成功积累了一大批粉丝，提高了网店销量。

问题：（1）简述利用微信朋友圈推广商品的优劣点；

（2）除了案例中的效果外，微信公众号推广还能带来哪些效果？

第8章 客户服务与物流管理

本章导读

　　客户服务是线下实体店中一项重要的考核标准，一些实体店甚至以良好的客户服务而闻名，如海底捞以贴心、无微不至的服务获得了众多客户的赞誉。做好客户服务与物流管理同样是网店日常运营中非常重要的一部分。由于客户与网店没有直接的接触，客户服务与物流管理便是客户考核网店的两项重要指标。客户服务关系着客户与网店联系的紧密程度，物流管理影响着客户对网店的好感度，具体体现为网店DSR中的两项重要评分：卖家服务和物流服务。因此，商家要了解和掌握客户服务与物流管理的相关知识，提升客户服务与物流管理的水平和能力。

学习目标

知识目标	了解网店客服的职责和必须掌握的基础操作 掌握接待客户和订单催付的方法 掌握中差评的处理方法和客户关系维护的方法 掌握物流管理的相关方法
素养目标	热爱工作，努力提升职业素养 尊重客户、理解客户，为客户提供良好的服务 遇事果断，不拖沓

本章要点

　　网店客服、催付、中差评、客户关系维护、会员专享权益、物流工具

8.1 网店客服概述

网店客服是通过网店为客户服务的服务人员，主要是利用网络为客户解答疑惑，提供商品售后服务等。网店客服在淘宝网店中发挥的作用不可小觑，尤其是在网店销售额上，网店客服起着重大的作用。

8.1.1 网店客服的作用

网店客服在塑造网店形象、提高成交率、提高客户回头率、宣传网店、更好地服务于客户等方面发挥着重要作用。

● **塑造网店形象**：在淘宝网店中浏览商品时，客户主要通过商品图片或短视频了解商品，无法接触实物，缺乏对商品实际情况的了解，容易在商品细节、实际使用效果等方面产生疑惑。客户通过与客服交流，可以进一步了解商品的信息，同时感受到客服的服务态度。客服的服务影响着网店在客户心中的形象，客服亲切问候或处理问题迅速等有助于在客户心目中树立起良好的网店形象。

● **提高成交率**：很多客户会在下单之前就不太清楚的内容询问客服，如网店或商品优惠活动等。客服及时回复可以让客户快速获知信息，从而促成交易。

● **提高客户回头率**：客服的服务态度影响着客户下一次购买的选择。客户在网店中享受到了良好的服务，且商品也较符合心意，在下一次购买时，就会倾向于选择这家网店，成为回头客。

● **宣传网店**：客户通过网店页面往往不能百分之百地了解网店，这时客服就是网店宣传人员。客服可以在与客户沟通的过程中，向客户传递网店理念、品牌价值、服务宗旨等信息，从而加深网店在客户心中的印象。

● **更好地服务于客户**：和客户在网上交流，这仅仅是服务客户的第一步。有着专业知识和良好沟通技巧的客服可以给客户提供更多的购物建议，能更专业、全面地解答客户的疑问，更快速地对客户的售后问题给予反馈，从而更好地服务于客户。

8.1.2 网店客服的职责

小规模的淘宝网店通常没有细分客服岗位，一人身兼数职。但大中型淘宝网店订单繁多、咨询量大，如果没有系统化地分配客服工作，很容易出现丢单、误单等情况。因此，有条件的淘宝网店可以将网店客服划分为售前客服、售中客服和售后客服，让客服各司其职。

1. 售前客服

售前客服不仅要熟悉网店、熟悉商品、熟悉千牛卖家工作台的操作、熟悉淘宝网规则，还要耐心、仔细且专业地回答客户提出的疑问。

当客户咨询相关商品时，售前客服要从客户的聊天语言中主动挖掘客户的需求，专业、耐心地解答客户提出的问题，同时主动向客户推销合适的商品，通过介绍商品的卖点、质量和优势等激发客户的购物欲望。当遇到疑难问题时，售前客服要通过自己的专业销售技巧进行处理，并且始终保持热情、耐心的态度。客户成功下单后，售前客服要仔细核实订单，并发送给客户确认。

2. 售中客服

售中客服的工作集中在客户付款到订单签收的整个时间段，主要负责处理物流订单工作。售中客服一定要做好与售前客服的工作交接，防止出现订单错乱的情况。下面介绍售中客服的工作内容。

● **装配商品并打包**：售前客服核对订单无误后，售中客服应尽快装配商品并打包，做好商品的发货准备工作。打包时要仔细检查商品与包装，同时，还要细心核对客户信息与快递信息，特别是客户添加的备注信息，一定不要遗漏。

● **发货并跟踪物流**：做好商品装配与包装后，要及时通知服务商揽件，并输入物流信息，告知客户商品已经正常发货，发货后需要实时跟踪商品的物流状态。

● **提醒客户及时收货**：当商品运输到客户所在城市后，以短信或旺旺消息的形式通知客户商品已经到达其所在城市，马上准备配送。当快递公司配送后，还要提醒客户及时收货，防止商品遗失。

● **处理打单**：打印物流单，其中包含修改订单资料、开具发票、提供收据、多个订单合并、选择合适的快递等。

● **跟进物流**：及时跟进包裹发出无记录、包裹长期停滞不前，物流信息不更新、快递错发、分拣出错、包裹不到、快递超区不送等情况。

3. 售后客服

售后客服主要是对交易完成后的订单的售后问题进行跟进和处理。这同样要求售后客服热情、耐心、细心、专心，并且熟悉网店、熟悉商品、熟悉规则、熟悉售后流程。售后客服岗位职责的内容如下。

● **跟踪信息**：跟踪商品售后信息。

● **回访客户**：定期回访客户，以检查客户关系维护的情况。常用的回访工具有短信和旺旺等，回访内容可以是简单告知网店的最新活动或邀请客户参加网店的商品质量调查等。

● **收集客户信息**：负责收集客户的个人信息，了解并分析客户需求，规划对回头客的服务方案。

● **解决交易纠纷**：解决商品因质量问题、使用问题、退换货问题等引起的纠纷。

8.1.3 网店客服必须掌握的基础操作

网店客服需要掌握千牛卖家工作台提供的网店客服工具的基础操作，以便更好地做好客户服务。网店客服与客户交流主要通过千牛卖家工作台的客户端（以下简称"千牛客户端"）进行，除此之外，千牛客户端中的聊天记录是淘宝在处理买卖双方纠纷时，认可的申诉证据之一。

1. 设置欢迎语

千牛客户端可以与淘宝共用账号，客服可以直接使用淘宝账号登录千牛客户端。当客户咨询时，客服可单击桌面任务栏的提醒图标，在接待中心直接回复客户。但当咨询客户较多或者无法第一时间回应客户时，客服可以在千牛客户端中设置自动回复，也可以提前写好回复的内容，然后通过快捷回复方式应答，以节省时间。设置欢迎语的具体操作如下。

步骤1：下载并登录千牛客户端，单击右上角的 按钮，打开"接待中心"页面，查看客户消息。单击界面左下角的 按钮，在打开的下拉列表中选择"系统设置"选项，如图8-1所示。

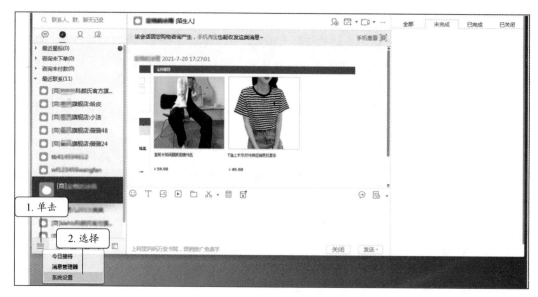

图8-1　选择"系统设置"选项

步骤2：打开"系统设置-接待设置"面板，在左侧导航栏中选择"接待"选项，在展开的页面中单击"自动回复"按钮，如图8-2所示。系统将自动打开"客户服务平台"页面，并自动打开"欢迎语"页面，在"欢迎语功能"栏后单击选中"启用"单选项，如图8-3所示。

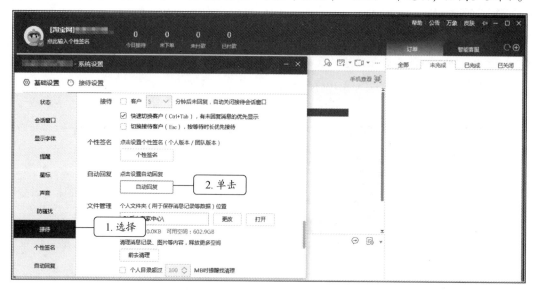

图8-2　单击"自动回复"按钮

步骤3：在打开的"全店通用"面板中，单击"售前通用（有客服在线）"选项右侧的"设置"超链接，系统将自动打开售前欢迎语"通用模板"设置面板。单击选中"是否启用"

栏后的"启用"单选项；在"欢迎语文案"文本框中输入欢迎语的内容，这里输入"Hi，欢迎光临本店，我是本次接待您的客服小凡，请问有什么可以帮助您？"，如图8-4所示。

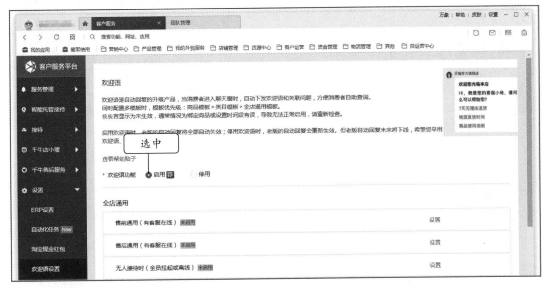

图8-3　单击选中"启用"单选项

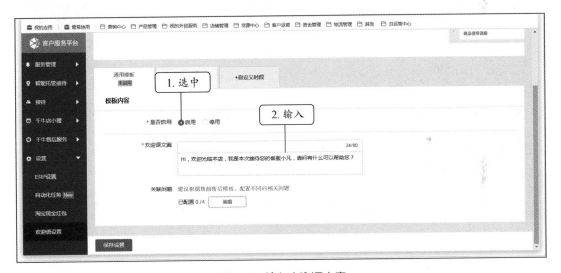

图8-4　输入欢迎语文案

步骤4：在"关联问题"栏下单击"编辑"按钮；打开"选择关联问题"对话框，单击"+新增问答"按钮，打开"新增问答"对话框；在"请输入问题"文本框中输入问题，这里输入"7天无理由退货"；在"请输入答案"文本框中输入答案，这里输入"本款商品支持7天无理由退货，只要商品吊牌、外包装完整，且未清洗过，不影响二次销售，皆可退换"，如图8-5所示。

步骤5：完成后，单击"保存"按钮，单击选中"7天无理由退货"前的复选框，如图8-6所示。单击"确认提交"按钮，然后单击"保存设置"按钮，完成欢迎语的设置。

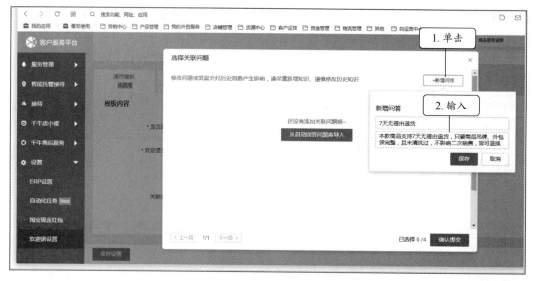

图8-5 新增问答

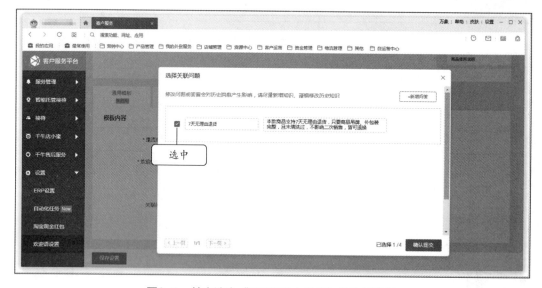

图8-6 单击选中"7天无理由退货"前的复选框

2. 设置消息提醒

为了避免错过客户的消息，商家可以在千牛客户端设置消息提醒，具体操作如下。

步骤1：打开"系统设置-接待设置"面板，在左侧的导航栏中选择"提醒"选项。

步骤2：在"首次单聊会话消息提醒"栏下选择单聊提醒方式，这里单击选中"弹出窗口"单选项；在"首次群会话消息提醒"栏下选择群聊提醒方式，这里单击选中"任务栏提醒"单选项；在"其他提醒"栏下选中其他需要提醒的消息，如图8-7所示。

步骤3：设置"群发消息""入群请求""新消息提示背景色""客服任务新消息提示背景色"等其他内容，如图8-8所示。

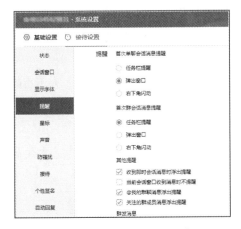 

图8-7　设置消息提醒方式　　　　　　　图8-8　设置其他内容

3. 发送网店现金红包

网店现金红包指的是商家通过聊天窗口向客户发送的可直接提取到支付宝的现金红包。网店现金红包分为单聊红包、群聊红包和红包活动3种，且各有用途。商家可以通过向客户发送网店现金红包，达到相应的目的。

● **单聊红包：** 单聊红包指的是商家单独给客户发送的网店现金红包，主要用于补偿邮费或差价、安抚客户情绪、召回老客户。

● **群聊红包：** 群聊红包指的是商家在淘宝粉丝群中发送的网店现金红包，主要用于活跃粉丝群、拉新促活。

● **红包活动：** 红包活动指的是官方举行的红包活动。

商家可以在客户服务平台中设置网店现金红包。打开淘宝现金红包设置页面，开通支付宝代扣服务并授权支付宝发红包后，商家可以进行网店现金红包设置。图8-9所示为开通支付宝代扣服务的相关页面。

图8-9　开通支付宝代扣服务的相关页面

8.1.4　智能客服

为了及时地回复客户，也为了减轻客服的工作压力，商家可以在千牛客户端设置智能客服。智能客服能针对客户提出的问题智能匹配答案。智能客服工具主要包括店小蜜和智能客服插件。

1. 店小蜜

店小蜜是阿里巴巴推出的一款面向所有淘宝商家的智能客服系统工具，融合了人工智能技术，能够替代一部分在线客服，帮助商家解决一些简单的在线客服问题，不收取任何费用。开通店小蜜的具体操作如下。

步骤1： 登录千牛客户端，打开客户服务平台页面，在左侧的导航栏中单击"千牛店小蜜"选项右侧的下拉按钮，选择"知识库"选项，如图8-10所示。

图8-10 选择"知识库"选项

步骤2： 打开"阿里店小蜜"页面，阅读店小蜜使用授权协议，阅读完毕后单击"同意协议，即刻开启"按钮。然后，在打开的页面中单击"解锁机器人来解决您店铺的问题"按钮，如图8-11所示。

图8-11 单击"解锁机器人来解决您店铺的问题"按钮

步骤3： 在打开的页面中单击"用户协议"超链接，查看解锁机器人的协议。查看完毕后单击选中"我已阅读并同意以上协议"复选框，并单击"确认"按钮，如图8-12所示。

图8-12 查看并签署协议

步骤4：在打开的页面中，系统默认选择所展现的所有功能，单击选中功能所对应的勾选按钮，可取消选择该功能。选择完毕后，单击"一键开启"按钮，如图8-13所示。

图8-13 单击"一键开启"按钮

步骤5：在打开的页面中配置店铺高频问题，如图8-14所示。此步骤一共可配置6个店铺高频问题，如果不想配置某个高频问题，可以单击"跳过"按钮跳过该问题。问题配置完毕后，即完成店小蜜的开通。

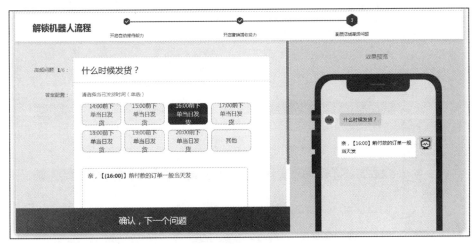

图8-14 配置店铺高频问题

知识补充——店小蜜

如果未开通店小蜜，无论选择知识库还是全自动机器人、智能辅助（半自动）等，都将跳转到店小蜜开通相关设置页面。店小蜜开通后，客户在询问时系统将自动匹配答案。如果商家想要服务更加精细化，可以在店小蜜专属设置页面为每个商品的高频问题匹配答案，设置客户分流（即客户分组管理）。

2. 智能客服插件

如果商家想要店小蜜的功能更全面，可以使用智能客服插件。例如，为网店中的商品匹配更多、更专业的高频问题答案，可以使用店小蜜知识库智能客服插件。商家需要授权才能使用智能客服插件，打开客户消息页面，单击"智能客服"选项卡，单击"确定授权"按钮即可完成授权，如图8-15所示。

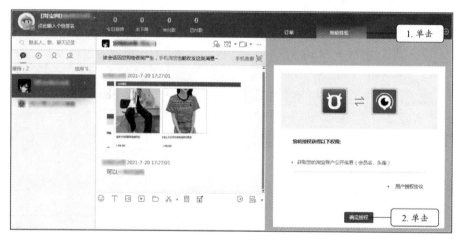

图8-15 单击"确认授权"按钮

授权完成后，系统将打开客户服务平台-智能客服插件设置页面，如图8-16所示，商家可在其中选择所需的智能客服插件。

图8-16 客户服务平台-智能客服插件设置页面

8.2 接待客户

接待客户是客服的基本工作，在与客户沟通的过程中，引导客户下单、促成交易是最终目的。为了更好地接待客户，客服可以从以下几个方面入手。

8.2.1 进门问好

进门问好是客服服务流程的第一个环节，这一环节看似简单，其实有着很深的学问。如果问好得当，会给客户留下良好的第一印象，为本次交易赢得良好的开局。同时，客服响应速度直接影响客户的去留，一般尽量保证在6秒之内首次响应客户。

在向客户问好时，客服可以使用一些个性化的内容，如"亲，提前祝您中秋节快乐！"对于老客户，则可以换种方式表达，如"宇宇妈，好长时间没见到您了，最近怎么样呢？"。另外，客服还可以利用欢迎语、优惠活动及商品介绍等进行问好。

- **欢迎语**：例如，"您好，欢迎光临××旗舰店，请问有什么可以帮到您的呢"。
- **优惠活动**：例如，"亲，现在网店举行买一送一的优惠活动，非常划算哦"。
- **商品介绍**：针对客户的需求介绍商品，例如，介绍商品的特征、功能和注意事项等，以让客户了解商品，激发客户的购买欲望。例如，销售衣服时从款式、风格、面料、尺寸、洗涤方法及搭配等方面进行介绍。

8.2.2 挖掘需求

如何挖掘客户需求，要根据客户的兴趣和客户对商品的了解程度来决定。如果客户对某款商品感兴趣，客服可以不用急着介绍其他商品，先促成该商品的交易，避免节外生枝。如果客户因对商品不了解而不知该如何选择，客服就可以根据客户的需求为客户介绍商品。

8.2.3 推荐商品

通过商品推荐，客服可以帮助客户快速了解所需商品，提高服务效率，促成交易。同时，客服也可以利用关联销售技巧，推销更多客户所需的商品，以此来提高客单价。

客服在向客户推荐商品时，首先应该通过客户咨询的内容或者客户拍下的商品瞄准客户的需求，然后立足于客户的兴趣点为其进行关联推荐，最后协助客户挑选并促成交易。客服在推荐商品的流程中一定要注意以下3点。

1. 瞄准客户需求

客服一定要充分了解客户的购买欲望和购买需求。在与客户的沟通过程中，客户咨询的问题往往可以直接反映客户的需求。但是，在客户拍下订单未付款的状态下，客服就不需要再询问客户的需求。

2. 进行关联销售

了解客户需求后，客服要进一步对商品进行有效推荐，而且在推荐成功后还可以顺势进行其他相关商品的关联销售。客服在推荐关联商品时，一定要搞清楚关联商品与客户所购商品之

间的联系。在实体店购买奶瓶时，导购都会相应地给客户介绍备用奶嘴和奶瓶刷等商品，这实质上就是一种关联销售，这种方法对网店也同样适用。

3. 把选择权留给客户

最终的选择权在客户手中，客服在每一次介绍完商品的某种性能时都要及时与客户确认，确认其是否明白自己讲解的意思，是否认同自己的解说，如果不认同又有怎样的想法，这些都是客服需要了解清楚并及时反馈的。

8.2.4 处理异议

客户在与客服沟通后，对商品有一些异议很正常，客服只要能够处理好异议并让客户满意，就能促成订单。因此，客服要学会处理异议。所谓的处理异议，就是针对客户的疑问、不满等，进行解答。

常见的异议包含质量、包装、价格、色差、发货时间、礼品、尺寸和快递等问题。例如，当客户对于优惠规则存在异议时，客服一般可以通过介绍商品本身的优势，告诉客户现有优惠已经是最大优惠，或者通过强调多买多优惠、多买送小礼物等方式来打动客户。

客服在处理异议时要善于抓住问题的本质和关键，具体可以从以下3个方面出发。

● **站在客户的角度思考问题**：当客户产生异议时，客服首先要明确异议的真正内容，然后站在客户的角度思考产生该异议的直接原因，并找出分歧点，最后利用数据和事实消除客户的疑虑、误解，与其达成共识。

● **阐述商品的优势**：客户关心的是商品质量、商品价格、生产技术水平和售后服务等问题，客服可以从这几个方面阐述商品的优势。要想把商品优势说清楚，客服不仅要对商品有深入的了解，能说清楚商品的特征、原材料、制作工艺和包装，以及价格、服务等的特别之处，还要对该商品的竞品有透彻的了解，通过对比分析，让客户明白商品的优势。

● **突出客户的利益**：当客户对商品的质量有异议时，客服除了向其说明商品的质保信息外，还可以突出客户所能享受的利益。例如，当客户问"质量有保证吗"时，客服可以回复"这件T恤是纯棉的，吸汗透气，您穿着去运动会非常舒适，对皮肤也是很好的呢"。

8.3 客户订单管理

网店运营离不开处理订单，订单关系到网店的实际收益，因此，网店客服要注意客户订单管理。

8.3.1 订单催付

在客户下单未支付的情况下，客服需要通过淘宝消息端、短信等途径催促客户支付，以提高订单的转化率。

1. 淘宝消息端催付

淘宝消息端催付是常见的催付方式。如果客户拍下商品10分钟后还未付款，客服可以通过淘宝消息端催付。

（1）催付话术

首先提醒对方还未付款并表示可以帮助解决在支付上遇到的问题。例如，可以这样提醒对方："亲爱的，您的订单还未付款，不要忘记了哟，方便我们为您安排发货！如支付上遇到任何问题随时招呼我哟。"然后将订单信息发送给客户。

如果客户仍未付款，可以再一次催促。例如，可以这样催促："亲爱的，您的眼光真不错，拍下的鞋子同一时间很多客户也在购买。咱们家是付款减库存，为避免您拍下的鞋子被抢走，建议您尽快完成付款，咱们会尽快安排发货！点击链接即可付款哦。"

（2）设置自动催付

为了减少工作量，客服还可以设置自动催付，具体操作如下。

步骤1：登录千牛客户端，打开"客户服务平台"页面，在左侧的导航栏中单击"设置"选项右侧的下拉按钮，选择"自动化任务"选项。打开自动化任务页面，在"售前阶段"栏下单击"自动催付"面板中的"立即开启"按钮，如图8-17所示。

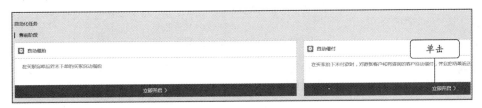

图8-17 单击"立即开启"按钮

步骤2：打开规则设置页面，在"基础催付设置"面板中设置催付方案。在"开启自动催付"栏后单击选中"对静默订单自动催付"复选框；在"自动催付规则"后的文本框中输入催付时间，这里输入"5"；设置自动催付时间，这里设置为"每天8时至次日2时"；在"设置提示信息"文本框中输入催付信息，这里输入上文提到的信息，如图8-18所示。设置完成后单击"保存"按钮。

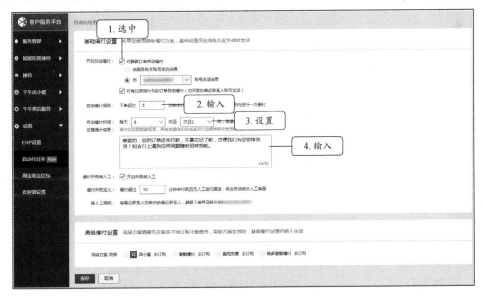

图8-18 设置自动催付

 知识补充——自动催付时间设置

> 客服在设置自动催付时间时要注意，自动催付时间不能超过24小时。

2. 短信催付

在发送催付短信时，客服要注意发送的时间，针对上班族可以在中午的时候发送催付短信，针对学生或工作时间较长的客户可以在22:00左右发送催付短信。在催付短信开头，说明网店的名称，再简明扼要地说明来意。例如，商品为小黑裙，催付短信内容可以为"【云想衣裳】亲爱的，您看中的小黑裙现在库存紧张，喜欢可以赶紧付款哦，方便我们尽快为您安排发货，如有任何问题可联系客服哦"。

8.3.2 订单确认

为了避免出现不必要的售后问题，客服需要对每一笔付款订单进行确认。确认订单可以分两步，下面分别进行介绍。

● **核对商品信息**：个别客户在购买商品时，只看了商品图片的大致信息和价格，却忽略了其他因素，最终选择了便宜又看似相同的商品，收货后才发现，这并非自己所要购买的商品。针对这一情况，客服一定要对客户所购买的商品进行确认，同时也要一一确认附带的赠品、承诺的事项等。这样既可避免因客户购买出现差错而发生退换货情况，又可避免客服忘记为客户添加备注，造成违背承诺的情况出现。

● **核对收货地址**：促成订单后，客服还需对客户的地址信息进行核对，确保客户所选择的物流或客服推荐的物流可以到达客户所指定的收货地址。如果在核对地址的过程中，客户提出变更收货地址，客服除了满足客户地址变更的要求并及时进行信息修改外，还应仔细地核对变更后的收货人姓名和电话号码，以免出现差错而影响投递。

为了方便，商家可在客户服务平台的自动化任务中设置订单自动确认。设置后，客户下单后，系统将自动在淘宝消息端向客户提供订单确认信息。

8.3.3 订单处理

确认订单后，商家需要对订单进行处理，包括查询订单、订单改价、为订单添加备注等。

1. 查询订单

查询订单是网店客服的日常工作，常见于修改订单地址或添加订单备注等操作之前。查询订单的方法很多，可通过商品名称、客户昵称、订单编号等查询条件进行查询，其中，利用订单编号查询订单是较为常用的方法。

打开"已卖出的宝贝"页面，在其中可以输入宝贝名称、买家昵称、订单编号、订单状态等查询条件，这里在"订单编号"文本框中输入要查询的订单号，如图8-19所示。单击"搜索订单"按钮，可在"近三个月订单"列表中看到搜索结果。

2. 订单改价

订单改价只针对交易状态为"等待买家付款"的订单，如果订单是已付款的状态，则无法修改交易价格，客服一定要清楚这一细节。

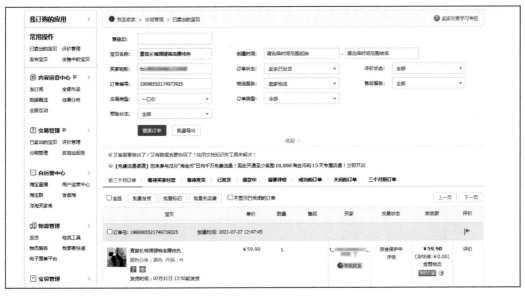

图8-19　查询订单

打开"已卖出的宝贝"页面，在其中找到需要修改价格的订单后，单击"修改价格"超链接，在展开的面板中修改商品价格。返回"已卖出的宝贝"页面，系统将自动显示订单修改后的价格。

3. 为订单添加备注

在交易过程中，如果客服与客户有特殊约定，例如，赠送小礼物、写祝福卡片等，在客户付款后，客服就可以为订单添加备注，具体操作如下。

步骤1：打开"已卖出的宝贝"页面，单击商品订单右上角的▶按钮，打开"编辑标记"页面，在"标记"栏后选择标记颜色，这里单击选中蓝色旗帜单选项，在"标记信息"文本框中输入标记内容，这里输入"赠送小礼品"，然后单击"确定"按钮完成添加，如图8-20所示。

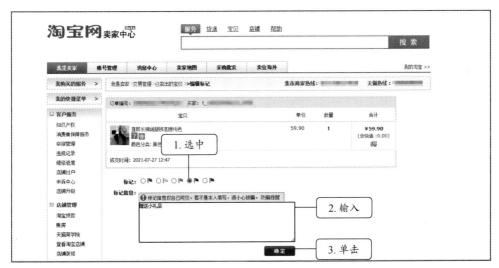

图8-20　添加备注

步骤2： 当为订单添加备注信息后，在"近三个月订单"列表中，已添加备注的订单中灰色旗帜图标将显示为修改后的颜色，此时将指针移至旗帜上，系统会自动显示备注内容。

4. 修改订单属性或收货信息

客户拍下商品并完成付款后，可能会出现尺码不符或地址临时修改等情况，此时，就需要客服在后台修改订单属性或收货信息。

打开"已卖出的宝贝"页面，找到需要修改的订单，然后单击该订单对应的"详情"选项，进入"交易详情"页面，在页面中可修改订单信息、收货和物流信息等。

5. 及时发货并跟踪物流

在客户下单以后，客服应该尽快打包好商品并联系服务商取货，同时在千牛客户中心中设置商品已发货。商品发货后，客服还要及时跟踪订单物流，保证商品物流进度正常。在"近三个月订单"列表中，单击"查看物流"超链接查看订单物流详情，如图8-21所示。

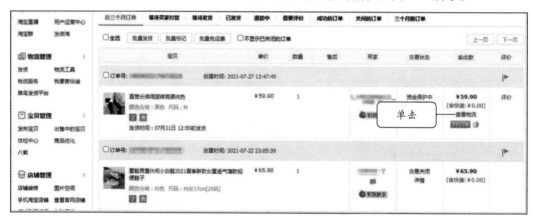

图8-21 单击"查看物流"超链接

8.4 中差评的处理

在实际交易中，有些客户若对客服服务、商品质量或快递不满意，可能不会选择退货退款，而是直接给网店中差评。中差评会拉低网店的好评率，若好评率不达标，网店将无法参加一些淘宝活动，从而错过更多的实现盈利的机会。此外，好评率也会影响客户对商品的判断、影响网店的转化率和销量。因此，客服要重视中差评，并且妥善处理中差评。

8.4.1 中差评概述

处理中差评非常考验客服的经验和技巧，要求客服具有良好的心理承受能力和应变能力。客服在处理中差评时，应根据不同情况采取不同的方法。

中差评主要分为两种：一种是正常中差评，另一种是恶意中差评。前者是客户的真实反馈，后者是职业差评师或者竞争网店所采取的不正当手段，客服要注意区分。中差评的产生主要与商品、服务、物流有关，当商品与客户预期相差过大、服务质量较差、物流出现问题时，就容易产生中差评。

发现中差评后，客服应在第一时间道歉，然后积极联系客户，询问具体原因，然后提出解决方案，直到问题解决为止。

8.4.2　处理商品问题导致的中差评

如果商品本身存在问题，客户很容易给中差评。如果是这样，客服可以与客户商量退换货，如果客户不想退换货，客服可以根据质量问题的严重性赔偿客户相应的金额。例如，某客户表示收到的衣服扣子有问题，并给出中差评，客服可以先道歉，然后询问是否影响正常使用，如果不影响正常使用，客户又不想退换货，此时客服可与客户商量给予一定的赔偿。

当商品不符合客户的预期引来中差评时，客服需要了解不符合预期的具体原因，并向客户解释原因。例如，某客户表示收到的鞋子上脚效果不理想，达不到心理预期，以致给出中差评，客服可以先询问具体的原因，是鞋子的软硬度还是大小等方面的原因，可以与客户商量退换货，并表示将进一步改进。

8.4.3　处理服务问题导致的中差评

客服既能够给网店带来好处，也会给网店带来坏处，因客户服务而产生的中差评不在少数。当出现回复慢、发货慢、服务态度差、解决方案不符合客户心意等情况时，客户可能会给出中差评。此时，具体的解决方案如下。

1. 回复慢

因回复慢引来中差评时，客服可以这样回复："亲，对不起，由于光临本店的人较多，没有及时回复您，在这里真诚地向您道歉，以后我们会加强客服培训。"

2. 发货慢

因发货慢引来中差评时，客服首先要追查订单的物流，并了解是否存在超时发货的问题，并追查原因。如果订单的发货时间超出正常时间，要第一时间道歉，然后向客户说明出现这种情况的原因。

3. 服务态度差

因服务态度差引来中差评时，客服应向客户道歉，表明服务出错的地方，还可以表示会加强客服培训，努力提高客服的整体职业素养。

4. 解决方案不符合客户心意

因解决方案不符合客户心意引来中差评时，客服需要向客户了解清楚不满意的地方，并耐心地与客户沟通，直到找到双方都满意的处理方案。

8.4.4　处理物流问题导致的中差评

在快递运输的过程中，出现商品丢失、商品破损、商品滞留等情况，会引起客户不满，导致网店被负面评价甚至被投诉。遭遇这种情况时客服必须及时了解商品的物流情况，与物流方取得联系，并快速实施相应的解决方案，降低中差评概率。

1. 商品丢失

商品丢失是物流中比较严重的问题，出现商品丢失的情况时，客服一定要与快递公司进行

沟通，及时了解商品丢失的详细情况。一般来说，商品丢失分为人为和非人为两种情况。如果是人为商品丢失，需追究责任人的责任。为了防止这种情况发生，客服在包装商品，特别是包装贵重商品时，一定要做好防拆措施，并提醒客户先验收再签字，将丢失风险降至最低。如果是非人为商品丢失，那么可以要求快递公司对商品的物流信息进行详细排查，检查商品是否遗漏在某地，如果商品确实丢失了，可以追究快递公司的责任。

不管是人为还是非人为商品丢失，都会延迟客户收到商品的时间。为了避免纠纷，在出现商品丢失情况时，客服应该尽快告知客户，并与之协商好处理办法，必要时客服应尽快重新发货。

2. 商品破损

商品破损非常影响客户的好感度，商品包装不当、快递运输不当等都可能导致商品破损情况发生。为了避免商品破损，客服在包装商品时一定要仔细，选择合适的包装材料，保证商品在运输过程中的安全。如果是由于运输不当而产生商品破损，则需要追究快递公司的责任。

客户收到破损商品会非常影响心情，这可能直接导致中差评的产生，因此客服一定要重视商品的合理包装，如果是易碎易坏商品，则要告知快递公司小心寄送，并在包装箱上做标记。

3. 商品滞留

商品滞留是指商品长时间停留在某个地方，迟迟无人派送。商品滞留分为人为和非人为两种情况：人为滞留多由派送遗漏、派送延误等问题引起，非人为滞留则多由天气等客观情况引起。如果是人为商品滞留，则客服需要联系快递公司了解滞留原因，催促快递公司及时派送。如果是非人为商品滞留，则客服应该及时与客户联系，告知商品滞留原因，并请求客户谅解。

8.4.5 处理中差评的技巧

在处理中差评时，客服要运用一些技巧。

● **处理评价时要保持良好心态**：保持良好的心态是与客户沟通的前提。出现影响不好的中差评，客服不要急于推脱责任，甚至中伤客户，否则会影响网店形象。客服要耐心询问中差评的缘由，给出处理方案并诚恳致歉。

● **选择合适的沟通时间点**：若没有在产生中差评的第一时间与客户沟通，那么应另择合适的沟通时间点。该时间点应尽量避开客户工作等不想被打扰的时间，以降低被拒接电话、被挂断电话甚至被骂的概率。

● **选择合适的沟通工具**：在进行中差评售后处理时，语音沟通有文字沟通所不具有的优势，因此电话是较有效的沟通工具之一，选择电话沟通往往可以获得理想的效果。

● **选择合适的沟通时机**：可通过查看客户手机旺旺是否在线，判断客户是否登录了淘宝账号，若在客户未登录账号的情况下直接打电话进行沟通，就可能发生客户答应修改中差评，但过一段时间便忘记的情况。

● **沟通判断及补偿**：在与客户沟通的过程中，如果诚恳道歉未达到理想的效果，客服可通过沟通判断客户的性格、脾气，针对不同的客户用不同的沟通方式进行交流。通过试探，可以在不损害客服利益的情况下给客户切实的补偿，从而提高中差评处理效率。

8.5 客户关系维护

除了给客户提供更优质的服务，客服还需要关怀新客户、将新客户发展成忠实客户、维护老客户，以及进行会员营销等。会员是与网店建立长期合作关系的客户，能够为网店带来长远的利益。因此，客服要注意客户关系维护。

8.5.1 客户关系管理操作

客服可以通过千牛卖家工作台的"客户运营平台"查看和分析会员数据，该平台是淘宝网免费提供的会员关系管理工具，不仅提供查看和分析会员数据的功能，还支持对会员数据进行管理，如收集和整理客户数据、设置会员等级、客户分组等。

1. 收集和整理客户数据

收集客户数据是客户关系管理的基础，客服可通过客户运营平台查看和整理客户的手机号码、邮箱、地址等基本信息。如果客服在与客户交流过程中收集到了其他客户信息，也可将其存放在该会员管理系统中。下面介绍在客户运营平台中收集和整理数据的具体操作。

步骤1：在展开的"营销中心"面板中单击"客户运营平台"超链接，打开客户运营平台页面。在页面左侧的导航栏中单击"客户管理"栏下的"客户列表"选项，打开客户列表页面，在需要查看数据的客户后单击"详情"超链接，如图8-22所示。

图8-22 单击"详情"超链接

步骤2：打开客户信息面板，单击页面右上方的"编辑"按钮，可对客户信息进行编辑和补充。单击"+添加备注"按钮可为客户添加备注信息，编辑完成后单击"保存"按钮完成操作，如图8-23所示。

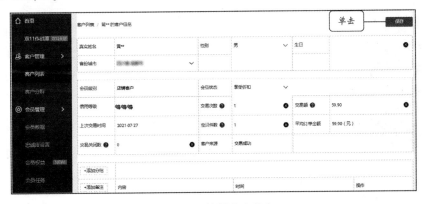

图8-23 编辑客户信息

2. 设置会员等级

客户运营平台提供了设置会员等级的功能，客服可根据会员的消费情况、消费次数、客单价等数据为其设置不同的等级，还可为不同等级的会员设置不同的折扣。同时，客服可在客户信息面板中设置客户的会员级别、会员状态、享受折扣等。

客户运营平台的会员管理系统将会员分为普通会员、高级会员、VIP会员、至尊VIP会员4个等级，每一个级别的会员要求不同，普通会员想要升级为高级会员、VIP会员和至尊VIP会员，要满足指定的消费条件。客服可以通过忠诚度管理页面，进入会员体系设置页面，设置不同级别会员的交易额、交易次数、折扣等，如图8-24所示。

图8-24　设置会员等级

3. 客户分组

设置了消费条件后，系统会自动将满足条件的客户提升到相应的等级，并给予相应的优惠或折扣，当然客服也可以手动对客户进行分组，具体操作如下。

步骤1：打开客户列表页面，单击客户列表下方的"分组管理"按钮；打开分组管理页面，单击"新建分组"按钮，在"分组名称"文本框中输入分组名称，如图8-25所示，单击"确定"按钮完成创建。

图8-25　新建分组

步骤2：建立好分组之后，打开客户信息面板，单击"+添加分组"按钮，在打开的下拉列表中为客户添加分组，如图8-26所示。

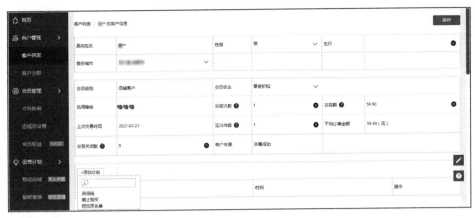

图8-26　为客户添加分组

8.5.2　新老客户关系维护

客户是网店长期发展的根基，客户不只是成交对象，而且是网店的合作对象。与客户建立良好的关系有利于网店的可持续发展，而在这个过程中，客服的作用非常重要。

1. 关怀新客户

淘宝网店在激烈的竞争中发展新客户非常不容易，新客户意味着新的流量，因此，客服需要抓住每一位进店的新客户。

（1）转化未下单的新客户

新客户指近365天无网店支付且近30天有网店访问，或近30天支付一次且365天内首次支付的客户。针对无网店支付但有网店访问的新客户，客服可以通过设置网店首页优惠、发送推广短信的方式，转化这类客户。

客服可以通过"自运营中心"进入"用户运营中心"页面，选择"消费者运营"栏下的"新客触达"选项，打开新客获取页面，在"新客首购"面板中进入相关设置页面，如图8-27所示。

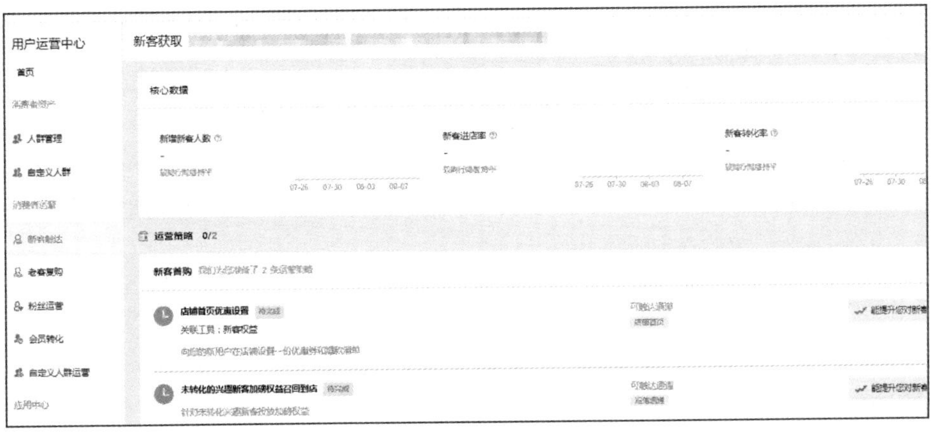

图8-27　新客获取页面

（2）关怀已下单的新客户

客服可以关怀已下单的新客户，以提升其对网店的好感度，将其发展为网店的忠实客户。

客服除了使用发货提醒、物流跟踪、签收提醒、回访等在日常工作中常用的手段外，还可以在打包快递时做一些个性化处理。例如，在填写快递单时备注贴心小提示（提醒快递员注意寄送），以体现对客户的真诚关怀。此外，为了加深客户对网店的印象和提升客户对网店的好感度，客服还可以在包裹里面附带网店宣传彩页，并赠送贴心卡片、小礼品等，或使用具有特色的、迎合目标消费群爱好的包装盒等。

2. 维护老客户

老客户是网店长期发展的基石，老客户的复购率较高，且维护成本比开发新客户低。同时，老客户有可能会带来新的客户。因此，客服要做好老客户维护工作。

提高老客户的复购率对网店非常重要。为了提高老客户的复购率，客服可以针对不同类型的老客户实施不同的运营策略。针对类目活跃老客户和网店兴趣活跃老客户，客服可以通过设置复购权益、设置专属优惠券、短信推送和发放智能海报等方式来引导其复购。"老客专享优惠券"的设置路径为"用户运营中心→老客复购→人群→优惠券→渠道"，图8-28所示为其设置页面。

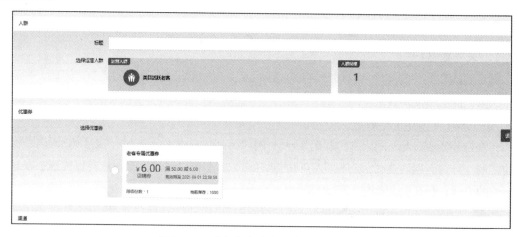

图8-28 "老客专享优惠券"设置页面

💻 **知识补充——智能营销**

> 除了可以在"用户运营中心"设置专属优惠券、短信推送外，客服还可以在"客户运营平台"利用智能营销功能，进行短信营销、智能复购提醒、购物车营销等。创建短信营销后，客服可对指定人群进行优惠券、短信及定向海报营销，这与在"用户运营中心"设置短信推送和发放智能海报类似。

3. 会员营销

会员是网店客户中的一个特殊群体，其与网店的联系较其他客户更为紧密。会员积累是不断发展新会员，并使新会员变成老会员的过程。对新会员施以恰当的营销手段，同时维护与老会员的关系，不仅可以为网店带来直接的经济收益，还能借由会员营销提升推广效果，保持网店的良性发展。一般来说，客服可以采取以下途径来进行会员营销。

（1）设置会员专享权益

客服可针对不同会员设置会员专享权益，加强会员与网店之间的联系，同时，会员专享权益还可以用来吸引客户入会。会员专享权益主要由新会员礼包、会员专享券、会员专享礼、积分兑券和积分兑礼构成，客服可在"客户运营平台"进行设置，如图8-29所示。针对新会员，客服可以设置新会员礼包；针对老会员，客服可以设置会员专享券、会员专享礼、积分兑券和积分兑礼，开展会员优先购活动等。

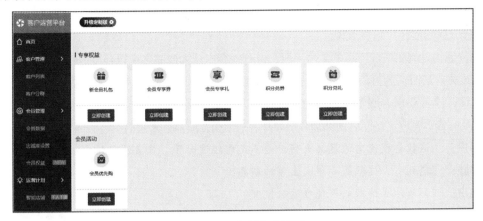

图8-29　会员专享权益

（2）会员个性化关怀

会员个性化关怀是现在客服普遍采用的营销手段，恰当的关怀不仅可以提升会员对网店的好感度，加深会员对网店的印象，提高会员的忠诚度，还有利于提高网店的曝光率。

客服对会员的个性化关怀应该有一定的针对性，对首次购物的新会员的关怀和对VIP客户的关怀通常是不一样的。VIP会员是购买力较强的客户，所以客服必须注意维护与VIP会员的关系，让他们感受到与普通会员不同的个性化关怀。对于VIP会员，除了通过短信提醒、问候等方式提升其好感度之外，客服还可以建立淘宝群、QQ群或微信群，加强VIP会员与网店之间的联系和交流，维持他们的忠诚度。对于一些重要客户，客服甚至还可以单独添加其为好友，在一些特殊日子里向其发送问候和赠送礼品。

当然，网店开展促销活动时，客服还可以为VIP会员提供不同的优惠条件，体现VIP会员与普通会员的差异。

（3）节假日和生日关怀

每逢节假日，各大电子商务平台都会开展各种促销活动，客服可以以节日的名义向会员发送问候，并给予其一定的专享优惠。

此外，由于客服可以收集到会员的基本信息，当会员生日的时候，可以问候会员，并向其发送生日福利，或邀请会员进入网店领取生日福利，让会员感受到自己被重视、被关怀。生日福利包括现金折扣、抵现、优惠券、小礼品等，客服应该根据网店的实际情况进行设置。需要注意的是，如果客服为VIP会员赠送小礼品，应根据会员在店内的购买记录来投其所好。例如，护肤品网店可以为常年购买精华的VIP会员赠送精华小样。

8.5.3　客户沟通话术

淘宝客服应掌握一些沟通话术，这样有助于减少网店的客户流失、提高复购率，进而增加

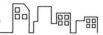

网店销量。下面将结合实例，针对一些常见的沟通情景，总结沟通话术。

1. 应对"商品过时"话术

客户在购买商品，特别是服饰类商品时，经常会将是否过时作为重要的参考标准，因此客服在与客户沟通的过程中能否打消客户的此类顾虑，是衡量客服工作能力的重要标准。面对有商品过时疑虑的客户，客服可以从回馈客户和当下流行元素角度进行解说。

（1）从回馈客户角度解说

降价促销是网店增加流量的常用手段，但有些客户认为商品之所以会以促销价出售，是因为质量不过关、过时。为打消客户对商品质量的疑虑，客服可以从商品的原料、做工、技术等方面进行介绍，这就要求客服掌握商品的相关知识，准确把握商品的卖点。面对客户商品过时的疑虑，要及时告诉客户这是网店为回馈客户而开展的活动，商品并未过时。客服回复案例如下。

客户："这款电视优惠力度挺大啊，是不是已经过时了，才会这么便宜？"

客服："您放心，这款是今年刚上市的新品！"

客户："那为什么这款电视现在这么便宜？"

客服："来得早不如来得巧！今天是本店3周年店庆活动。为了回馈新老客户，本店特别推出3款商品参与特价活动。先到先得哦，买到就是实惠！"

客户："是这样啊，那我可不能错过。"

（2）从当下流行元素角度解说

并不是所有客户都相信网店出售的商品是不过时的。若客户以前已经看到过类似的款式，也会产生商品过时的疑虑，此时就需要客服根据销售商品的特性，来告诉客户商品为何不过时，并将当下流行的元素、花纹、设计、新技术应用等融入商品介绍中，以此打消客户的疑虑，最终促使客户下单。客服回复案例如下。

客户："看这包好像是2020年款，是不是已经过时了？"

客服："您真有心，一看就知道您经常关注我家的商品。这款包的确跟2020年的那款很像，但是两款是不一样的，我们这款包加入了铆钉、紫色花纹等当下流行元素。请放心，这是一款当下非常流行的包。"

客户："仔细一看确实是这样，原来是我搞错了！"

2. 应对"商品不上档次"话术

在购物时，一些客户会根据自己的地位、商品的应用场景等因素来审视自己想要入手的商品是否上档次。当客户产生"商品是否上档次"的疑问时，客服就要采取相应的话术来打消客户的疑问。

（1）阐述商品上档次的原因

一些客户在购买上档次的商品时，有时也会产生"不上档次"的顾虑。此时，客服就要直接告诉客户这款商品是上档次的，并且阐述商品上档次的原因，以消除客户的顾虑。客服回复案例如下。

客户："这款西装卖得怎么样？"

客服："您品位真高，这款西装颜色是高级灰，西装简约时尚、精致美观，是当前较受欢迎的商务西装，现在入手只需要1700元哦！"

客户："看表面不够笔挺，而且面料没有光泽，感觉很没档次，也不知道值不值这个价钱，不满意可以退货吗？"

客服："这款西装采用了高级西装特有工艺——半麻衬工艺，选料严苛，面辅料良好结合，工艺精湛，具有轻薄软挺的特质，绝对高端、大气、上档次。您可以放心入手哦！"

客户："感觉是挺不错的！可以入手一件。"

客服："感谢您对小店的支持，祝您事业攀升，魅力无限！"

（2）便宜商品委婉说

客服常常会遇到这样的客户，他们既要商品便宜实惠，又要商品上档次。面对这样的客户，客服切忌冷嘲热讽，而应拿出真诚的态度，委婉地告诉客户这个商品在同价位商品中是物超所值的，值得购买。客服回复案例如下。

客户："你家的这件衣服好像不上档次啊？"

客服："这件衣服仅售50元，比较实惠，但衣服面料与做工都是非常讲究的，并且款式新颖，裁剪得体。"

客户："好的，我看看。"

3. 应对"商品太贵"话术

商家希望以高价格成交，赚取更多的利润；而客户则希望以更低的价格购买到好商品。因此客服难免会遇到一些讲价的客户，置之不理或是严词拒绝很可能会丢单，此时客服可以从以下两个方面入手。

（1）证明价格合理的原因

以高价格成交可以赚取更多的利润，因此商品质量高是应对商品太贵问题时首要考虑的说法。此外，大幅度降价往往容易使客户对商品质量产生怀疑，此时说明定价的理由，会让客户更容易相信购买是值得的。客服可以将网店商品与其他商品相比，或把商品的价格与日常支付的费用进行比较，说明价格的合理性。例如，为了向客户证明吸尘器的价格合理，可以说："该吸尘器的价格为1699元，但它的使用期是8年，这就是说，每年约花212元，每月约花17.7元，每天不到0.6元，就可以吸走你家的灰尘，带来干净舒适的生活环境，何乐而不为呢？"

（2）把握降价的力度

有些客户喜欢不断要求商家降价，此时，客服可以先夸赞客户，然后告诉客户网店利润薄等。若最后客服给予了最低价格，客户仍要求降价，此时则不宜与客户花太多的时间讨论价格，应该将客户的注意点转移到商品的卖点和购买后的好处上。

4. 淘宝客服其他相关话术

除了上诉的问题外，客户还会向客服提出各式各样的问题。客服应用简单易懂的语言，及时准确地回答客户的问题，尽量缩短时间。若客户犹豫不决，客服要主动和客户交谈，并且多使用图片，尽量使用亲切的语气，让客户感觉很贴心。下面将介绍一些常见问题的回复技巧。

（1）缺货话术

如果商品缺货，客服要先表达歉意，然后推荐其他商品。例如，"非常抱歉这款商品已经没有现货了，您可以先看一下另外一款，两款商品的质量都是非常不错的，款式和价格也相差不多。"

（2）发货与到货时间话术

当客户询问发货时间时，客服可回复："我们的发货量很大，但是只要您是在下午5点之前拍下的，我们一定会尽快发出。请耐心等待，很快就能收到心爱的商品了。"当客户询问到货时间时，客服可回复："亲，一般××快递是发货后3天左右到货，您收到货以后可以仔细检查一下，如有任何质量问题，7天内可以无理由退换货。"

（3）发什么快递话术

当客户询问发什么快递时，客服可回复："默认发××快递，若××快递无法送达，我们可以为您安排其他快递，部分快递可能不包邮，如××等。"

（4）回复邮费话术

为了避免浪费时间，客服应当一次性把邮费说清楚，如："一千克之内收取10元，每超出一千克加收5元。"如果网店不包邮，客户要求包邮，客服可回复："非常抱歉，邮费是由快递公司这边收取的，我们只是代收，不能为您包邮。"

（5）改价话术

确认改价金额并表达谢意，如："已经为您修改好了价格，一共是××元，您方便时付款就可以了，感谢您购买我们的商品。"

（6）实物和图片有差异话术

当客户询问商品实物和图片是否有差异时，客服可回复："我们网店的图片都是实物拍摄的，没有经过特别的处理，但是图片在拍摄过程中由于光照等的影响可能会与实物有所差异，不过请您放心，差异非常小。"

（7）材质话术

当客户询问商品材质时，客服应根据商品的材质如实回答，同时说明商品特点；对于不清楚的特点需查证后再为客户讲解。

（8）回复褪色、清洗是否方便话术

很多商品会有褪色的现象，此时客服不宜直接回答会褪色，可回复："××是非常好清洗的，您第一次清洗的时候会有点未染上的颜色褪下来，但以后褪色现象会越来越少，您可以完全放心，而且您洗过以后商品的色泽不会有任何变化。"此时，客服还可以告知客户洗涤的方法，如羽绒被只能干洗等。

（9）客户抱怨或不满话术

如果遇到客户抱怨或不满，客服首先应了解原因，再给出处理方案，最后表达歉意，如："您好，是有什么问题让您感到不满意了吗？如果是我们或快递公司给您造成了不便，我们很抱歉！您可以把您遇到的状况叙述一下吗？"如果确认是物流问题，可回复："非常抱歉，最近快递公司的业务量非常大，发货比较慢，您这边先不要着急，我先联系快递公司询问具体情况，再给您回复，真的非常抱歉。"然后，根据具体情况给出解决方法。

（10）退换货话术

如果客户要退换货，客服首先应表明诚恳的态度，如："请您放心，我们一定会给您一个满意的解决方式。"如果是尺码等问题，客服可爽快地为客户换货；若是质量、破损等问题，可详细了解退换货的具体原因，也可让客户自己选择退货或者换货，并对其表达歉意。

(8.6) 物流管理

商品要经物流到达客户手中，商家应选择成本低、效率高的物流。此外，合理地包装商品不仅可以降低商品运输过程中的损坏概率，而且可以提高客户对服务的满意度。

8.6.1 物流工具

发货的数量与销售的数量成正比，因此，商家需要在保证销量的同时提升物流的服务质量。

1. 服务商设置

淘宝集合了各种物流类型的快递公司，且各个快递公司的特点、速度与价格均有所差别，商家应了解目前主流的服务商，并根据自身情况选择服务商。

（1）目前主流的服务商

淘宝为商家提供了不同的服务商，商家可以根据服务商的服务质量、收费及主要运输商品的特点选择服务商。

● **中国邮政**：中国邮政为商家提供了快递包裹服务，选择中国邮政的商家一般可以自己打包商品。针对商品的情况，商家也可选择一些保障服务，如保价、回执等。中国邮政成立的时间较早，其寄送的范围很广，针对一些其他快递没有提供物流服务的区域，商家可以选择中国邮政。

● **圆通速递**：圆通速递在全国各地的网点比较齐备，并且价格相对低廉，江浙沪地区的网点较多，价格也较便宜。但是，圆通速递的汽运件相对较慢，管理不统一。就发货速度而言，发往江浙沪地区速度很快；而东北、西北地区的网点较少，通常只涵盖市级城市，很多县级城市可能没有网点，因此发往东北、西北地区的速度较慢。

● **天天快递**：天天快递的客户群体遍及纺织服装、医药化工等多个领域。其送货速度与地区和网点分布关系密切，发往省内城市2~3天送达，跨省一般4天左右送达。天天快递的收费合理，适合运输中小型物品。

● **宅急送**：宅急送的商品服务有急速达、捷惠达、普运达等，3~4天送达。宅急送服务全面，网点较多，但不支持文件快递，保价费用较低，收费较为合理，运输小件商品时不建议商家选择宅急送。

● **EMS**：EMS负责邮政特快专递服务，是我国境内由中国邮政提供的快递服务，同时提供国际邮件快递服务。EMS运营规范、快递网点多，运送范围遍布全球，具有速度较快、运送安全、支持送货上门、可跟踪物流信息等特点，广泛用于进出口商品运输。EMS的缺点是费用偏高，国内起重500克及以内价格为20元，续重500克，分区域价格加收4~17元。

● **韵达快递**：韵达快递是比较具有特色的快递品牌，其网点分布均匀、规模适中，服务质量尚可，跨省4~5天送达，同城当天或隔天送达，价格相对便宜。

● **顺丰速运**：在快递品牌中，顺丰速运以快速和相对优质的服务闻名。顺丰速运由总部统一管理，所以各地的服务水准都保持基本统一，是业内公认的服务好、态度好、监督机制好、快递速度快的快递公司。顺丰速运可以为商家提供货到付款、预约配送、到货承诺等服务，缺点是网点没有其他快递公司多，且快递费用稍高。

● **百世快递**：百世快递的特点在于所有的快递系统都是自主开发的。百世快递发展迅猛，根据距离不同其收费有所不同，如果商品发往一些偏远地区，收费稍高。百世快递的缺点是网点略少。百世快递到货时间由距离决定，一般来说，快则2~3天，慢则6~7天。

● **申通快递**：申通快递的网点覆盖区域广泛，申通快递是一家以经营快递为主的国内合资（民营）公司。申通快递速度适中，跨省一般4天左右送达。申通快递收费会根据各地承包商有所不同，价格适中，适合运输中小型物品、非急件。

● **中通快递**：中通快递是一家集快递、物流、电子商务业务于一体的国内物流快递公司，提供"门到门"服务和当天件、次晨达、次日达等不同时限的服务，曾荣获"中国快递行业十大影响力品牌"和"中国快递行业客户满意安全放心十佳品牌"等称号，其服务态度优良。中通快递的价格适中（如果商品发往偏远地区，价格更高些），速度也适中。

（2）选择靠谱的服务商

了解物流的种类后，商家需要选择一家靠谱的服务商，便于长期合作。一家靠谱的服务商可以让商家商品的安全性、送货时间得到保障，并且很大程度决定了网店在客户中的口碑。商家可以根据下面的建议选择服务商。

● **尽量选择分公司拓展方式的快递公司**：一般来说，分公司拓展方式的快递公司的管理经营方式比较规范，商品安全保障性高，如北京的宅急送及广东的顺丰速运等。而通过加盟的方式成立的快递公司由于加盟条件宽松、自身经营管理不善，很容易产生一些管理不好、信誉较差的站点，甚至出现寄件人的商品不安全的问题。

● **尽量使用本地经过正规注册的规模较大的快递公司**：一般而言，本地的公司为了树立在本地的良好形象，会很快地解决索赔的案件。同时，商家比较容易对公司进行实地考察，并且本地快递公司取件的效率也比较高。

● **尽量选择网点多的快递公司**：在淘宝上购物的客户遍布各地，如果商品无法送达就比较麻烦，因此选择网点多的快递公司很有必要。为了保证发货速度快、价格实惠，商家也可选择与多家快递公司合作。

● **尽量选择使用靠谱工具取件的快递公司**：快递公司的业务员取件主要通过3种交通工具，即电瓶车、三轮车和货车。商家可选择使用货车取件的公司，因为此类公司实力较强。若网店出货量较小，快递人员用电瓶车取件也较常见。目前流行的取件工具为电动三轮车。

● **尽量选择快递单上条形码清晰的快递公司**：选择快递单上条形码清晰的快递公司可以避免条形码难以扫描，或扫描出来的数字不符合实际等情况。这样也可避免商品因为对不上号而丢失、重码（即两套单甚至几套单的条形码是同一个码）造成商品发错地方或者弄丢等情况。

● **尽量选择赔偿金额或倍数高且保价率低的快递公司**：虽然丢件或商品损坏的情况比较少，但是一些利润薄的商家一旦丢件，就会导致利润降低。因此，商家应尽量选择赔偿金额或倍数高且保价率低的快递公司。保价率低的快递公司一般信誉较好。

（3）开通服务商

商家在千牛卖家工作台的"物流管理"栏下单击"物流工具"超链接，在打开的页面中单击"服务商设置"选项卡，单击"操作"栏下各服务商对应的"开通服务商"按钮，即可开通服务商，如图8-30所示。

图8-30 开通服务商

2. 运费模板设置

网店客户来自不同的地区，而不同地区的快递服务费用通常也不一样，因此商家需要对运费模板进行设置，从而区分不同地区客户的运费。商家可以在千牛卖家工作台的"物流管理"栏下单击"物流工具"超链接，在打开的页面中选择"运费模板设置"选项卡，在"新增运费模板"面板中设置运费模板，如图8-31所示。

图8-31 设置运费模板

3. 物流跟踪信息和地址库

在跟踪物流信息时，商家可以在物流跟踪面板中通过输入订单编号查询物流信息。当需要发货或客户申请退货时，商家需要提供地址，此时，商家可以在地址库中找到地址，并复制地址发送给客户。在物流工具设置页面，分别选择"物流跟踪信息""地址库"选项卡，在打开的面板中查询物流和查找地址。

8.6.2 物流服务

为减少商家在物流方面所受的影响，淘宝为商家提供了相应的物流服务，在"物流管理"栏下单击"物流服务"超链接可进入物流服务设置页面，如图8-32所示。

图8-32 物流服务设置页面

1. 电子面单

电子面单是由快递服务商向商家提供的通过热敏纸打印输出物流面单的物流服务，能够提高快递公司的发货效率，且是一项免费服务。在"已订购服务"栏下，选择"电子面单"选项，单击"服务商设置"按钮，在打开的页面中选择需要开通电子面单的服务商，如图8-33所示，完成申请便可以享受该项服务。

图8-33 选择需要开通电子面单的服务商

2. 指定快递

为了提升客户的购物物流体验，一些淘宝商家将选择商品配送快递的权利交给客户，客户可以指定快递服务商。客户指定快递的方式有利于减少物流服务导致的差评，也有利于提高客户的复购率。但是，指定快递服务需订购，商家需要预先缴纳基础消保保证金。在"更多物流服务"栏下，单击"立即订购"按钮，打开协议确认页面，如图8-34所示，签署协议后可以订购指定快递服务。

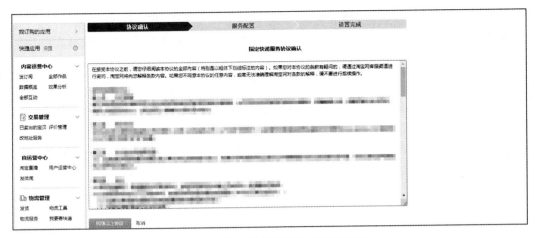

图8-34　指定快递服务协议确认页面

3. 生鲜配送

生鲜配送服务是菜鸟网络为生鲜等对运输温度及配送质量有一定要求的商品提供的服务。运送生鲜等商品时，使用生鲜配送可以降低商品的损耗以及配送成本，也有助于降低客户的投诉率。需要生鲜配送服务的商家可以在物流服务设置页面单击"和我联系"超链接（见图8-35）。

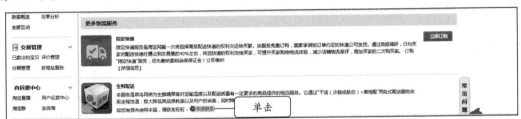

图8-35　生鲜配送

8.6.3　商品包装

商品包装可以在物流运输过程中保护商品。商品包装一般需要根据实际情况而定，不同类型的商品，其包装要求也不一样。当然，商家也可以对商品包装进行美化，在提高物流质量的同时，增加客户好感度。

1. 包装的形式

商品包装是商品的一部分，反映着商品的综合品质。商品包装一般分为内包装、中层包装、外包装3种。

（1）内包装

内包装即直接包装商品的包装材料，主要有OPP自封袋、PE自封袋和热收缩膜等。一般情况下，商品都有内包装。

● **OPP自封袋**：OPP自封袋透明度较好、材料较硬，可以保证商品的整洁和美观。为文具、小饰品、书籍等小件商品包装时均可使用OPP自封袋。

● **PE自封袋**：PE自封袋比较柔软，主要有防潮防水、防止物品散落等功能，并可反复使用。为明信片、小样品、纽扣、散装食品、小五金件等包装时均可使用PE自封袋。

● **热收缩膜**：热收缩膜主要用于稳固、遮盖和保护商品，效果类似于简单地抽真空，很多商品外覆的透明保护膜都是热收缩膜。

（2）中层包装

中层包装通常指商品与外包装盒之间的填充材料，主要用于保护商品，防止商品在运输过程中损坏。报纸、气泡膜、珍珠棉、海绵等都可以用作中层包装，商家在选择中层包装材料时，应根据实际情况进行选择，灵活使用各种填充材料，如包装水果的网格棉也可用于其他小件商品的包装或作为填充材料使用。

● **报纸**：如果商品不属于易碎品，且不容易产生擦痕等，客服可使用报纸对其进行中层包装，以起到防潮的作用。

● **气泡膜**：气泡膜是常见的中层包装材料，它可以防震、防压、防滑，保护商品。客服可以使用气泡膜对化妆品、工艺品、家具、家电、玩具等进行中层包装。

● **珍珠棉**：珍珠棉是可以防刮、防潮的包装材料，也有些许的防震作用。薄珍珠棉可以用于包裹商品，厚珍珠棉可用作填充材料，起固定商品的作用。

● **海绵**：海绵是非常柔软的材料，可用于包裹商品，也可以作为填充材料。

（3）外包装

外包装即商品外层的包装，通常以包装袋、包装盒、包装箱、包装纸等材料为主，下面介绍常见的外包装材料。

● **包装袋**：包装袋是比较柔软的包装材料，韧性较高，且抗拉、抗磨，主要有布袋、纸袋、编织袋等形式。一般可采用包装袋对如纺织品等柔软抗压的商品进行包装。

● **复合气泡袋**：复合气泡袋是内衬为气泡膜的包装材料，具有较好的防震效果，可使用复合气泡袋对书籍、相框等物品进行包装。

● **包装盒**：包装盒是具有较高的抗压强度、不易变形的包装材料，多呈几何形状。对糖果、巧克力、糕点等小件物品进行包装时大多使用包装盒。

● **包装箱**：包装箱与包装盒类似，但通常包装箱体积较大、包装量较大、适用范围比较广，主要用于固体商品的包装，非常适合作为运输包装和外包装的材料。

2. 不同类型商品的包装技巧

下面分别对常见的商品类型的包装技巧进行简单介绍。

● **服饰类商品**：服饰类的商品在包装时一般需要折叠，多用包装袋进行包装。为了防止商品起皱，可用一些小别针来固定服饰，或使用硬纸板进行支撑；为了防水，还可在服饰外包一层塑料膜。

● **首饰类商品**：一般直接用大小合适的首饰盒对首饰类商品进行包装。如果是易碎、易刮花的首饰，还可以使用一些保护材料单独包裹。

● **液体类商品**：化妆品、酒水等液体类商品都属于易碎品，要注意防震和防漏。在包装这类商品时，可使用塑料袋或胶带封住瓶口以防液体泄漏，用气泡膜包裹液体瓶子或在瓶子与原包装之间进行填充，在外包装纸与商品的间隙中填充泡沫等材料。

● **数码类商品**：数码类商品一般价格昂贵，因此一定要注意包装安全。一般使用气泡膜、珍珠棉、海绵等对数码类商品进行包裹，同时还需使用抗压性较好的包装盒进行包装，避免运输过程中数码类商品被挤压损坏。同时，建议对数码类商品进行保价，提醒客户验货后再签收。

● **食品类商品**：保证食品类商品包装材料的安全，即包装袋和包装盒必须干净、无毒。部分食品保质期较短，对温度要求也较高，包装这类商品时要注意包装的密封性等，客户下单后应尽快发货，尽量缩短物流时间。

● **书籍类商品**：书籍类商品防震、防压性都比较好，商家主要需注意防水、防潮，一般可使用包装袋或复合气泡袋进行封装，再使用牛皮纸或纸箱进行打包。

8.6.4　仓储管理

仓储管理即对仓库和仓库中储存的商品所进行的管理。仓储管理是物流管理中非常重要的部分，客服应该对仓储管理有基本的了解。

1. 商品入库

商品入库是网店日常运营的一部分，一般包括商品检查、货号编写和入库登记3个步骤，下面分别进行介绍。

● **商品检查**：商品检查是指对入库的商品进行检查，客服一般需检查商品名称、等级、规格、数量、单价、合价、有效期等信息。通过商品检查，客服可以掌握入库商品的基本信息，筛选出不合格的商品。

● **货号编写**：当商品种类和数量较多时，客服一般可以采取编写货号的方式对商品进行区分。在编写货号时，客服可以采用商品属性或名称+编号、商品属性或名称缩写+编号的方式。

● **入库登记**：入库登记是指客服按照商品的不同属性、材质、颜色、型号、规格、功能等，分别将其放置到不同的货架中，同时编写入库登记表格，记录商品入库信息。

2. 商品出库

商品出库是指仓库根据商品出库凭证，按所列商品编号、名称、规格、型号、数量等，准确、及时、保质保量地将商品发给客户的一系列工作。对于客服而言，商品出库主要包括提取商品并选择快递公司、联系快递员取货、填写并打印物流信息等步骤。

● **提取商品并选择快递公司**：当收到出库通知时，客服首先需要核对出库商品的信息，并根据商品信息提取对应的商品，填写商品出库表，登记商品出库信息，选择快递公司。

● **联系快递员取货**：根据商品所在地区联系快递公司在该区域的快递网点，联系快递员取货。

● **填写并打印物流信息**：填写商品的物流单，记录并打印商品的物流信息，以保存和跟踪物流信息。

8.6.5　仓储库存

仓储库存充当着库存中心的作用，由"库存管理""仓库管理""销售范围管理""优先级模板设置"4部分构成。通过仓储库存，商家可以了解网店商品的库存变化，淘宝还有低库存预警、售罄库存预警功能，以方便商家及时补货。商家可以在"物流管理"栏下单击"仓储库存"超链接，在打开的页面（见图8-36）中进行设置。

图8-36 仓储库存设置页面

1. 库存管理

库存管理由"商品库存"和"货品库存"两部分构成。进入仓储库存设置页面后，系统将自动打开"库存管理-商品库存"面板，商家可以在打开的面板中查看商品状态、库存模式、可售库存、预扣库存等信息。同时，商家可以在"操作"栏下进行查看"商品库存明细""渠道库存明细""编辑库存"等操作，如图8-37所示。

图8-37 查看商品仓储库存

选择"货品库存"选项卡，商家可以查看货品的库存明细，如图8-38所示，并在"操作"栏下进行相应的操作。

图8-38 "货品库存"面板

2. 仓库管理

在仓库管理设置页面，商家可以查看各个仓库的库存情况，仓库以编码的形式陈列。商家也可以在该页面新增仓库、设置默认仓、设置下单仓库路由模式。图8-39所示为"仓库管理"面板。单击"新增仓库"按钮，可以新增仓库，如图8-40所示；单击"设置默认仓"按钮，可进行默认仓的设置，如图8-41所示；单击"设置下单仓库路由模式"按钮，可进行下单仓库路由模式的设置，如图8-42所示。

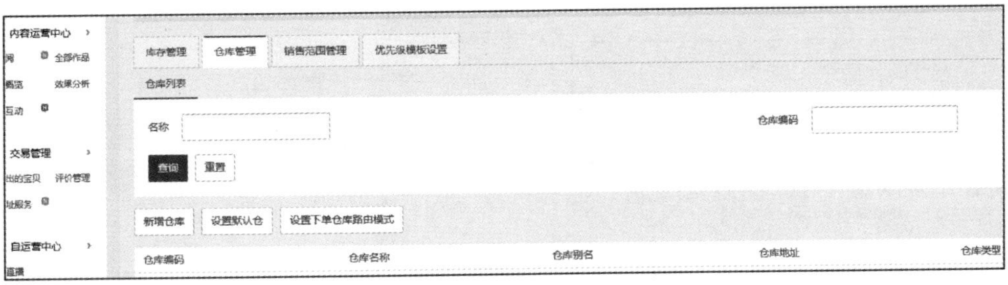

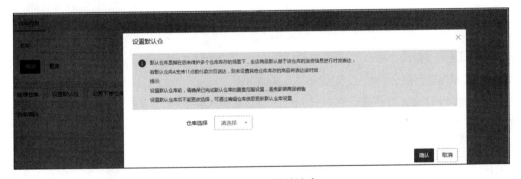

图8-39 "仓库管理"面板

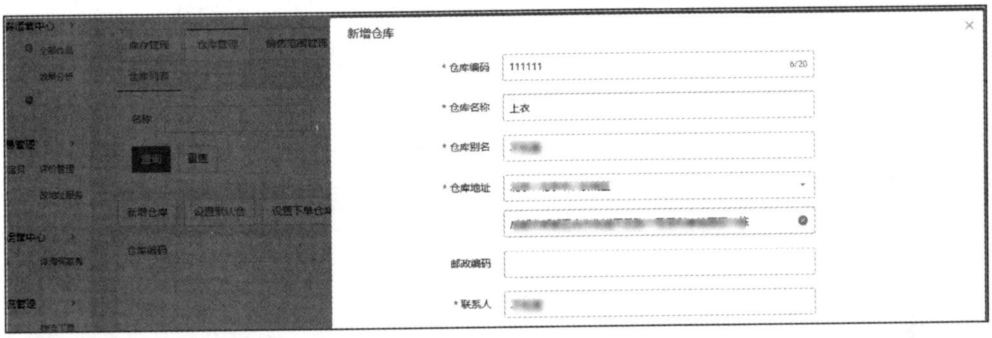

图8-40 新增仓库

图8-41 设置默认仓

图8-42 设置下单仓库路由模式

3. 销售范围管理

商家可以在销售范围管理页面设置网店或商品销售的范围，设置之后，只有在销售范围内的客户才能购买相应商品，其中，全店限售和商品限售功能可以单独使用。设置销售范围需要先在优先级模板设置页面设置关联模板：选择"优先级模板设置"选项卡，选择"优先级模板管理"选项，然后单击"新建优先级模板"按钮，如图8-43所示；打开"新建优先级模板"面板，设置模板名称、收货地区等信息，如图8-44所示。

图8-43　单击"新建优先级模板"按钮

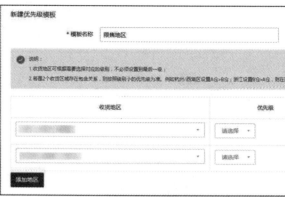

图8-44　"新建优先级模板"面板

8.7　综合案例——优秀客服小静的成功之路

　　小静是一家淘宝水果店的客服，以回复速度快、服务态度好、处理问题妥当而被评为网店的优秀客服。作为一名优秀客服，小静在工作中不仅为网店解决了许多问题，也为网店积累了好名声，不少客户在给好评的时候夸奖了小静。

8.7.1　小静对中差评的处理方法

　　淘宝网店客服处理中差评是不可避免的。在处理中差评的过程中，小静摸索出了一套较为实用的方法，并把方法分享给了水果店内的其他客服。

　　小静会实时追踪订单并留意客户的评价，一旦发现客户给出了中差评便及时联系客户。客户对水果的大小、口感、新鲜度等会存在一定的争议，一些中差评便由此而生。遇到因为水果本身而产生的中差评，小静在第一时间联系客户或客户主动反映问题时，会先向客户道歉，然后询问具体的原因。如果商品存在不同程度的腐烂，小静会根据网店的规定赔偿客户一定的金额，甚至全额退款。如果客户不满意商品本身的大小、口感等，小静会根据客户的描述和展示的图片耐心地向客户解释出现这种情况的原因，并根据客户的反馈情况给予一定的补偿，如优惠券等。

　　如果是物流的原因，小静也会根据具体的情况采取相应的处理方式。同时，小静每个月还会总结中差评出现的原因，并反思自己的处理方式是否正确，以及可以改进的地方。正因为如此，小静积累了不少处理中差评的经验。

8.7.2　小静对老客户的维护

　　在小静看来，新客户的开发固然重要，老客户的维护也非常重要。为了唤醒和激活老客户，小静会不定时地向老客户发送消息。例如，在每次上新或有重大活动时向老客户发送相关消息，并发放专属优惠券。同时，小静在微信群中也会时常与客户互动，给客户分享水果方面的知识，拉近客户与网店的距离。

8.8 综合实训

为客户提供良好的客户服务和快速的物流服务是淘宝网店非常重要的两个加分项。因此，商家要了解客服的工作内容，掌握提高客户服务水平的方法，了解物流的相关知识。下面通过实训来巩固这些知识。

8.8.1 客服工作安排

"罗织"是一家淘宝家居网店。在网店运营初期，"罗织"认为客服的工作很简单，再加上客户的数量较少，所以只招聘了一名客服。但是，随着网店的发展、客户人数的增多，客户服务逐渐成为网店的短板。在发现这一问题后，"罗织"意识到客服的重要性，准备招聘1～3名客服。不过，"罗织"对具体的客服招聘和分工存在疑惑。请为"罗织"提出你的建议。

1. 实训目的

① 了解网店客服的工作内容，并根据网店现状招聘人数合适的客服。

② 掌握网店客服的职责，并根据网店的需求提出合理的分工建议。

2. 实训思路

① 对于"罗织"而言，一名客服已经不适应网店现在的需求，"罗织"又准备招聘1～3名客服，而客服的工作恰好可以分为售前、售中和售后3个不同的类型。因此，"罗织"可以再招聘2名客服。

② 完成客服的招聘后，"罗织"可以将3名客服按照售前、售中、售后进行分工。售前客服负责客户咨询，解答客户对商品的疑问并引导客户下单；售中客服负责物流订单的处理，包括装配商品并打包、发货并跟踪物流、提醒客户及时收货等；售后客服负责处理订单的售后问题，包括跟踪售后信息、回访客户、解决交易纠纷等。

8.8.2 管理客户关系

为了更好地管理网店，"罗织"准备将客户分为新客户、老客户和会员，对不同类型的客户实行不同的管理方式，以更好地服务客户。但是，"罗织"还没有确定具体的管理方式。

1. 实训目的

① 了解客户关系的组成，并了解不同类型客户对网店的意义。

② 掌握管理客户关系的方法，并根据网店的要求选择合适的管理方式。

2. 实训思路

① 针对新客户，"罗织"可以以增加客户对网店的好感为主，关怀新客户，包括赠送小礼品等。

② 针对老客户，"罗织"可以利用短信推广和提供专属服务，包括提供专属优惠券、发送活动信息等。

③ 针对会员，"罗织"可以将会员分为不同的等级，并为不同等级的会员提供不同的权益，同时，也可以提供会员专享的商品。

思考与练习

1. 登录淘宝网，选择一家服装店和一家水果店，与客服进行沟通，分析并比较两家网店客服的服务质量。

2. 你或者身边的朋友是否有给淘宝网店打差评的经历？如果有，请说出具体的原因，以及客服的处理方式。

3. 阅读材料，回答问题。

商彬开设了一家淘宝网店，由于资金紧缺，所有的工作都自己处理。在与客户交流的过程中，商彬常常会出现各种各样的问题，甚至因为沟通问题，客户大发雷霆。而且，商彬疏于维护客户关系，认为只需要保持正常的交易关系，不用采取过多措施。结果，网店流失了很多客户。

在运营一段时间之后，商彬觉得不能继续这样下去，于是，他开始系统地学习客户服务的相关知识，掌握了沟通的话术、中差评的处理方法及客户关系维护的方法，慢慢地，网店的数据越来越好，网店与客户的关系也越来越融洽。

问题： （1）分析客户沟通话术的重要性；

（2）分析除了案例中的效果外，维护与客户之间的关系还能带来哪些效果。

第9章 运营数据分析

本章导读

　　分析网店整体的运营数据有利于及时发现问题、调整运营策略。淘宝商家在日常工作中可以借助生意参谋来综合分析各项数据。某以坚果成名的零食网店在大促活动预售期间，通过使用生意参谋的作战室工具，进一步优化了大促活动规划，取得了非常好的运营效果。

学习目标

知识目标	了解生意参谋的各项工具 掌握分析生意参谋数据指数的方法 掌握运用生意参谋诊断网店问题的方法
素养目标	透过现象看本质，发现问题，解决问题 从认识到实践，正确发挥人的主观能动性 认识规律，把握规律，合理利用规律

本章要点

　　生意参谋、流量纵横、品类罗盘、商品洞察、品类洞察、数据指标、交易构成

9.1 了解生意参谋

数据是商家掌控网店运营动态的直观的参考依据。通过一系列的统计分析，商家可以快速掌握网店销售情况，及时调整和优化商品结构、网店运营策略。生意参谋中罗列了淘宝网店中的各项核心数据，包括流量数据、商品品类数据、交易数据、营销数据等，商家可以在生意参谋中对这些数据进行分析，以更好地运营网店。

9.1.1 实时数据模块

商家可以在生意参谋的首页、实时直播工具、数据作战室工具等页面查看网店运营的实时数据，这些数据以数据指标的形式呈现。分析这些数据，有助于商家了解网店的实时动态。

●**首页**：首页主要由"实时概况"面板、"淘宝商家成长层级/店铺概况/实时访客榜"面板、综合面板构成。在首页，商家可以查看网店的每日数据，包括支付金额、访客数、支付买家数、浏览量、支付子订单数等。

●**实时直播工具**：实时直播工具页面由"实时概况""实时来源""实时榜单""实时访客""实时催付宝"等板块构成。在"实时概况"板块，商家可以总览网店的实时数据、行业相关数据排名情况及访客数据等的实时趋势；在"实时来源"板块，商家可以了解淘宝移动端（淘宝移动端也称手淘，生意参谋平台中，移动端也称无线端）的流量来源、访客或消费者的地域分布情况；在"实时榜单"板块，商家可以了解不同商品的访问、加购、支付等情况；在"实时访客"板块，商家可以知晓实时访客的明细，包括访问时间、访问页面、入店来源等；在"实时催付宝"板块，商家可以查看未支付消费者的潜力指数、潜力订单、下单时间、订单状态等信息，并由此筛选出可以进行催付的消费者。

●**数据作战室工具**：数据作战室工具是围绕商家日常监控、活动营销、大促作战三大场景打造的，由"活动作战""大屏作战""监控作战"板块构成。商家可使用"活动作战"深度分析参与活动的效果、沉淀历史活动数据，使用"大屏作战"实时追踪网店的经营动态，在"监控作战"中密切关注商品和竞争网店的变动情况。

9.1.2 网店运营模块

网店运营模块由流量纵横、品类罗盘、交易分析、直播、内容分析、服务洞察、营销分析、物流洞察、财务分析等工具构成，涉及网店运营的方方面面。商家可以根据需要在相应的工具页面查看相关数据。

●**流量纵横**：流量纵横是生意参谋为商家提供的流量数据分析工具，能够帮助商家分析网店整体流量、流量来源、流量去向等，主要由"流量概况""来源分析""动线分析""买家分析"四大板块构成。其中，"买家分析"需要商家订购专业的流量纵横版本。

●**品类罗盘**：品类罗盘是为商家提供的全店商品实时监控的工具，能够帮助商家实现商品人群精准营销、新品上市效果追踪、异常商品诊断。品类罗盘主要由"商品洞察""品类洞察"等板块构成。在"商品洞察"中，商家可以及时发现商品异常、预测商品销量等；在"品类洞察"中，商家可以了解商品品类的销售、属性、价格带等情况，以及品类供应链问题。

● **交易分析**：交易分析是协助商家分析网店的交易构成、明细及下单率和支付转化率的工具，主要由"交易概况""交易构成""交易明细"3部分构成。

● **直播**：在直播数据页面，商家可以查看直播间的业绩，包括开播场次、直播间访问人数、直播间新增粉丝数等。同时，商家还可以了解直播中本店商品的成交数据，包括"种草"成交金额、网店"种草"成交占比、直播间网店新客人数等。

● **内容分析**：内容分析主要由短视频分析、图文分析、内容专题、内容沉淀等部分构成，可以帮助商家分析网店的内容运营情况、调整网店的内容运营方向。

● **服务洞察**：服务洞察主要由"服务概况""服务绩效""服务监控""服务专题""服务配置"等板块构成，可以帮助商家挖掘服务问题，了解客服的服务能力、竞争网店的服务水平、单品绩效、售后退款和商品评价等。

● **营销分析**：营销分析主要由"营销推广""营销玩法""营销工具"等板块构成，可以为商家提供直通车等推广工具、购物金等营销手段、单品宝等营销工具的实时效果数据。

● **物流洞察**：物流洞察通过对物流的全方位分析，帮助商家洞察异常物流情况、实施物流数据化运营。

● **财务分析**：财务分析功能由"财务总览""财务报表""收支账簿""财务工具"等板块构成，可以帮助商家对营业利润、现金负债、商品成本等财务数据进行分析。

9.1.3 市场行情

市场行情功能为商家提供了市场洞察和竞店识别工具，帮助商家深度分析市场行情，了解市场动态，以便更好地运营网店。

● **市场洞察**：市场洞察由"市场监控""供给洞察""搜索洞察""客群洞察""机会洞察"等板块构成，可以满足商家洞察市场、深度解析市场机会、多维度分析市场客群、实时监控竞争网店的诉求，帮助商家进一步了解市场结构、挖掘潜在消费者的购物需求等。

● **竞店识别**：竞店识别由"竞争店铺""竞争商品""竞争品牌""竞争动态"等板块构成，能够在海量的数据中识别高流失竞争网店，帮助商家找到核心竞争网店，实时监控竞争网店的动态，以便进一步优化网店运营。

9.1.4 业务专区

在业务专区页面，商家可以查看使用"购物小程序""淘宝群"等淘宝业务后的效果数据。例如，使用"购物小程序"业务后，商家可以根据小程序访问人数、访问商品数等数据，分析实际效果。

9.1.5 自助模块

在自助模块中，生意参谋为商家提供了自助分析、人群管理和学院等工具，可以满足商家自主进行数据分析的需求。

● **自助分析**：自助分析是一款自定义数据分析工具，可以为商家提供近1.5年内的网店历史数据、30多种可视化报表，商家可以根据报表对数据进行可视化分析。

●**人群管理**：人群管理是一款买家运营工具，能够从网店、单品、大促等维度，帮助商家选定有潜力的消费者、全场景触达目标人群等。

●**学院**：学院为商家提供了各种课程，对生意参谋进行详细解读，商家可在学院中学习相关知识。

9.2 分析网店流量数据

流量关系到网店的存亡，是所有淘宝商家应重点关注的数据。利用生意参谋中的流量纵横工具，可以有效地对网店流量变化的数据进行分析，包括网店基本流量数据、流量概况、流量地图、访客分析、装修分析等。同时，商家还可以在流量纵横中根据运营情况，快速生成年度计划。

9.2.1 流量分析

流量纵横工具为商家提供了流量看板、流量来源等数据。商家可以通过"千牛卖家工作台→数据中心→生意参谋→流量"路径打开流量纵横工具。打开流量看板页面，在"流量总览"面板中，商家可以查看访客数、浏览量、人均浏览量等信息，如图9-1所示。商家可以观察数据的变动情况，分析流量来源，诊断网店流量问题。

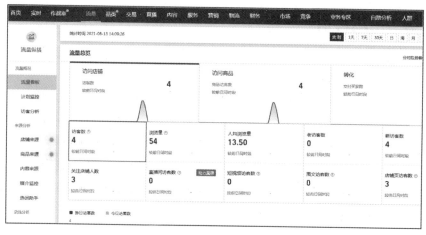

图9-1 流量总览

从"流量总览"面板中的数据来看，数据主要分为3类：浏览量、访客数和转化量。其中，浏览量具体体现为总的浏览量数据和人均浏览量数据，访客数具体体现为访问店铺数、商品访客数、新/老访客数、直播间访客数、短视频访客数、图文访客数、店铺页访客数等，转化量具体体现为支付买家数。访客数如果下滑，浏览量和转化量也会下滑，因此，商家要重点关注各项访客数据。

📖 **知识补充——访客数**

访客数是在统计时间内，观看网店自播直播间和自制全屏页短视频3秒及以上、浏览网店自制图文3秒及以上、浏览商品微详情3秒及以上、访问商品微详情及网店其他页面的去重人数。一个人在统计时间内多次访问只记为一次。

1. 网店流量来源分析

如果网店访客数下滑，商家可以打开店铺来源页面，在"流量来源构成"面板中查看流量来源构成，如图9-2所示。同时，商家也可以选择某一流量来源，在"流量来源对比"面板中查看该渠道在不同时间段为网店带来的访客数。商家也可以查看同行网店的流量来源构成及相关数据（见图9-3），不仅可以查看与同行网店的差距，还可以分析同行网店流量构成，以优化自己网店的流量来源渠道。

图9-2 流量来源构成

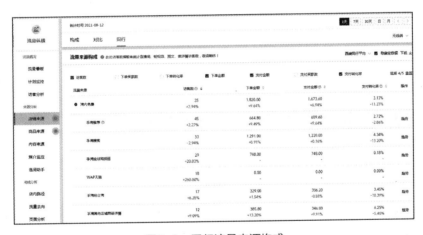

图9-3 同行流量来源构成

访客数与商品展现量和点击率有关，其计算公式如下。

$$访客数=展现量×点击率$$

商家可以根据这一公式找出某渠道内访客数下滑的原因。如果与商品展现量有关，可以对该渠道内与展现量有关的因素进行优化。例如，商品设置了直通车推广，但商品展现量不足，商家此时可以从人群、关键词等方面进行优化。如果与商品点击率有关，就需要对商品图片、主图短视频、详情页等进行优化。

2. 商品来源分析

如果商品访客数下滑，商家可以打开商品来源页面，查看商品流量来源。在"选择商品"面板中，商家可以输入网店中某一商品的关键词或者商品ID，系统将显示该商品的流量来源，如图9-4所示。商家可以根据该商品不同流量渠道的访客数对引流效果差的渠道进行优化。同时，系统根据不同商品的访客数对商品从高到低排序，商家可以在"本店商品排行榜"面板中查看，通过单击"操作"栏下的"商品来源"超链接查看不同商品的流量来源，从而优化访客数较少的商品流量来源，如图9-5所示。

图9-4　查看某一商品的流量来源

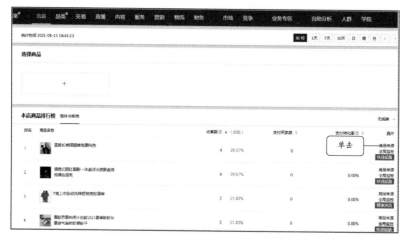

图9-5　本店商品排行榜

3. 内容来源

如果直播间访客数或者短视频访客数下滑，商家可以在内容来源页面查看这两种渠道的引流情况，并根据引流情况优化直播间或者短视频，以及调整这两种来源的推广策略。

课堂案例

赵铸是一名新手淘宝商家。在网店运营初期，赵铸一直很努力地经营着网店，从选品到推广、内容营销等，所有利于网店发展的方式他都不断尝试。在赵铸看来，努力是不会被辜负的。但是在用生意参谋查看网店数据的时候，赵铸不得不面对一个事实：网店流量数据不好。特别是看到同行亮眼的流量数据后，赵铸有点心灰意冷，认为自己在这场较量中是个失败者。看到赵铸这种情况，赵妈妈开导儿子："恭喜你，我的孩子，你找到了可以追赶的目标，或许你可以试着找找别人成功的原因。"听了赵妈妈的话，赵铸恍然大悟，重拾信心。他深度分析了同行的数据，并结合自己网店的数据，制订了详细的优化计划。半年之后，赵铸交出了一份令自己满意的答卷。

9.2.2　制订计划

商家还可以根据流量纵横工具提供的各项数据，快速为网店生成年度计划，并实时监控计划的进展情况，具体操作如下。

步骤1：在"流量概况"栏下单击"计划监控"超链接，再单击"快速创建"超链接。打开"第一步：选择计划指标"面板，在"计划名称"文本框中输入计划名称，这里输入"2021年度计划"；在"选择年份"栏后设置计划年份，这里选择"2021年"；在"计划备注"文本框中输入与计划相关的重要信息，这里输入"关注无线端"；在"选择类别"栏后单击"推荐指标"按钮，"已选指标"栏下将出现系统推荐的指标，商家可重置或删除指标，如图9-6所示；完成后单击"下一步"按钮。

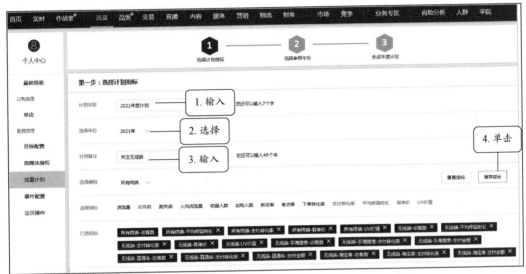

图9-6　选择计划指标

步骤2：打开"第二步：选择参照年份"面板。上一年有运营数据的商家可以参照去年的数据，单击选中"是否使用参照数据"复选框，选择系统提供的数据；缺少数据参照的新手商家可以不使用参照数据，单击"下一步"按钮。

步骤3：打开"第三步：生成年度计划"面板。在列表中输入每个月份的流量相关数据，也可先设置"计划增长幅度"，在列表中输入流量相关数据，单击"生成计划"按钮，系统将自动根据设置的增长幅度比例调整列表中的数据，如图9-7所示。使用了参照数据的商家可以直接设置增长幅度比例，生成计划。完成后单击"保存完成"按钮，完成年度计划的创建。

图9-7　生成年度计划

9.3 分析网店商品品类数据

商品变化直接影响网店销售情况，对商品进行分析是相当有必要的。影响商品变化的因素非常多，运用品类罗盘工具，可以帮助商家掌握商品分析的方法。

9.3.1 品类罗盘的作用

品类罗盘基于全品类，帮助商家精细化运营商品，紧跟行业风向，帮助商家搭建全套品类分析体系。通过呈现五大维度的数据，为商家提供数据服务。

● **维度1：**商品核心关键指标实时呈现，且数据指标可展现昨日和今日的对比情况，帮助商家实时洞察商品转化情况。

● **维度2：**提供新品时间轴，让商家快速一览上新情况，包括全年上新和新品活动等情况，帮助商家诊断新品情况。

● **维度3：**快速全面诊断商品标题，提供网店商品和行业热搜词，一键同步商品管理。

● **维度4：**通过专业的商品和品类分析方法与智能诊断模型，帮助商家对商品和品类进行结构划分和评级，快速诊断商品和品类价值。

● **维度5：**支持自定义价格区间、支付件数区间、支付金额区间等维度分析，满足个性化分析需求。

9.3.2 实时监控全店商品品类

实时监控全店商品品类有利于帮助商家及时了解商品情况。打开"宏观监控"页面，在销售额面板中，商家可以了解全店商品的销售额，包括本周销售、本月销售及本年销售。在"核心数据指标"面板中，商家可以监控商品微详情访客数、商品浏览量、商品详情页跳失率、商品收藏加购人数等数据指标在一周内的变化情况，并实施具体的优化策略。

1. 商品微详情

商品微详情的实质作用是推广商品，包括淘宝移动端首页"猜你喜欢"简陋版的商品详情卡片，以及商品主图位置所显示的主图视频、商品主图、商品搭配等信息。商品微详情数据指标显示了商品微详情的相关情况。其中，商品微详情访客数显示了访问商品微详情的人数，如果这一数据指标下滑，意味着"猜你喜欢"引流效果不好，那么商家需要优化商品主图和标题。

2. 分析转化率

转化率会影响网店搜索流量的获取及网店的销售额，商家可以从以下3个方面来分析转化率。

（1）分析跳失率

商家可以通过跳失率来分析转化率，如果跳失率过高，则说明消费者的下单率较低，也就意味着转化率低。出现这种情况说明商品关键词精准度不够或者商品主图不够亮眼，导致消费者在进入商品页面后离开。

（2）分析停留时长

商家也可以从消费者的停留时间来分析转化率。如果消费者停留时间较短，说明商品没有令消费者满意，这时，商家就要检查详情页或者商品的风格、价格等；如果消费者的停留时间较长，说明商品在一定程度上吸引了消费者，但因为价格、销量、评价或品质等因素，消费者最终放弃下单。

（3）分析加购率和收藏率

商家还可以从收藏率、加购率两方面来分析转化率。如果收藏率和加购率低，说明商品本身存在问题；如果收藏率和加购率高，但转化率低，说明商品性价比不高，或消费者购买欲望不强烈。

3. 客单价

客单价由商品售价和人均支付件数决定，前者受客观因素影响，后者受主观因素影响。因此，客单价下滑时，商家可以着重分析人均支付件数。如果人均支付件数下滑，商家便需要从网店营销活动、手段、客户服务情况等方面展开分析。

9.3.3　商品洞察

在总体了解商品和品类的相关情况后，商家可以在"商品洞察"栏下了解商品的详细信息。

1. 异常预警

打开异常预警页面，商家可以查看是否有异常、缺货、滞销商品等，如果有，那么商家就需要对出现问题的商品进行处理。但是，商家如果要查看缺货商品和滞销商品，需要订购专业版的品类罗盘工具。

- **异常商品**：评分为A级和B级的商品里数据波动幅度超过30%的为异常商品。
- **缺货商品**：评分为A级和B级的商品里库存实际预计可售天数小于或等于定义天数的为缺货商品。
- **滞销商品**：90天前首次发布，但最近3个月内没有卖出过一件的商品为滞销商品。

2. 销量预测

打开销量预测页面，商家可以在"参谋长推荐"面板中查看各商品的预测销量排行。单击某商品，在展开的面板中可以看到系统对该商品未来7天的具体销量预测。商家可以选择预测销量较高的商品，并监控该商品销量在未来7天的走向，如图9-8所示。

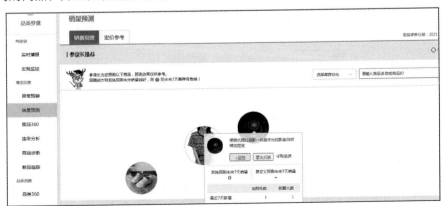

图9-8　销量预测

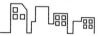

3. 商品360

打开"商品360"面板，在搜索文本框中输入商品标题或者货号，商家可以查看针对该商品的具体分析，包括销售分析、流量来源、标题优化、内容分析等，如图9-9所示。

● **销售分析**：通过销售分析，商家可以清楚商品的变化趋势，从而掌握规律、迎合变化，提高网店转化率。

● **流量来源**：通过分析流量来源，商家可以知道该商品各流量渠道的访客质量、关键词的转化效果等，商家可以清楚地看到各来源的引流效果。

● **标题优化**：通过查看生意参谋对商品标题的诊断分析，商家可以了解到标题中相关关键词在一定时间内的引流情况，也可以查看生意参谋推荐的相关关键词的流量趋势。同时，商家可以在"标题分析"栏中删除或添加关键词，单击"标题同步至宝贝管理"按钮，进行授权，可将新标题同步至宝贝管理后台。

● **内容分析**：通过内容分析，商家可以了解到投放的直播、短视频、图文等引流效果和排名情况，包括开播时间内的商品点击次数、文章所带来的商品点击次数等。

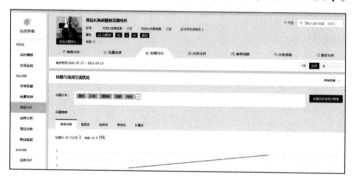

图9-9　商品360

4. 商品诊断

打开商品诊断页面，在"商品温度计"面板中输入网店内商品关键词或商品ID等，系统将为商家提供该商品淘宝PC端和移动端的相关数据。商家可以根据系统提供的数据进行有针对性的调整和优化。图9-10所示为系统检测到的商品在淘宝移动端的相关情况，针对页面打开时长存在的问题，系统建议查看店铺无线来访网络分布，考虑优化商品，进行图片压缩，那么，商家便可以在这些方面进行优化，以降低页面加载时长。

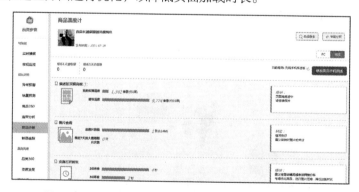

图9-10　系统检测到的商品在淘宝移动端的相关情况

9.3.4　品类洞察

打开品类360页面，商家可以对网店全品类进行分析，包括商品类目的销售、属性、价格带、流量、客群等，挖掘核心商品类目。但是，这一功能需要商家自行订购。图9-11为打开品类360后的页面。

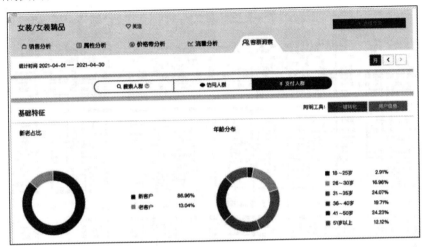

图9-11　打开品类360后的页面

9.4　分析网店交易数据

为了掌握网店的交易情况，商家可以使用生意参谋对交易相关的数据进行分析，如分析交易概况、交易构成、交易明细等。

9.4.1　交易概况

在交易概况页面中，商家可以通过"交易总览"面板了解网店任意时间段内的访客数、下单买家数、下单金额、支付买家数、支付金额等数据（见图9-12），还可以通过"交易趋势"面板查看与同行的对比情况。在生意参谋"交易"页面左侧的导航栏中选择"交易概况"选项，在打开的页面中可以查看交易总览和交易趋势。

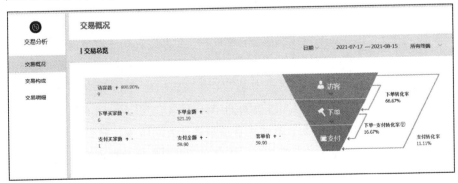

图9-12　交易总览

9.4.2　交易构成

生意参谋主要从终端构成、类目构成、品牌构成、价格带构成、资金回流构成5个方面对交易构成数据进行了分析，可以帮助商家了解终端、类目、品牌等各方面的交易数据，以便有针对性地进行完善和优化。在生意参谋"交易"页面左侧的导航栏中选择"交易构成"选项，在打开的页面中可查看交易构成数据。图9-13所示为网店30天的终端交易构成。

图9-13　网店30天的终端交易构成

9.4.3　交易明细

交易明细可以帮助商家全面掌控网店财务数据，了解网店财务健康指数和资金流动情况。在生意参谋"交易"页面左侧的导航栏中选择"交易明细"选项，首次使用"交易明细"功能的商家需要先签署授权书。在打开的页面中可以查询不同日期的订单情况，没有设置商品成本的商家需要单击"点击配置商品成本"或"点击配置运费模板"超链接，对商品的成本、运费等进行设置。

9.5　综合案例——女装网店的运营数据分析

"梦知"是一家女装淘宝网店，开店仅一个月左右。虽然预想过刚开始运营可能会遇到的情况，但是，"梦知"没想到支付的买家寥寥无几，甚至访客人数都特别少。为此，"梦知"希望借助生意参谋发现这种情况发生的原因。

9.5.1　分析女装网店的流量数据

在"梦知"看来，没有访客就没有流量，因此，"梦知"利用生意参谋中的流量纵横工具对网店中的流量进行了分析。"梦知"首先对访客进行了分析，通过观察这些访客的浏览时间段、地域分布、消费层级等，发现访客多为经济实力不强的18～25岁的年轻女性。

结合访客的情况，"梦知"在店铺来源页面中分析了访客进入网店的渠道，发现访客多是通过淘宝移动端搜索和推荐、订阅、其他免费流量等进入网店的。在与同行的流量来源相比后，"梦知"发现同行的流量来源非常丰富，排名在前的流量来源是直通车、超级钻展等付费流量，其次是淘宝移动端的全球购频道、淘金币、达人制作及其他短视频等淘内免费流量，以及一小部分的淘外流量。同时，"梦知"在商品来源页面分析了访客数排名在前的商品，发现流量主要来源于淘宝移动端的搜索。这些都说明了"梦知"流量来源的匮乏。

根据对网店流量的分析，"梦知"把引流的重点放在淘宝移动端：一方面积极拓展免费流量渠道，不仅积极报名参加各种活动，而且开通了网店直播；另一方面根据访客的特征开通了直通车，进一步触达目标人群。在一番努力下，"梦知"的流量大幅提升。

9.5.2　分析女装网店的商品数据

除了分析网店流量，"梦知"也积极利用品类罗盘分析了网店商品的数据。在分析商品数据时，"梦知"发现商品的转化率很低，根据生意参谋提供的解决方案，"梦知"对商品详情页进行了优化，并针对不同的商品提供了商品优惠券。同时，为了提高间接转化率，"梦知"还设置了搭配套餐。在有针对性地调整之后，"梦知"的商品数据有了明显的好转。

⚙ 9.6　综合实训

为了及时察觉网店出现的问题，并采取相应的措施，淘宝商家要学会利用生意参谋分析运营数据，并及时发现问题、解决问题。

9.6.1　运用生意参谋分析汉服店的流量来源

"浪淘沙"是一家汉服店，主要面向18～25岁的汉服爱好者，凭借高品质及独特的原创设计吸引了一大批汉服爱好者。近期，"浪淘沙"上新了一批商品，希望通过对这批商品流量来源的分析，找出热销商品。下面根据"浪淘沙"的要求，运用生意参谋分析商品流量来源。

1. 实训要求

① 掌握生意参谋中的各项工具的用法，并根据网店的实际情况，选择合适的工具。

② 根据商品的实际情况，合理分析商品流量来源。

2. 实训思路

① 进入生意参谋，在顶部的导航栏中选择"流量"选项，打开流量纵横页面。

② "浪淘沙"希望通过对这批商品流量来源的分析，找出热销商品。因此，"浪淘沙"可以在左侧的导航栏中选择"商品来源"选项，在"本店商品排行榜"面板中查看新品的访客数排名。选择排名在前的3个商品，查看这些商品的流量来源，并查看流量来源详情和趋势。"浪淘沙"可以选择流量来源多且流量呈上升趋势的商品，将其打造为热销商品。

9.6.2　运用生意参谋分析汉服店的交易状况

为了更好地运营下去，"浪淘沙"希望能够借助生意参谋分析网店的交易状况。"浪淘沙"希望了解近一段时间内的交易情况，以及与同行之间的差距，不同终端和类目的交易构成情况，以便进一步调整运营策略。下面根据"浪淘沙"的要求，运用生意参谋分析网店的交易状况。

1. 实训要求

① 了解生意参谋中交易分析的用法，并根据网店实际情况，合理分析网店的交易状况。

② 了解交易概况和交易构成的使用与分析方法。

2. 实训思路

① 打开生意参谋，在顶部的导航栏中选择"交易"选项，打开交易分析页面。

② 在左侧的导航栏中选择"交易概况"选项，在"交易总览"面板中查看访客数、下单买家数、下单金额、支付买家数、支付金额和支付转化率等数据。

③ 在"交易趋势"面板中，选择同行，将鼠标指针放在趋势线上，可以查看当天所有同行的平均终端支付金额，以及"浪淘沙"网店的平均终端支付金额。

④ 在左侧的导航栏中选择"交易构成"选项，在"终端构成"面板可查看所有终端的交易构成，在"类目构成"面板中可查看网店内所有商品类目的交易构成。

思考与练习

1. 进入生意参谋，查看各模块，请分析商家利用各模块可以解决哪些网店运营问题。

2. 在生意参谋的首页、实时直播等页面都有实时数据呈现的板块，生意参谋为何如此重视对网店实时数据的分析？

3. 某文具网店希望利用生意参谋制订网店2022年的年度计划。计划中须包含以下数据指标：所有终端的访客数、平均停留时长、支付转化率、客单价，淘宝移动端访客数、支付转化率和支付金额，淘宝移动端的直通车访客数、支付转化率和支付金额。参照年份为2021年，计划增长幅度为11%。请你为该网店制订2022年的年度计划。

4. 阅读材料，回答问题。

朱珠开了一家淘宝店。在朱珠看来，开淘宝店，只要做好选品、客户服务，以及开展网店活动就好了，不用过多关注数据。但是，直到某一天，朱珠发现自己网店的销量在快速下降，而且落后于同一时间开设的其他淘宝网店。在虚心请教专业人士后，朱珠明白了生意参谋的作用，也意识到了数据分析的重要性。

于是，朱珠开始学习生意参谋中学院提供的课程，并试着用生意参谋分析网店数据，实时优化下滑的数据。在朱珠的努力下，网店的销量有了回升，甚至呈现快速增长的趋势。

问题：（1）简述利用生意参谋分析网店运营数据有哪些优缺点；

（2）除了案例中的效果外，生意参谋对网店运营还有哪些作用。